《道德经》新解

张勇 编著

WUHAN UNIVERSITY PRESS
武汉大学出版社

图书在版编目(CIP)数据

《道德经》新解/张勇编著. —武汉：武汉大学出版社,2016.3
ISBN 978-7-307-16985-2

Ⅰ.道…　Ⅱ.张…　Ⅲ.《道德经》—研究—高等学校—教材
Ⅳ.B223.15

中国版本图书馆 CIP 数据核字(2015)第 249451 号

责任编辑:詹　蜜　　　责任校对:汪欣怡　　　版式设计:马　佳

出版发行:**武汉大学出版社**　(430072　武昌　珞珈山)
(电子邮件:cbs22@ whu. edu. cn　网址:www. wdp. com. cn)
印刷:湖北民政印刷厂
开本:787 × 1092　1/16　印张:19.25　字数:438 千字　插页:2
版次:2016 年 3 月第 1 版　　2016 年 3 月第 1 次印刷
ISBN 978-7-307-16985-2　　定价:49.00 元

道德經新解

序　言

一、《易经》、《老子》①和《庄子》的关系

《易经》有“六经之首”之誉，是“经典中的经典”、“哲学中的哲学”。《易·乾凿度》：“易有三义：变易，容易，不易。”《庄子·杂篇·天下第三十三》：“易以道阴阳。”明白了易理就明白了阴阳；反之，明白了阴阳的道理就明白了易理。进一步说，明白了易理也就明白了万物变化的道理，及变化中的不变、变化中的平易。

先秦以来，对《易经》阐释最好的，留传至今的经典，个人认为一个是老子，另一个是孔子。孔子思想最集中、最原汁原味的体现是在对《易经》的辅助注解中，以及孔子本人对五经的编撰思想中。至于今天广为人知的《论语》一书，是孔门子弟对老师言论的结集，不能简单等同于孔子自身的著作。

而关于老子，人们往往会忽略他和《易经》的关系。《道德经》实际上正是深得阴阳真髓的“妙万物而不可言”之书。② 只是因为老子的隐忍谦退和孔子的“知其不可而为之”这两种不同的处世态度，而为后人立为招牌，分立了儒家和道家，俨然分门别户、分庭抗礼起来。其实“茫茫九派流中国，沉沉一线穿南北”，对易道的理解和运用，就是贯穿儒道的“一线”。魏晋时期，《易》、《老》、《庄》合称“三玄”，良有以也。

对《易经》阐释最好的是《老子》，对《老子》阐释最好的是《庄子》，再次是《列子》、《文子》；其次是《淮南子》的“道应训篇”和《韩非子》的“解老”、“喻老”篇。自此以后，解释《老子》的著作“虚而不屈，动而愈出”。唐代道教被奉为国教，老子被尊为道家祖师，《老子》一书得到更广泛的传播。唐代儒释道汇流成河，滋润了中国文化的方方面面。

所以，通过《道德经》，上可以探索《易经》的奥妙，下可以贯通《庄子》、《列子》和《文子》的主旨，旁可以与孔子的著作相互发明，进而了解后世的道家和道教。而且自佛法东来，《道德经》又与佛经禅语相互发明。所以如果说了解中国(东方)文化有一个“快捷方式”的话，《道德经》不失为最佳选择。

就世界范围内来看，《道德经》的译本数量和传播范围仅次于《圣经》。不过，老子

---

① 即《道德经》。为行文方便，本书有的地方称为《老子》，有的地方称为《道德经》。

② 杜而未：《老子的月神宗教》，台北学生书局 1984 年版。台湾学者杜而未先生对两书进行了比较，以翔实的例证指出《老子》与《周易》的联系。金景芳：《学易四种》第九章“《周易》与老子”，吉林文史出版社 1987 年版。金先生认为：“《周易》、《老子》二书，观察宇宙现象，认为变动不居，而此变动不居之运行，恒表现正反两种形态，此点则同。”

说："吾言甚易知，甚易行。天下莫能知，莫能行。言有宗，事有君。夫唯无知，是以不我知。"(见《道德经》第70章)两千五百年过去了，我们真可以向老子说："莫愁前路无知己，天下谁人不识君？"俗话说："学道者如过江之鲫，得道者凤毛麟角。"尤其是在全球化的移动互联网时代，一日千里、红尘万丈，要能火里种金莲，须有难忍堪忍、难行能行的定力。《庄子·缮性》："世丧道矣，道丧世矣，世与道交相丧也。"其实不是世界抛弃了我们，也不是我们抛弃了世界。六祖曰："不是风动，不是幡动，仁者心动。"

二、言语、道性与解释学

历史上各家对《老子》的注解成为"某家《老子》"，各时代对《老子》的研究又成为不同时代的"老学"①。这一现象一来是伟大作品的共性；二来可以用现代的解释学理论来阐释说明。

诠释学(解释学)作为理解和解释的学科，在东方和西方都有漫长的历史。东方则有对经典的诠解注疏历史，西方则有圣经注释学、罗马法解释理论等。20世纪60年代，诠释学从一般文学批评论以及人文科学普遍方法论上升成为哲学诠释学。普通的诠释行为是以获得作品的客观知识为目的，追求还原作家、作品和创作的客观真实性。而哲学诠释学则将阅读和理解本身作为主体活动的主要特征，认为阅读和理解行为是主体对作品的应答和对话交流。经典的重要性就不再是因为它属于过去，而在于它作为现实存在对我们具有持续的意义。

哲学诠释学在21世纪以来进而转向本体诠释学。成中英先生在《本体诠释学》②一书的序言中有两个观点：其一，本体解释学以建立一个本体的意识与本体论的系统作为诠释学的基本对象；其二，本体解释学以中国哲学传统中的本体宇宙论、本体知识论、本体伦理学和本体美学为基本范畴。这种看法明显加入了中国传统哲学的成分，是中西哲学、中西文化沟通、整合和融合的产物。简言之，本体诠释学是中国化的诠释学。

结合到本书中"道"的概念，老子和道家的"道"并非超越世界和自然，"人法地、地法天、天法道，道法自然"。(见《道德经》第25章)道即自然，道具有宇宙论的特性，这意味着，万事万物的发生、发展和消亡都离不开道，也同时意味着语言本身具有渗透性与超越性——语言也在道中，一切理解行为、意义的产生和价值的出现，也都具有道性。中国的一句老话："文以载道"；海德格尔说："语言是存在的住屋"；伽达默尔说："理解是本体性的。"所以我们阅读《老子》，其实是在阅读我们自身；发现《老子》，也是在发现自我；崇尚《老子》，其实也只是崇尚我们本有的道性。老子说："道之尊、德之贵，夫莫之命而常自然"(见《道德经》第51章)，理解了这个"常自然"，就能够任运随缘而又气象万千。

孔子说："人能弘道，非道弘人。"经典的真理并不是现成自明的恒常存在，如果没有人的参与，真理就无处涌现，作品的意义也就无法传承和延续。《道德经》第14章：

---

① 可参见华中师范大学道家道教研究中心熊铁基、刘固盛先生的"老学"系列研究成果。(详见熊铁基，刘韶军，吴琦，刘固盛：《二十世纪中国老学》，福建人民出版社2002年版。)

② 成中英主编：《本体诠释学》，北京大学出版社2002年版。

“执古之道，以御今之有，能知古始，是谓道纪。”经典的永恒不仅仅在于超越具体化的时间和空间，还在于经典作为事物自身是在人的参与和观照下持续涌现的意义，在新的历史条件下不断呈现其存在的种种可能性。换言之，经典的真理和意义的发生及展开是一个密切与人的生存相关联的永不止息、永不封闭的过程。① 换句话说，经典都是“开放的作品”②，是一个开放的系统，一个自证、自我圆满的循环系统。

钱锺书先生在提出自己关于什么样的作品是一部“好的作品”的标准时认为：

> “凡作品之文学价值愈高，承认之人不必愈众，而所以承认之故必愈繁，金石千声，云霞万色，如入百花之谷，如游五都之市，应接不暇，钻研不尽，各见所长，各得所欲，此种种不同之品德不相反而适相成，故作品正因见仁见智之不同而愈有文学文学价值。”③

与西洋文学不同，中国文学“兼本末、包内外”，别具“天人合一”的总体象征性。文学乃“天童舍利，五色无定，随人赋性”。钱锺书先生说出了优秀作品的共性。了解作品的特性也就明白了人性，理解人性也就理解了道性。

进而言之，非仅伟大的作品具有此种无限释义性，即便是拙劣的作品也同样具有无限释义性，只是阐释方向和内容及表现形式会有不同而已。故苏轼有诗曰：“溪声尽是广长舌，山色无非清净身；夜来八万四千偈，他日如何举示人?”

三、本书的内容、特色和创新之处

本书是《道德经》的普及性读物。内容围绕《道德经》一书的字、词、句、篇的解释和案例运用，涉及老子、道家和道教等中国传统文化的内容。该书由三部分组成：专题、正文和附录。正文部分由原文、注释(及注音)、白话文翻译、引论和案例故事五个板块构成。

本书的特色在于：

一是，字词的解释主要来自《说文解字》和《康熙字典》，保证注释的古风和文字训诂的正确性，不妄加雌黄。

二是，句子和篇章方面吸取文学的修辞美学，不忽略原书的语境含义，从而更好地理解文本。

---

① 洪汉鼎：《“诠释学与人文社会科学”丛书总序》，载于章启群译：《意义的本体性》，上海译文出版社 2002 年版。

② [意]艾柯著，刘儒庭译：《开放的作品》，新星出版社 2005 年版，第 2 页。在此书中，作者是从音乐演奏中体会：“在最近的器乐作品中，我们可以注意到一些作品有一个突出的共同特点，这就是，它们容许演奏者在演奏时有特殊的自主性，演奏者不仅可以根据自己的感受理解作曲者的说明(这同传统音乐很相像)，而且必须对作品的艺术表现形式进行真正的干预，常常是在演奏时即兴地自己决定一个音符持续时间的长短或者一些音符延长的时间。”

③ 钱锺书：《中国文学小史序论》，载于《钱锺书集 · 人生边上的边上》，三联书店 2002 年版，第 92~93 页。原载于《国风》(半月刊)第三卷第八期，1933 年 10 月 16 日。

三是，思想和哲理上参考和汲取前人经验，参证同类注解，撷取最恰当的表述。

四是，从医学，特别是中医，尤其是《黄帝内经》的文本来参证《老子》文本的含义，并以道家学说和传统中国医学相互参照解释。

五是，将原书与时代相结合，以经解经、经史相参，深入浅出、古入今出，形成“文史哲不分家”、“身心不分家”，既严肃又活泼的特点。

本书在解释老学内涵上有几个新发现，在古今多家注本上都没有提到，但是我们有证据证明这些内容应该作出这种解释。比如：

其一，第45章“燥胜寒，静胜热”。历来注者多以“燥动战胜寒冷，安静克服暑热”解释。笔者根据《黄帝内经》“阴阳应象大论篇”“寒胜热……燥胜寒”句，发现此句“燥、寒、热”和另外的“风、暑、湿”本为六淫之气，依次相克。老子的意思是说，这六淫之气循环相克，都是相对的，都还不足以与大道相比拟，大道是无是非、绝对的，所以接着下句是“清静为天下正”。

其二，第80章“小国寡民”。从《黄帝内经·上古天真论》中的一段话可以洗刷老子第80章乌托邦思想的污名。《黄帝内经》第一篇“上古天真论”中有一段几乎和《老子》一模一样的话：“夫上古圣人之教下也，皆谓之虚邪贼风，避之有时，恬惔虚无，真气从之，精神内守，病安从来。是以志闲而少欲，心安而不惧，形劳而不倦，气从以顺，各从其欲，皆得所愿。故美其食，任其服，乐其俗，高下不相慕，其民故曰朴。是以嗜欲不能劳其目，淫邪不能惑其心，愚智贤不肖，不惧于物，故合于道。”从中可见老子原来这段话实在是修身养性、齐家治国的最高境界。所以《内经》赞叹道：“以其德全不危也”。所以从医学，特别是中医，尤其是《黄帝内经》的文本可以参证《老子》中大量文本的含义。

其三，第36章“柔弱胜刚强。鱼不可脱于渊，国之利器不可以示人”。一般的解释将“国之利器”引申到国家的有效武器等。实际上根据此处三句话的内在联系，“国之利器”就是国家“刚强”的一面，这一面类似于“鱼”，“鱼不可脱于渊”，国家的利器也应深藏不露，表现“柔弱”。

其他诸如道体和万物之间的关系、道和名的关系等，本书也有涉及，所谓“删繁就简三秋树，标新立异二月花”。当然，“世上好语书说尽，人间名山僧占多”，所谓有所“发明”和“发现”，或许正是由于自己读书少、才学浅的缘故。

四、本书的出书因缘

笔者自2001年在师友们的建议下开风气之先在学校开设“道德经导读”公选课，至今已有十五个年头。由于自己才疏学浅，并没有先声夺人的教学效果。但教学相长，积累了素材，了解了受众的兴趣点、疑问点和兴奋点所在，并对面市的各种与《道德经》有关的新闻、视频、网站和著作持续地跟进并学习。

因为《道德经》一书在国内和海外的重要地位，出现了大量相关资源。中央到地方各级电视台图书馆、各类大学，社会民间团体、企业集团培训，以及网络论坛上的老子爱好者，纷纷从思想、哲学、学术、宗教等诸多方面对《道德经》进行阐释。著名文化人如前中国文化部部长王蒙先生、前上海戏剧学院院长余秋雨先生等，都在公开场合讲解《道德经》。笔者收集到的当代人从不同角度对《道德经》讲解的著作不下一百部，其他资源(包括文档、图片、音频、视频等)经过过滤挑选后有几百个 G 的内容。而这仅仅是老子研究素材九牛一毛的内容。在此基础上，逐渐形成了这个书稿，不能尽善，亦不尽美，但总算有个方便使用的文字汇总。

再者，自 2008 年以来，笔者在华中师范大学读博期间，得到导师刘固盛教授及多位专家学者的耳提面命的教诲，对道家老子的学问在思想史、哲学史、学术史、文艺史方面的发展变化有了进一步认识和提高，使得本书的编著能站上一个新的台阶。

五、结语

老子云："道可道，非常道"，又云："知者不博，博者不知"，我们却"博览群书、广征博引"地来"引经据典"，看似违背了老子的精神。但中国文化讲究"文以载道"，佛学有五明：声明、因明、医方明、工巧明、内明。故虽曰"诸佛妙理，非关文字"，但迷悟在人，损益由己。读者得意忘言可也。

老子的大道合乎互联网的蓝海精神，即"去中心化"，就是说，人人都是中心，或曰"人人平等，没有中心"。故在此"鹰击长空、鱼翔浅底，万类霜天竞自由"的辽阔时空中，一朵小小的浪花也能听到大海的声音，山谷的野百合也能开出一个灿烂的春天。

赞曰：天地之道，周而复始；原始反终，探赜索隐。大道之行，天下为公，坦坦荡荡，蔚然而兴。是以不揣愚陋，以献美芹。知见笑于大方，敢抛砖以引玉；期鸣鹤于九皋，得嘉宾之良错。

条例说明

1. 关于书名和基本内容

本书的名字叫“《道德经》新解”，包含了《道德经》的今注、今译、今解、引申展开、案例故事，以及几篇相关论文。

本书是以大学公共选修课“道德经导读”框架为基础，汇集笔者老庄学博士研究方向的部分成果而成。选取千古名篇《道德经》，经以历代名人名注，纬以当代学说理论，杂以中外案例故事而成的一本《道德经》启蒙读本。它是一本《道德经》快速学习手册，或曰“傻瓜书”、“一本通”。

2. 关于注释方法

全书主要注释方法有：

(1)利用《说文解字》解释单字含义。

(2)利用《易经》和《庄子》解释《老子》。

(3)利用中医学理论，特别是《黄帝内经》一书解释《老子》。

(4)利用现代社会学和心理学的研究来解释《老子》。

(5)利用《道德经》本身来注解它自己。比如用后句注解前句、用后面的章节注解前面的章节。或者反过来，用前句、前文注解后句、后文。

(6)以史解经、经史相参，即以历史故事和社会案例纵横解释。

(7)利用禅宗和儒宗类似文本解释《老子》，个别章节也借用基督教的教义来相互发明。

关于字的“今注”，其实是“古注”——字形字义多采自《说文解字》的注解，参以《康熙字典》和现代字典，再择取现代汉语的合适词汇。主要解释在白话文译文中，未尽之理论及含义，在引论中、在案例故事中。

3. 关于本书所参考的当代诸家注释本

本书主要参考书目有：

南怀瑾《老子他说》、《老子他说续集》(以下简称“南本”)

陈鼓应《老子今注今译》(以下简称“陈本”)

任继愈《老子绎读》(以下简称“任本”)

李零《人往低处走》(以下简称“李本”)

还有王蒙《老子的帮助》、印度奥修的《老子》、蔡志忠《老子说》。另外有老子的历代注本。

为方便有兴趣者进一步研究，权将个人对上述著作的观感陈述如下：

“南本”于道体的讲解详细、深入，行家里手的做法。其书成于讲课录音的文字记录，口语体，且听众对象是同门中人，内容较深，且能深入浅出，修行者之所好也。

“陈本”于文献学(考据、版本、目录等)方面详细、深入，书成之后，基本是当前使用最多的老子底本。学术性强，学术研究者所好也。

“任本”的训诂和译介中规中矩，反映出历史学家谨慎的治学态度，历史学家之所好也。

王蒙先生的文笔通达，汪洋恣肆，书成于电视讲座，通俗易懂。印度奥修的翻译本一样精彩。文艺学者之所好也。

“李本”是以帛书本为底本，在训诂学方面时有发明。

其他还有上百本各类解释《道德经》的书籍，近十年可以用“井喷”来形容。百花齐放、百家争鸣。由于笔者的孤陋寡闻，仅得井蛙之一窥，挂一漏万，在所难免，有待于进一步完善。

4. 关于白话译文的说明

(1)《老子》原文不分段，白话文译文部分根据文意适当分段。

(2)《老子》原文部分标点基本只用句读(即逗号和句号)，白话文译文部分根据文章适当添加现代标点符号。

(3)《老子》原文出现的互文修辞，在白话文中适当按现代语序翻译。目的是保持原貌，维持原汁原味、一气呵成的连贯气势；同时也展现现代语境下对《老子》的解读。这样方便读者从对原文的白话翻译感受古代汉语和现代白话文之间的差异，从而更好地理解《老子》。

(4)《老子》原文中省略的句子成分，如主语、宾语等在白话译文中适当补充完整，部分言外之意用白话文补足。

5.《老子》的字数和体裁

《老子》一书号称五千文，实际通行本、帛书本、竹简本字数都略有不同。据详细统计：马王堆帛书，甲本为5344字，乙本为5342字(外加重文124字)；今本，河上公《道德经章句》为5201字(外加重文94字)，王弼《老子道德经注》为5162字(外加重文106字)，傅奕《道德经古本》为5450字(外加重文106字)。严遵《道德真经指归》、张道陵《老子想尔注》无完本。饶宗颐先生指出，东汉以来的文本分删助字本、不删助字本。前者是道教传本，往往删略助字以凑五千言之数，如葛洪所定河上公《道德经章句》本，只有4999字。敦煌本成玄英《老子开题》谓“系师葛本不足五千言”，原因是，第11章“卅辐共一毂”，“卅”是“三十”的合文，少了一个字。①

之于《老子》的体裁，不同于《论语》等书的问答体，而是一种札记体。《老子》分上

① 李零：《人往地处走：〈老子〉天下第一》，生活·读书·新知三联书店2008年版，第16页。

下两章，各有一些自然段落。有的段落或章节包括几个独立的意思，也有的好几个段落或章节才有一个主要意思。每章长短不同，字数在十几字到一百多字之间，平均每章六七十个字，长度恰好和当下流行“微博体”或“说说”很类似。

6. 关于《老子》的版本

《老子》的版本主要有以下几种：

(1)郭店楚简本《老子》(一般简称“简本”)。1993 年，湖北荆门郭店楚简《老子》的出土，时间为战国中晚期的楚国。墓主的身份应该是太子的老师。楚简《老子》可能是一个节选本，但它出自战国楚墓，老子是春秋时期人，因此，楚墓中的典籍自然最接近老子思想。

郭店楚简本《老子》目前最古老，年代在公元前 300 年左右。简本分甲、乙、丙三组，甲组分上下两部分，乙、丙两组不分。这三组文字，每组都分章，章序的排列，和今本不一样。校读《老子》，此本是重要参考，但它的篇幅只有今本的三分之一，也就只有 2000 多字。

(2)马王堆帛书本《老子》(一般简称“帛书本”)。1973 年，在湖南省长沙市近郊马王堆 3 号汉墓，出土了两种版本的《老子》，并被缮写在缣帛上，因此简称帛书《老子》(甲乙本)。时间为西汉初期，墓主身份是长沙侯国的丞相轪侯利苍。从内容上看，帛书《老子》与通行本不一样，虽然也分为两部分，但是“德”经在前，“道”经在后。在内容上，涉及权谋的内容多一些。而且帛书《老子》甲乙本在内容与形式上均有所不同，说明当时老子著作就有多种传译本。

帛书《老子》分甲、乙二本，每本分上下篇，每篇之内，文字连着抄，不分章，但顺序和传世本大体相同。甲本约抄于公元前 206 至前 195 年之间，乙本约抄于公元前 179 至前 169 年之间，也很古老。校读《老子》，此本很重要。

(3)石刻本。有唐代到元代各地道观的石刻本 10 种。

(4)中古时期的古抄本。有敦煌本、吐鲁番本和俄藏本多种。

(5)传世本(一般简称“今本”)。过去主要有五个本子：汉河上公《道德经章句》本、严遵《道德真经指归》本、张道陵《老子想尔注》本、魏王弼《老子道德经注》本、唐傅奕《道德经古本》。河上公传下的版本，汉代就有了，偏民间一点。王弼注解的《道德经》，语言漂亮，读起来比较顺。

简本不全，不能作底本。传世本和其他晚期的本子，对古本改动太多。其他古书，传世本改古本，往往加字，但《老子》不一样，传世本为求整齐，往往删字，并且历史上，各本相互参校，相互掺杂，治丝愈棼，越改越乱，从总体情况看，都不如通行本和帛书本。有学者偏爱帛书本。帛书本，研究者也很多，其中高明的《帛书老子校注》最好。

7. 本书使用的版本

新出土的《老子》文献为老子研究提供了新的材料，可以解决过去某些争论的问题，如《老子》成书年代等。但影响中国文化的并不是帛书本和竹简本《老子》，而是长期广泛流行的河上公本和王弼本。因此，本书的译文依据还是王弼本(陈本是以王弼本为底本的)，在字词解释部分加入部分帛书本内容，以便充分阐明老子文本的含义。

8. 关于引论

引论部分的作用是引导读者进入该章节，起到导读的效果。具体做法有：

(1)点明文眼、线索。比如第8章“上善若水”，首句“上善若水”即为全章文眼，而后描绘水之状以喻圣人之状，最后一句“夫唯不争故无尤”呼应首句“上善若水”，是写水，也是写人，也是写道。

(2)指出句子方法和修辞方法。比如第11章“三十辐”，全文四句话，第一句话写车轮，第二句话写器具，第三句话写门窗，这三句话都是比喻，形成排比句式，最后第四句话点名主题：“故有之以为用，无之以为利”——互文手法，翻译成白话文是：“有和无相互以为利用”，换言之即是“有无相生”之意。

(3)指出文章的突出结构框架和文意着眼点，方便读者探龙取骊。比如第12章“五色令人目盲”章，指出“为腹(实际受用)”和“为目(虚荣浮华)”是两种态度，圣人“去彼取此”，态度鲜明。文章采用的是对比手法。

(4)引发、阐释、打开思路，便于读者从不同路径进入。好比第59章“治人事天莫若啬”，“啬”字此处表示减省，褒养精气神，达到不可知的领域。“啬”的这个减省之意引发当今时代话题，就是“生态学”、“养生学”、“文化学”等方面。这种引发和展开一方面古为今用，另一方面通过“用”反过来可以更好地理解道体，从而熔铸古今，打成一片。

(5)上引下连，贯通全文；左顾右盼，前呼后应。就是指出前后章节的联系，便于见一叶落而知天下秋。比如“不争”一词，在第8章“上善若水”、第22章“曲则全”、第66章“江海所以能为百谷王”、第68章“善为士者不武”、第73章“勇于敢则杀”、第81章“信言不美”等处都有出现，通过这些章句可以理解“不争”的含义。然后反过来，理解了“不争”，则更好地理解了这些相关章节。

(6)引它文参证本文。从同类著作的同意文本中选取段落与本文相互参考证明，这样一些意思能更好地现。如本书第21章“孔德之容”章，本书引《庄子》广成子教黄帝的话以相发明。本书中类证著作出现较多的是先秦文献，如《易经》和《管子》。同属道家体系的有《庄子》、《列子》、《淮南子》。佛经则以十二大经为主，还有禅宗公案、佛教故事。另外《呻吟语》和《小窗幽记》中的一些句子也被采纳。

(7)逐字逐句详细解释关键字词句的意思，引发读者理解与感悟。

总之，内引外联，引经据典，只为抛砖引玉、引人入胜，也可能会引狼入室、引喻失义，读者得其意而忘其言可也。

9. 关于标题

每章第一句作为标题。“河上公注”本标题可以作为重要参考。但最好的标题仍是老子章节的首句。因为老子的文本特征决定了如此。细研老子章节，会发现他有两种主要布局方式：其一是列出三五个排比句作比喻，然后以一句话点出中心，或两句话点出实际运用。如十一章“三十幅”。其二是先点题，次分析。如二十二章“曲则全”。本书将首句作标题一是为合于文意；二是为方便读者检阅文本。

10. 关于标点和段落

本书关于《老子》原文部分的文本和标点符号参考了南本、陈本、任本等书，部分由己意断之。

在《老子》一书中，本无标点和段落，只有分章。在《老子》成书的时代，一没有今天的“出版”、“著作”、“书籍”等概念；二没有今天的“文章”、“文学”、“段落”等概念；三没有今天的标点符号，也没有今天的这么多汉字。现代的标点符号和段落一方面是行文的自然停顿；另一方面是作为修辞和文法出现。而修辞和文法成为除文字本身之外的第二种表达意思的形式，其中蕴含着文艺色彩。

比如分号的使用，接连几个同类句式出现，中间以分号相连，就构成今天所谓的排比句式。而排比的作用是增加句势和力量。这种现代“文艺手法”、“文学色彩”反而会有损《老子》质朴不文的文本本身，因而会对阅读者造成些微的误导，因此可能偏离《老子》文本的本意。

有鉴于此，本书在处理时尽量保持古风，尽量只用逗号和句号，只在文意明显具有反问或感叹时使用问号和感叹号。而在白话文翻译中，这个顾忌就少一些，可以用现代标点符号，尽量把原文中潜在的含义做一个完整呈现。

处理分段问题也和标点的处理方式相同。

《老子》的每篇有长有短，普通的篇章拿今天的句子划分方法来说也就仅有三五句话。而他的每一句话就类同于今天的一个段落。《老子》中的一个篇章大部分可分为三至五个自然段，而且三至五段之间的逻辑关系非常明显。

11.《老子》一书的文字发音和音韵问题

老子文章的写作方法，语言上运用南方楚地的句式，空灵神奇，而且都具有韵脚的，每一句都是押韵的韵文，很好听。但是由于时代变迁，现代读音听起来已经不押韵了。但仍有不少学者从事于这方面的研究，有不少成果，可以帮我们窥探老子时代的发音。有兴趣的读者可搜索相关研究成果。

12.《老子》的修辞方法举例

《老子》文本极具文学色彩，仅举二例如下：

> 第8章：上善若水。水善利万物而不争，处众人之所恶，故几于道。居善地，心善渊，与善仁，言善信，正善治，事善能，动善时。夫唯不争，故无尤。

整章可分为三段。首句为引论，中间为正论，最后一句“夫唯不争，故无尤”是结论。结论同时呼应首句“上善若水”的内涵。首句引论同时也是全章主题、核心。首句“上善若水”是比喻；“水善利万物而不争”，是拟人的修辞方法。“居善地”是排比句式。

> 第11章：三十辐共一毂，当其无，有车之用；埏埴以为器，当其无，有器之用；凿户牖以为室，当其无，有室之用。故有之以为利，无之以为用。

全篇四句话。前三句为排比句式，同时是举例说明。最后一句是结论。最后的结论“故有之以为利，无之以为用”是以互文形式出现的，意指有和无相互为利为用，仅有有或无是不能起用的。

当然，所谓“修辞手法”是今人说法，老子时代虽然已经出神入化地使用这种方法，但并没有这样的名词和概念。而我们了解了这些，对理解文本含义却有很大帮助。

13. 关于《老子》一书文本结构的严密逻辑性

西方的治学方法以演绎见长，先有公理，再有定理，然后有推论、有证明、大观点、小观点。以此看《老子》，会认为它的文字很不严谨。其实东方的学问以归纳见长。中国古典文化的习惯性做法，是以平常散说对话为主，自有它的逻辑，而不是“先立前提——再加发挥——申辩——最后作结论”。在老子文本中，有总、有分也有合，形成一个圆满的太极。而且东方哲学的核心意念，即主要观点，是和现实生活息息相关的。老子擅长拿身边的事儿来作比喻。如“渊兮，似万物之宗；湛兮，似或存……吾不知其谁之子，象帝之先”，这些比喻句子实际表现作者的哲理思想。如果拿西方哲学的术语剖解它，就是本体论、价值论和结构论了。片面强调说中国文字“没有逻辑”、“不严谨”，其实是一种迷信，是自己迷信于一种方法而排斥和攻击另一种方法。

《老子》一书最典型的文本结构是三段论，比如前文提到的第8章“上善若水”。首句四字提出中心；次句“水”略述；末句“夫”字回归到“上善若水”，指出“上善若水”的根本是“不争”。

又比如第26章“重为轻根”：

> 重为轻根，静为躁君。是以圣人终日行，而不离辎重。虽有荣观，燕处超然。奈何万乘之主，而以身轻天下？轻则失本，躁则失君。

首句两个四字句合计八个字，形成一副对联，提出中心。次两句分别列出“圣人”和“万乘之主”的做事方式，形成对比。这两句中的每一句又分成上句而下句。最后两个四字句，形成又一副对联，呼应首句。合而言之，此章共八个分句、四个整句，其中两两对比，相互呼应。有正比、有反比；有类比、有对比。而最终“重”和“轻”、“静”和“躁”(动)又形成阴阳的两面，混而为一，归于清虚。

《易经》上讲八卦中的卦象关系，有“错、综、复、杂”的四种关系。每树立一面(一卦)，就有一个对立面；然后这两卦又都有自身的错卦和综卦，总计有“四面、八方”之全面和精细。《老子》文本深得易道精髓，于文本中能窥见易道。

14.《老子》一字三义、多义现象普遍

比如“道”字。“道可道，非常道”：可以言说的道理，不是真正的道。第一个“道”字是名词；第二个“道”是动词，表“言说”；第三个“道”可能与第一个“道”字一样，表示普通的“道理”，也可能是专有名词，表示终极意义的“道”。

又如“生”字，第51章“道生之，德蓄之”，“生”字作“出生、产生”讲，动词。而第50章“以其生生之厚”，则第一个“生”是动词，养生、奉养之意；第二个“生”字是名词，生命。又比如“善”，当与“恶”相对时，可以是形容词、名词，有时也可表程度，是副词。

再如“勤”字，第6章“用之不勤”，作“劳”讲；有劳倦、竭尽、穷尽的意思；第41章“勤而行之”亦作“劳”讲，敏捷、积极的意思；第52章“塞其兑，闭其门，终身不勤”，亦作“劳”讲，却有劳力、生病的意思。

总之，《老子》一书一字三义、多义现象非常普遍。掌握这个基本事实，就容易了解老子的真正意思，而不会被表面的文字符号所误导。

15.《老子》一书中的一个字就是一个观念

因为古代的汉字数量很少，老子时代大概一千多个。这样就造成以下效果：

(1)用字简练，大量省略。如“出生入死”、“道法自然”、“宠辱若惊”。甚至不夸张地说，《老子》基本是一部成语词典，这一方面说明用字之神，但到了现代汉语时代，人们阅读水平下降，原本意思解读就变得困难起来。

(2)一个字当做两个、三个、多个用。既可以是动词，又可以是名词。如“生生之厚”的“生生”；又如“为无为”。上面说过，这里不再赘述。

(3)一个字就是一个词，一个词就是一个概念，一个概念就是今天的一个观念，一个观念就是今天的一个观点、一种哲学和人生态度，同时又是修身养性的基本准则——等到了哲学境界之后，这个字和其他字就能互换、通用。类似于国际象棋中的卒子，进到底线后成除王(后)以外其他任意一个棋子。又类似于万水归江河，江河归大海，归海之后，百川一味；百川一味，然后一味百川。

比如“静”字，指“清静”，指不扰动，指事物安守本分，指事物安守于自身分有的禀赋、天性、才器、能力，而无过不及之处的持平守衡、持盈保泰的状态。“归根曰静”——回归、复原到万有的本源的原始、混沌状态叫做“静”，这种过程，叫做“天人合一”。“静”与“淡”、“虚”、“无为”这些词都是一个意思了。

正如钱锺书先生说的：

> 穷理析义，须资象喻，然而慎思明辨者有戒心焉。游词足以埋理，绮文足以夺义……古之哲人有鉴于词之足以害意也，或乃以言破言，即用文字消除文字之执，每下一语，辄反其语以破之。《关尹子·三极》篇云：“蝍蛆食蛇，蛇食蛙，蛙食蝍蛆，互相食也。圣人之言亦然。……唯善圣者不留一言”；古希腊怀疑派亦谓反言

破正，还复自破，“譬如泻药，腹中物除，药亦泄尽”①。

这种语言运用恰如“贪吃蛇”游戏，蛇不停地吞吃，小果果到大果果，越来越大——等到最后它吞吃到自己的尾巴，他把自己吞吃掉了。游戏结束。我们对老子文本的解读也是类似于此，庄子所谓“得意忘言”。

而且大量的字都是如此，非仅一字两字。所以《老子》一书“字字珠玑”，不是通常“阅读方法”简单解读就可以的。道教奉之为“天书”，是有一定道理的。

所以，“无可名与多名”是理解《老子》的一把钥匙。具体可参见本书正文第一章“名可名”的相关说明。

16.《道德经》阅读和研究的误区

对《老子》最大的误解，就是认为它是万能的。还有不少人第一次读百家书，对《道德经》的印象只停留在中学接触到的某句话、某老师对老子的态度和倾向上面。还有人以为它是一部宗教书，内容与“道士”、“道观”、“太上老君”相关。其实《老子》并不是神圣，但却超群。

现代学术界，研究《老子》的趋向，归纳起来，大概可分为三个路线：

第一类：纯粹走哲学思想的研究路线。作这方向研究的人，各有各的心得，各有自己的见解。乃至有人以西方哲学来批评《老子》，或者以西方文化来与《老子》比较。这是学术性的一类。

第二类：就是把《老子》单纯地归到个人修养、做工夫，所谓“修神仙”的丹道上去。这一类自几千年前，直到现在，自成一个系统。

第三类：是把《老子》归到谋略学的主流，而且习惯上，有一个很严重的错误观念：认为老子的谋略学是阴谋，是阴谋之术。于是，一说到老庄，就联想到谋略；一说到谋略，就联想到老子学说是很阴险的学问，是搞阴谋的。这种观念，错误得很严重。

总之，正道只有一条，歧路却有千万条。所以，《易经·系辞》上说：“仁者见之谓之仁，智者见之谓之知，百姓日用而不知”。

17.《道德经》的阅读方法

前面说过，老子扩充了汉字的容量，使每一个字的内涵意蕴如小宇宙爆发一样，显现出文以载道的力道来，但这也给解读造成了很大的困难。《老子》的每一个字就是今天的一个概念、一个观念、一种思维方式。所以：

第一，最基础的方法就真正多认识汉字，这样对一个字就不会乱解释。有人这样解释“善建者不拔”：“善于搞建筑的人不砍树”——“以文解义，三世佛怨”。我们要对一个字的几层意义及这几层意义之间的关联有一个基本的尊重。一个字义有本义、引申义、比喻义，比如“朴”字，本义就是一块未经雕琢的原始木头；引申到人的美德，就

---

① 钱锺书：《管锥编》(一)“反言破正，还复自破”，生活·读书·新知三联书店1993年版，第21~22页。

是朴素、本色；在《老子》一文中，除了有这两个含义之外，另外衍生出一种哲学含义："朴"用来形容道原始的、最初的、最细微的运用，有的地方就是道的代名词。而且除了"朴"之外，"璞"代表未经雕琢的宝玉，"朴"和"璞"是同一类词，意思上可以互换。

第二，对于看过小说，听过故事的我们，能够读出《道德经》一书中哪些话明显是文学手法，哪句话是使用了修辞手法，这样就不会被它表面上的文字优美所欺骗住，而忽视、遗漏了它背后的真正含义。

第三，"不求甚解"。有的章节看不懂，就翻过去，找看得懂的地方看，反复看，你会发现，随着经历、阅历的增加，看不懂的地方看懂了。

第四，连贯阅读。读《老子》不要把它一句句地读，如果分开来一句句地读，倒不如干脆把它写成书笺，当格言看好了。要完全了解它的宗旨，以原书原文来理解它本身，前言搭后语、上文联下文，一以贯之，就可融通无碍。

《庄子·天地篇》："黄帝游乎赤水之北，登乎昆仑之丘而南望，还归，遗其玄珠。使知索之而不得，使离朱索之而不得，使喫诟索之而不得也。乃使象罔，象罔得之。黄帝曰：'异哉！象罔乃可以得之乎！'"对于《老子》，像我们这样无所求的人，反倒可以看得清楚一点儿，凡是带着某种目的、某种动机去研究，都会产生偏见。

目　录

第一编　专题论述

第二编　《道德经》注译论解

第一编

专 题 论 述

专题论述之一　太极论

一、太极总述

《易》曰："一阴一阳之谓道"。道不在阴中，也不在阳中，道在阴阳之间。换言之，阴之变、阳之变，均非道，而道在阴阳之间①。

我们在言说中，权且可以将阴（"有"）和阳（"无"）作为极点，有极点叫做阴（或阳），有阴就有阳，有阳就有阴；没有极点叫做"无极"。无极就是"太极"。有极点和无极点，《老子》说："此两者同出而异名，同谓之玄。玄之又玄，众妙之门。"在起心动念的"动"中体会"有"（或曰"刚"、"强"），在无心无念的"静"中体会"无"（或曰"柔"、"弱"），故老子说："常有欲以观其徼，常无欲以观其妙。"

二、太极的名称表述："无可名与多名"②

《老子》首章："名可名，非常名"。太极，既不能说它"有（名）"，也不能说它"无（名）"。《易经·系辞》："故神无方而《易》无体。一阴一阳之谓道……仁者见之谓之仁，知者见之谓之知，百姓日用而不知，故君子之道鲜矣。显诸仁，藏诸用，鼓万物而

---

① 《易经·系辞》："寒往则暑来，暑往则寒来，寒暑相推而岁成焉。日往则月来，月往则日来，日月相推而明生焉。"明之生、岁之成是在日来月往、寒暑相推中出现。徐子宏译注：《周易全译》，贵州人民出版社1991年版，第377页。

② 《周易·系辞》上："一阴一阳之谓道。"《正义》："以理言之为道，以数言之谓之一，以体言之谓之无，以物得开通谓之道，以微妙不测谓之神，应机变化谓之易。总而言之，皆虚无之谓也。"按阮籍《通老子论》云："道者自然，《易》谓之'太极'，《春秋》谓之'元'，《老子》谓之'道'也"（《全三国文》卷四一）；成公绥《天地赋》云："天地至神，难以一言定称。故体而言之，则曰'两仪'；假而言之，则曰'乾坤'；气而言之，则曰'阴阳'；性而言之，则曰'柔刚'；色而言之，则曰'玄黄'；名而言之，则曰'天地'"（《全晋文》卷五九）；《河南二程遗书》卷一一云："天者理也，神者妙万物而为言者也，帝者以主宰事而名也"；孙奕《履斋示儿编》卷一云："以形体谓之天，以主宰谓之帝，以运动谓之干。"大莫能名，姑与以一名而不能尽其实，遂繁称多名，更端以示。夫多名适见无可名、不能名也。《列子·仲尼》篇"荡荡乎民无能名焉"句张湛注引何晏《无名论》曰："夫唯无名，故可得遍以天下之名名之，然岂其名也哉?"西方神秘家（Dionysius the Areopagite）谓损以求之（Via negativa），则升而至于无名，益以求之（Via affirmativa），则降而至于多名；故大道真宰无名（anonymous）而复多名（polynonymos）。理足相参，即《老子》开宗明义之"可名非常名"耳。出自钱锺书：《管锥编（一）》，三联书店1993年版，第71~72页。

不与圣人同忧，盛德大业至矣哉。”

《老子》称之为“道”。又用“混沌”、“恍惚”、“希夷”、“玄牝之门”、“大、远、逝”、“大象”、“得一”、“道”等名称来称呼它。以至大无外叫“大”，以至深无底叫“玄”，以万物之源叫“牝”，以独一无二叫“一”，“以本色本有谓之‘朴’，以常无欲谓之‘小’，以万物归焉而不为主谓之‘大’……”

在《周易》中的名字叫“易”①，又叫“太极”②。

《中庸》中的表述就是“中”、“和”③。

《黄帝四经·道原》：“万物得之以生，百事得之以成。人皆以之，莫知其名。人皆用之，莫见其形。‘一’者，其号也；‘虚’，其舍也；‘无为’，其素也；‘和’，其用也”。

《管子·心术篇》：“道不远而难极也，与人并处而难得也。虚其欲，神将入舍。扫除不洁，神乃留处。……夫正人无求之也，故能虚无。虚无无形谓之道；化育万物谓之德；君臣父子，人间之事，谓之义；登降揖让，贵贱有等，亲疏之体，谓之礼；简物小未一道，杀僇禁诛，谓之法。”

三、太极的特征(“状态”；或曰“境界”；或曰“见地”)

(1)太极，可名于“无”。因为好比在北极点上，是没有一个方向的——或曰只有一个方向，那就是南，所以可名为“无”；但是它往任何一个方向运动都是向南，具备无限的可能性，故可名为“有”。而实际来说，“有”和“无”并不足以描述它的状态，它是无名的。乃至于说它“无名”，仍然是明显地描述它，所以“无名”也只是权变之说，亦不可言“无名”。

(2)太极，就叫“持盈保泰”；也叫“得一”；也叫“镇之以无名之朴”；也叫“复归于无极”。

(3)太极并不是说真有一个具体的位置或标准可以让人固定地、具体地、明明白白地、清清楚楚地、可以量化及标准化地实施执行的。当然，如果确定地说它不可固定、不可具体、不可明白、不可量化的话，也是不准确的。它有一个特征隐显无形，不可琢磨，瞻之在前，忽焉在后。

(4)另外还有很多其他的特征，比如：“安(静)”、“清(虚)”、“淡(泊)”、“冲(虚)”、“绵绵(冥冥)”、“寂(寥)”、“无知(欲)”，等等。

---

① 《周易·系辞》：“《易》之为书也，不可远，上下无恒，周流六虚，不可为典要。”徐子宏译注：《周易全译》，贵州人民出版社 1991 年版，第 386 页。

② 《周易·系辞》：“太极生两仪，两仪生四象，四象生八卦，八卦生吉凶，吉凶生大业。”徐子宏译注：《周易全译》，贵州人民出版社 1991 年版，第 367 页。《周易》“易有太极”，马王堆易传作“易有太恒”。恒，常也。

③ (宋)朱熹集注：《四书集注》，岳麓书社 1987 年版，第 25 页。《中庸》：“天命之谓性，率性之谓道，修道之谓教。道也者，不可须臾离也；可离，非道也。……喜怒哀乐之未发，谓之中；发而皆中节，谓之和。中也者，天下之大本也；和也者，天下之达道也。致中和，天地位焉，万物育焉。”

四、太极的修炼

太极是不可修不可炼的，也不用修，但是不修亦无法得道，假言为为修，所谓“黄叶止啼”。

维持“极点”动而不动、变而不变其实就是《中庸》“喜怒哀乐之未发谓之中，发而皆中节谓之和”的状态。道理上要明白，心理上要清楚，生理上要自然，物理上要各种条件具备。修炼上有渐修和顿悟不同的方式、方法。

《老子》在好几章里都列举出境界和层次。特别是第 1 章“道可道”，第 10 章“营魄抱一”，第 16 章“致虚极”，第 25 章“有物混成”，第 52 章“天下有始”等。

前面提到的“静”、“恍惚”、“淡”……有时既是方法，也是境界。古希腊赫拉克利特曾表述：“人不能同时踏入同一条河流，我们是河流上的水汽”；“在变化中得到休息”。与此一以贯之。

五、太极的内在逻辑：圆的比喻

太极还可以拿圆来比喻。“圆”有很多特征：平等性、公正性、圆满性；初始点即是终结点；最高点就是转换点，等等。（此处简略展开，详细内容请结合本书专题二“圆满论”及专题三“整体论”。）

（1）万事首尾互联、终始无故，如环之无端。① 这也就是《庄子·大宗师》“以无为首、以生为背、以死为尻，知死生存亡之一体”者的境地。

（2）物壮则老，物积必腐，物极必反。所以“（贪）多则惑（乱）、少则得”。（《老子·二十二章》），所以一味求全求快反倒会欲速则不达。换言之，最高点即是转换点。

（3）太极就是圆满。荷兰哲学家斯宾诺莎在《神、人及其幸福简论》一书中说：“一个被断定为具有一切或无限多属性的存在物，其中每一类属性在其自类中皆是无限圆满的。”“‘部分’和‘整体’都不是真实的或实在的存在物，而仅仅是‘思想存在物’，因而在自然中，原无整体，亦无部分。”“God 是一个固有因，无外因，一个主动者”。“自然是被认为具有一切属性的存在物”。太极即是如此。（详见本书“阴阳论”一节）

（4）太极是“对待”和“绝待”的平衡。“绝待”是相对于“对待”而言。“对待”是有条件、有对象；“绝待”是无条件、无对象——既无对象，已于何立？故自我亦无。自我亦无，则又何处非我？换言之，不把自我放到所接触的事物中去，也不把自我和事物对立起来，故无所谓主观，也无所谓客观。无我无相，而法相宛然。②

---

① 《庄子·秋水》：“大知观于远近，故小而不寡，大而不多：知量无穷；证向今故，故遥而不闷，掇而不跂：知时无止；察乎盈虚，故得而不喜，失而不忧：知分之无常也；明乎坦涂，故生而不说，死而不祸：知终始之不可故也。”（陈鼓应：《庄子今注今译》，商务印书馆 2007 年版。）故《老子》第 81 章强调，“圣人不积，既以为人已愈有，即以与人已愈多。”

② （隋）僧璨大师作《信心铭》，堪称禅道相融的典范：“至道无难，唯嫌拣择。但莫憎爱，洞然明白……才有是非，纷然失心。二由一有，一亦莫守。一心不生，万法无咎。”

从正面例子来说，试以俗世国王为喻。俗话说："天子以四海为家"①，假使拥有的王权无上，那么"朕即国家"、"我就是真理"，这样的国王是无对待、无分别、无自我的。法王亦如是，"一往无前"、"无法无天"、无分别、无对待（庄子称为"逍遥游"）。从反面例子来说，试举一个社会心理学上的例子。一个自我意识强烈的人，往往是痛苦的人。自我意识强烈就意味着自尊心强烈、敏感，常常会为捍卫"自我"而采取种种自我保护措施，结果因为城墙太厚、刺太锋利，反伤害自我。（老子所谓"甚爱必大费"。②）（本节内容又参见本书《圆满的世界》"摆脱参照物的束缚"一节）

（5）圆满性意味着"存在即是合理"。斯宾诺莎称之为"存在就是善"。老子称之为"天地不仁，以万物为刍狗"。

自然不把任何一种特性推向极端，它总是赋予每一件事物平等、公平的地位和作用——换一种表达方式就是：自然把任何一种特性都推向极端，让每一种特性都有时间、机会、窗口、舞台展示。现代注意力经济学说："每个人都能在15分钟内成名，每个人也都只能成名15分钟"。自然对待万物也是如此。既不对万物中某一品类特别地亲近，也不对另一品类特别地厌恶排斥，与万物处于恰当的融合状态。③

（6）圆满就是知足常乐，就是活在当下。前文说到极点状态就是圆满，而真正的圆满不是说"无所不有、完美无缺、白璧无瑕、应有尽有"的，而是"大成若缺"。大圆满就是不圆满。所以生活中经常有这样的话语："生活是有缺憾的，而正是这些缺憾，成就了完满的生活。"换言之，知道满足的这种满足是最大的满足。

印度奥修在解释老子"吾有三宝"句时指出，不论老子在说什么，他却说：要生活在此时此地！普通自诩为很有理性的人总是为了明天而牺牲今天。看似追求自由，实际逃避自由。能够好好地生活在当下的人，就是一个真正知足的人；真正知足的人就是一个圆满的人；一个圆满的人就是一个和自我、环境、世界完全和解的人。

亦仿佛一枚金针掉进水杯中，就沉入水底，水是水，针是针，针被水淹没。而一粒盐掉进水杯，就融入水中，整杯都是盐，整杯也都是水。盐就是水，水就是盐，不辩水盐。人掉入时空中，也是一样。④ 有人坚执在现实之上有一个"更完善"的自我，从而抗拒环境，物我对立；而自足的人掉入时空，就融入时空、物我两忘。这在佛家词汇里称为"圆成实性"，斯宾诺莎称为"存在就是善"。一方面，没有"前、后"、"古、今"等时间概念，也没有"上、下"、"南、北"等空间概念，也没有喜怒哀乐的概念；另一方面，又同时有着无数概念、有着七情六欲各种反应变化。⑤ 换句话说是：未来不迎，当下不杂，过去不恋。或曰："但自无心于万物，何妨万物常围绕？"

① 《诗经》上说："四海之内，莫非王土；率土之滨，莫非王臣。"程俊英，蒋见元著：《诗经注析》，中华书局1991年版，第487页。

② 故《老子》第81章："圣人不积，既以为人已愈有，既以与人已愈多。"

③ 《老子》第56章："莫可得而亲、莫可得而疏；莫可得而近，莫可得而远"。

④ 蔡志忠：《心经》，生活·读书·新知三联书店1997年版，第39页。有删改。

⑤ 所以公明贾回答孔子："信乎夫子不言不笑乎？"公明贾曰："夫子时然后言，人不厌其言；乐然后笑，人不厌其笑；义然后取，人不厌其取。"（宋）朱熹集注：《四书集注》，岳麓书社1987年版，第222页。

六、阴阳二极在天文、地理和人文中的例子

(1)一年中有两个重要节气，就是冬至和夏至。“吃了夏至面，一日短一线。”夏至这一天，北半球日照时间最长。但从这一天开始，白天便开始一天天变短。冬至则反之。夏至和冬至，一个是阳之极、一个是阴之极。阳极生阴，阴极生阳。周而复始，循环不已。一年如此，一天中也同样如此：子时和午时。大而化之、小而化之，万事万物都有两个极点。

(2)地球有磁场，用磁场和磁极来说明阴和阳的道理最直观。磁体自然分为南北两极，两极的磁性最强，中间的磁性最弱，几乎感觉不到。磁极总是成对出现的，而且有且仅有两个磁极。磁体如果破裂成两个，则各有两个磁极；如果两块磁铁合在一起，则靠近的两个磁极便不存在，整个磁体仍然只有两个磁极。磁极具有客观性、指向性和排斥性等特性。同名磁极相互排斥，异名磁极相互吸引。

(3)当你已经处于谷底了，你往任何一个方向都是向上的路。正如你站在北极极点上，往任何一个方向踏进一步都是向南一样。反之，当你处于谷峰，你往任何一个方向都是下山的路。正如你站在南极极点。成君忆翻译的《峰与谷》一书中体现的思想和道家此处的主张有异曲同工之妙。

(4)类比于政治学意义上，王侯就类似立于北极极点上，已经是世间荣誉的尽头，他往任何方向的行动都是往南(耻辱)运动。(老子所谓“至誉无誉”；侯王自称“孤”、“寡”、“不善”。)

七、阴极和阳极的关系：“一分为二”与“合二为一”

“一分为二”是毛泽东晚年的重要哲学观点之一。① “一分为二”、“对立统一”、“事物总是有两个对立面”，这个时候，强调的是“分”、“合”中的“分”，是斗争。这和他当时的思想倾向和政治倾向有关系。

“分”和“合”在现实生活中有此轻彼重、此起彼伏的必然性，但从哲学层面来看，根据太极论，“分和合，此二者同出而异名。”换言之，“分”和“合”是平衡关系，遵循守恒定律。片面强调单面，会造成灾难性后果。就像人一样，讲究阴阳平衡，阴阳失调就会生病。所以，“分分合合”，“有分有合”才对。“人间正道是沧桑”，“沧桑”就是，不但有坏，好也一样有。

太极论破除了二元世界的对立，既“一分为二”，又“合二为一”。《老子》第40章：

---

① 1966年6月，胡志明来到中国，并在杭州与毛泽东会面。当时《五一六通知》刚刚公布，“文化大革命”开始。毛泽东10日与胡志明进行会晤。此次会谈，毛泽东谈锋很健，其中讲了许多哲学问题。他征询了胡志明对“合二为一”的理解。之前他也曾在哲学领域批判过杨献珍的“合二为一论”。改编自《1966年毛泽东与胡志明在杭州的一次谈话》，发布于《党史博览》2013年3月8日，转载于共产党员网 http://news.12371.cn/2013/03/08/ARTI1362735361001998.shtml.

“反者道之动，弱者道之用。天下万物生于有，有生于无。”如此，则心不离于物、物不离于心、心外无物、物外无心。是非、荣辱，以不辨为解脱。明白了快乐是悲哀的另一张面具、厄运是福运的餐前点心、失去是得到的前提和条件，则具大勇敢、大智慧、大慈悲，不可言是喜，也不言是悲，不可言开始，也不可言结束，因为“万物不足以挠其心”。

八、太极是“消极”和“建极”的辩证统一

无极是在建极的过程中消极、在消极的过程中建极。“建极”是指建立、建设、树立极点，走向极端，走向偏邪，走向个性向、多元化，又好像促使建立一种条件反射链条，以及使之对药品、标签或者概念和象征物、图腾敏感起来；而“消极”则反之，是指消融、灭除极点、撤除极端，走向共性、回到一元的世界，断除条件反射、对药品、标签或者概念和象征物、图腾脱敏起来。建极又好比将铁片磁化，使其能吸附所有含铁物件，影响周围环境，具备某种功能、特性、用途；消极则好比将磁铁消磁，不再对含铁物件敏感、吸附，回到没有知识、没有欲望、没有能力的状态。老子说：“常使民无知无欲”，“无为则无不为”。又说：“挫其锐、解其纷、和其光、同其尘”；“夫物芸芸，各复归其根”。

角度确定立场、深度决定高度。“度”就是“极”。倘若把这个“极”消掉——“消极”——至无极处，就没有角度，或者到处都是角度——就是“无度”。无度就是无极，无极就是太极。太极就是不站在任何角度、任何立场看问题，同时又不遗漏任何角度、任何立场。《易经》：“见群龙无首，吉。”老子用比喻的修辞就是“上善若水”。

也有人将它称作“混乱主义”。“混乱主义”认为对于可知的世界，若从任何一个观察位置看去，它是不完整的；若同时从所有观察位置看去，它是连贯的；若不从任何特定位置看去，它是空虚的。这个空虚不是“顽空”，而是“真空”，真空生妙有。

九、太极的社会之用

社会的各种应用都是道体的变化（道之用）。政治、军事、修身、经商……各社会应用方面的顶尖高手，他们的所作所为或明或暗合于“无极”的状态，他们的失败也在于“无极”的破散。中庸上说：“君子之道费而隐。夫妇之愚，可以与之焉；及其至也，虽圣人亦有所不知焉。”

表现在教育理念上，比如有人主张“孩子不要输在起跑线上”，所以要强制提早教育。而明白无极道理的人就会问了：“起跑点在哪儿？”——人生不是百米冲刺，而更像马拉松长跑，随时随地都可以是起跑点，同时也可能是终点。

又比如在经济学上，有人担忧社会经济状况，认为“经济到了崩溃的边缘”。根据无极理论，就会问：“哪里是边缘？”——既没有“中”，也没有“边”。“人生”是无处不在的，不论边缘中心——钱锺书先生所谓“物之尽际而仍属其体者”。诗人顾城则说：“命运不是风，来回吹，命运是大地，走到哪你都在命运中。”

而且，边缘可能成为中心，中心也可能变成边缘。① 接受生命或事件的意义，也接受生命或事件中的无意义。执著于那些看似充满了意义和价值的事，其实只是主观感觉而已，殊不知，面对无意义、直面虚无需要更大的勇气、更多承担精神——无意义、无价值正产生于意义、价值。所以《老子》紧接第 1 章道体描述之后，开始谈善恶、美丑、真假等应用之学。②

既然死生为一、得失不二、终始无故，那么自然祸福不起于念，荣辱不动于心。禅宗讲“苦海无边，回头是岸”——既然离开了岸，前方也是岸，到处都是岸——说到底，它是“如如不动、不动如如”的。③

十、宗教的产生在人的心理投射

如果有人坚持在现实之外另有一个更完善(圆满)的自我，而将之投射到一个象征上面，或者称谓“神”、“上帝”、“佛”等名词，那么宗教就产生了。④

马克思也同样认识到这一点，在《关于费尔巴哈的提纲》中指出费氏宗教上的自我异化。在该文中，马氏指出：“人应该在实践中证明自己思维的真理性，及自己思维的现实性和力量，亦即自己思维的此岸性”——这用传统东方哲学的表述方式就是心与物的关系。“人的本质并不是单个人所固有的抽象物。在其现实性上，它是一切社会关系的总和”——“一切社会关系的总和”用佛学名称就是“全体大现”。

总之，太极论就是整体论，整体论就是平衡论，平衡论就是圆满论，圆满论就是联动论，联动论就是一贯论，一贯论就是“万物刍狗论”，“刍狗论”就是混沌论，混沌论就是在有言和忘言、有念和无念、有相和无相之间的“大象无形”、“大音希声”、“希言自然”。

龙树菩萨《中论》第一颂：“不生亦不灭，不常亦不断，不一亦不异，不来亦不去。”

---

① 一位朋友在思考中国科举制度消失时感悟到：这个世界上，没有永恒的“在”，何尝又有什么绝对的“不在”？从这个角度上看，我们自以为消失的东西不过是从中心位置退出，以另外的形式印在我们生命和灵魂的深处。

② 《老子》第 2 章：“天下皆知美之为美，斯恶矣。皆知善之为善，斯不善矣。故有无相生，难易相成，长短相较，高下相倾，音声相和，前后相随。是以圣人处无为之事，行不言之教。”

③ 《大乘起信论》：“所谓心性常无念，故名为不变；以不达一法界，故心不相应，忽然念起，名为无明。……知一切法，即心自性，若以心性为佛性者，无法非心性，则不隔内外。而体非内外，内外属相，性不同相，何有内外？”

④ 斯宾诺莎书信集第 56 封中写道：“如果只有三角形会讲话，那它同样会说，神是卓越的三角形，一个圆会说神的本性是卓越的圆的，用这种方式，每一事物都会把自己的属性归之于神，使自己俨如神一样，而其余的一切在它看来就显得都是丑陋不堪的了。”……“假如牛、马和狮子有手，并且能够像人一样用手作画和塑像的话，它们就会各自照着自己的模样，马画出马形的神像，狮子画出狮子形的神像了。”

附录　周敦颐《太极图说》

无极而太极。太极动而生阳，动极而静，静而生阴，静极复动。一动一静，互为其根。分阴分阳，两仪立焉。阳变阴合，而生水火木金土。五气顺布，四时行焉。五行一阴阳也，阴阳一太极也，太极本无极也。五行之生也，各一其性。无极之真，二五之精，妙合而凝。乾道成男，坤道成女。二气交感，化生万物。万物生生而变化无穷焉。唯人也得其秀而最灵。形既生矣，神发知矣。五性感动而善恶分，万事出矣。圣人定之以中正仁义而主静，立人极焉。故圣人“与天地合其德，日月合其明，四时合其序，鬼神合其吉凶”，君子修之吉，小人悖之凶。故曰：“立天之道，曰阴与阳。立地之道，曰柔与刚。立人之道，曰仁与义。”又曰：“原始反终，故知死生之说。”大哉易也，斯其至矣！

专题论述之二　圆满的世界

天体是圆的，天体运行轨迹也是圆的。效法宇宙的圆形，东方哲学中无论是道家、儒家还是佛家，都不约而同用圆来表述教义。新儒家的代表人物牟宗三先生论《中国哲学的特质》①时认为，中国的文化生命顺着“综合的尽理之精神”——用《易经》上的话说就是“圆而神”的精神而来的。中国文化认为：“上下与天地同体、万物与我为一”，人人皆可为圣人。因而中国文化又是“圆盈形态”的文化。再从民俗上来讲，有人戏称中国人的节日就是“圆”的节日，不但名字圆，连吃的食物也都是圆的：元宵节的汤圆、中秋节的月饼、春节的“馄饨”(类比“混沌”的哲学内涵)。而且中国的文学和艺术上最突出的模式也是“大团圆”模式。西方文化和哲学中也同样有大量类似观念。古希腊数论派认为圆是最圆满的图形。中世纪圣奥古斯丁把上帝的爱描绘成一个圆心到处都是、圆周无处不在的圆。钱锺书先生也有一篇专门论圆的文章。②

爱因斯坦相对论指出，当速度接近光速时，时间停止，空间变得无限大。相对论否定了牛顿力学中“时间是永恒的、空间是不变的”说法，解释了天体为什么走曲线的原因——大的物质使周围的引力场发生变化，从而时空弯曲，表现出来就是曲线。不存在直线运动的物体——直线只在相对短暂的时间、狭窄的空间内存在。生命也是做曲线运动的。德国哲学家尼采所追求的“一个目标、一条直线、一个方向”，这只在纯数学中存在。

美国爱默生在诸如《循环论》③、《超灵论》等文中也表述出“永久循环”、“阴阳两极”、“相对论”等真知灼见。爱默生认为，人生从一个几乎看不见的圆圈开始，向四面八方衍生，不断出现一个个越来越大的圆，永无止境。“我们一生都在学习这样的真理：围绕一个圆可以再画一个圆；自然没有终结，而每个终结都是一个开端；正午时分总有另一缕曙光升起，每个深渊之下还有更深的深渊。每一个终结不过是一系列开始的先声；一个人的公平是对另一个人的不公平，一个人的美则是另一个人的丑，一个人的智慧是另一个人的愚蠢。……没有一种终极的善，一切都是最初的。”

英国科技史家李约瑟论中国的“道”说：“中国人的世界观基于一条截然不同的思想方法，认为所有万物的和谐协作，不是来自自身外的至高无上的权威的指令，而是基于以下事实：他们都是构成宇宙和有机体的统一体系的组成部分，他们所服从的正是其自

① 牟宗三著：牟宗三学术论著集，上海古籍出版社 2007 年版，第 153 页。

② 钱锺书：《论圆》，出自《谈艺录》，三联书店 2001 年版，第 277 页

③ Circle，又译“论圆”。[美]爱默生著，亦非译：《人生十论》。爱默生(RalPh Waldo Emerson，1803-1882)是美国哲学家、诗人、散文家，被林肯称为“美国的孔子”，第 145 页。

然界的内在指令。……因此，事实上，自然法原理在中国社会比在欧洲社会中要重得多。”“道”寓于世界。天人合一的“道”是一而不是二。

一、生长就是死亡，消灭就是新生

人的身体成长如果是没有终点的话，成长就是发展，发展就是进步，进步就是今天超越昨天，未来超越现在，就是达尔文的“进化论”。

不幸人类的身体总有一个终点，人的寿命总有尽头。倘若调换一下视角，站在生命的终点来看人生，那么所谓成长，就是走向尽头(死亡)的进程。生长就是逐步消亡。

所以，古希腊赫拉克利特说：“向上的路和向下的路是同一条路”，生和死也是同一条路。角度和立场不同，所得就不同。所以少儿成长，欣然而喜；老人成长，泫然而悲。

其实喜和悲的个人感觉，都无关于生命的自然发展过程。达观的人如庄子说：“与时俱化”，而不讲“与时进化”。一字之差，理念各异。

二、发展即是回归，回归就是发展

一个女孩成熟、成家、怀胎、生子……一系列的过程看似由生活中的无数偶然推动着，一步步向前发展——其实这种发展不是出发，而是到达——回归到这位女孩先天本有的属性。

这位女孩能够怀胎生子，是在她还是受精卵的时候就已经决定了的。DNA 里的信息已经像程序一样设定，直等到生命的运程走过少年期，走到青春期，开始初潮，然后每月固定地排放一到两个卵子，直到某一时刻，这个排放的卵子恰好遇到精子，于是一个受精卵诞生，新生命体开始重复所有人类乃至所有胎生动物的这一段历程。

就像种子，只等待合适的环境(土壤、水、温度)出现，一旦条件成熟，就生根发芽，然后种瓜得瓜、种豆得豆，回到自己本来的家乡。而后天的阳光环境，如阳光和风风雨雨，看似偶然，却冥冥之中似由一张无形的手操持着，现代科学称之为基因“遗传密码”；传统文化中叫做“命、运”；佛教里叫做“因、缘”；希腊戏剧里叫“俄狄浦斯情结”。康德哲学中叫“先验”；苏格拉底称之为“形而上”——万事万物，都是形而上与形而下结合的产物，相对于形而上来讲，形而下的终极发展，是它合于形而上的过程。《易经》上说：“穷理、尽性，以至于命。”孟子说：“尽其心者，知其性也。知其性，则知天矣。”(《孟子·尽心上》)。

三、自大就是自卑，自卑就是自大

生活中有的人很自卑。没有人觉得他有什么不好，而他自己总觉得自己有什么地方不好，并因为这个没有人注意的缺陷而自个看不起——其实他是把自己看得太重了，太把自己当回事儿，刻板地要求自己——这是自大的另一种表现。阿德勒在《自卑与超越》一书中说："由于自卑感总是造成紧张，所以争取优越感的补偿动作必然会同时出现。他们希望能成为整个世界注意的中心，成为四面八方景仰膜拜的对象。……(于是便有了)运动、扩张，及成为神的努力。"

生活中个别人总爱吹牛皮、出风头，希望得到别人的关注、希望别人高看他、抬举他、在乎他，我们说这种人自吹自擂、自大。其实自大的人必定自卑，因为内里的脆弱、不足，而希望达到外在的平衡。所以其实类似的"张狂"的人，事实上很需要我们的关爱，他们本无心伤害，只是内心太过不自信而已。老子说："甚爱必大费，多藏必厚亡"。所以要"去甚、去奢、去泰"。

四、追求就是匮乏，理想就是欲望

中医上讲："精满不思欲、气满不思食、神满不思睡。""不要跟我谈理想，戒了"——谈"追求"，老子叫"欲得"，翻译成文言文就是一个字："欲"。"欲"者，"欠谷"也。人因饥饿追求粮食、人因饥渴追求男女，饥饿和饥渴的原因又是因为平时消耗、损耗太多，身体和生命支撑不下去，所以需要"补充能量"。

倘若一个真正清静的人，平时劳心费神的事儿没有，事来则应，事过则了，轻松自在，那么身体能量自然充盈，可以很长时间不吃饭、不睡觉，甚至不思房事。因为他自身阴阳和谐，不借外力就能达到健康的平衡状态。

所以说，"思食、思睡、思欲"这三"思"是人生理状况的显现，追求什么，说明缺乏什么；什么东西储备越多，什么东西最是匮乏。社会学上和经济学意义上是如此，生理和心理上也是如此。所以老子最后一章说："圣人不积，既以人人已愈有，既以与人已愈多。天之道，利而不害；圣人之道，为而不争"。

意义是生成的，而不是自证的。意义就是价值，价值就是是非、善恶、取舍的判断。是非、善恶和取舍的判断标准又因人而异、因时因地而宜。人之不同，则其价值标准不同。换句话说，人们往往是先射击后瞄准，是"打哪儿指哪儿"，而不是"指哪儿打哪儿"。存在先于意义。

所以道不求也得不到，但也不是你求来的。求道者离道远矣。

五、出发是为了到达，到达是为了出发

每个人心里都有座围城，在钱锺书先生的《围城》序中描述得非常清楚："城里的人想冲出去，城外的人想冲进来。人生也罢、婚姻也罢，人生的愿望大都如此。""围城困境"用另一个比喻来说就是"笼中鸟"：就像只小鸟，关在笼中太久了，渴望着自由。关着的笼子打开了，一下子就飞了出去……但毕竟在笼中太久，在外面飞了一大圈后，它还会回来。所有的出发都是为了到达，所有的到达是为了出发。没有遗失，就不可能找到。你得到了，说明你失去过——"此两者同出而异名，同谓之玄。"高明的投资者，收藏是为了投资，投资是为了收藏。而道是不借不贷、无得无失的。就像鱼在海中，感觉不到水在哪里一样。人在道中，也不觉得道的可贵。

又比如乘电梯，你在十楼，按下十楼的按键，电梯会既不上去，也不下来，它没法工作——因为你本来就在十楼。又比如乘出租车，你站在“××大酒店”门前，说：“快，拉我去‘××大酒店’”，出租车没办法出发——因为你本来就在这个地方了。道是无法“到达”、也无法“出发”的。——当然个别司机会拉着你兜个大圈子，然后回到原来的位置，然后告诉你，你的目的地到了。于是你下车——果真到了。

所谓：“道不远人，切忌认影迷头往外寻觅；心原是佛，但向回光返照直下承当。”

六、穷富是心态认知

拼命挣钱，然后用大量财富来证明自己不是穷人——恰好显明了他的贫穷心态。

这种所谓的富有只是表面现象，骨子里仍不脱贫穷心态。所以就出现了很多现象，比如身家上亿的私营老板为了几百万元的座驾几块钱停车费争执一个上午；某身家5亿元的老板为争夺一处矿藏，买凶杀人，干掉竞争对手。他们当然不是因为缺钱，而是很多时候内心的贫困感在作怪。反之，有些人的穷只是表面现象，其实他内心里是很富足的。

同理，乐观和悲观也是如此。一个处处乐观、事事乐观的人，其实是在掩盖内心深处的绝望。成功和失败也是这样，当代作家王朔说过：“只有失败的人才渴望成功——才是成功的定义。”

老子说：“万物负阴而抱阳。”纪伯伦说：“你们的快乐，只是你们的换了面具的悲哀。”

一位社会人士努力上进，终于买了一辆豪车——“终于可以穿布鞋上班而不怕人笑话了。”

“面子工程”重要，但给人带来真实享受的，是“里子”。老子说，知足之足，是为真足。

七、摆脱参照物的束缚

《老子》说：“善恶相生。”《庄子·秋水》中说：“夫物，量无穷、时无止、分无常、始终无故。”因此大的事物从远处看也会变小、小的事物从近处看也会变大。网络上流传一句话：“虽然你站在高高的山顶俯视着山脚下的我，但在你我的眼里，我们彼此是一样的渺小。”角度变化，事物就变化了。苏轼说：“横看成岭侧成峰，远近高低各不同。不识庐山真面目，只缘身在此山中。”我们要跳出自我这口井，想到“山外有山，人外有人”，既不要用自己的尺子去度量别人的长度；也不轻易用别人(国家、社会、时尚、父母)的尺子来度量自己的长度。

而有的人习惯拿比自己强大、高贵的东西与自己比较，他们只看到了自己弱小、不足的一面，而忽视了自己的优点和长处。其实“不以物喜，不以己悲”，既然万物相对，而何苦自己沉浸于弱小和悲痛之中而自卑自怜、自寻烦恼呢？有的人却反之，拿自己的优点和他人的缺点比较，开始自大起来。万事万物都是相对的，大之所以为大，是其与小相比；远之所以为远，是其与近相比。我们比较事物，总会拿出一个参照系，这个参照系帮助了我们，却也限制了我们，容易使人误入歧途。摆脱这种比较，挣开参照物的束缚，明白福祸相依，让我们的思想自由、身心适当放松，才能更好地保持身心健康，才能享受生命这美好的时光。

有诗为证：“心随境转是凡夫，境随心转是圣贤。眼内有尘三界窄，心中无事一床宽。”

八、参赞天地之造化

如果说一切皆前定，这场生命的演出只是贯彻导演意图的照本宣科，那么生命是悲观的、命运是灰色的、活着是没有“意义”的。

《中庸》上讲：“惟天下至诚为能尽其性，能尽其性则能尽人之性；能尽人之性则能尽物之性；能尽物之性，则可以赞天地之化育；可以赞天地之化育，则可以与天地参矣。”人是为“参赞天地之化育”而来的。《了凡四训》中也讲到，只有死了的鱼才随波逐流，生命的意义就在于认识自己、把握自己、完善世界的缺憾。杨绛先生在《走在人生边上》一书和《斐多篇》中，思考生命的意义，认为人是有灵魂的：人来到世上，是为了完善自身。

所以《庄子·秋水篇》讲道：“夫物，量无穷，时无止、分无常、终始无故。”没有一双慧眼，谁又能看得清世间什么是开始、什么是结束？什么是得到、什么是失去？正如同一个圆，任何起点同时也是终点，任何出发同时也是到达，任何罪恶同时也是善行。反之亦然。达者至此可以一生死而同荣辱矣。

专题论述之三　整体主义的内涵

在本书“阴阳学说的现代解读”第二部分“整体学说”中，“阴中有阳、阳中有阴”、“阴阳互变、阴阳互根”等相关理论已经涉及，其实阴阳论者是一个整体论者，整体性就是连续性，连续性就是统一性，统一性就是联动性，联动性就是变化中有不变、不变中有变化的《易经》之理和“有无相生”的老子道论。本处延展说明。

一、整体性的宇宙形成论

牟复礼(F. W. Mote)认为：“真正中国的宇宙起源论是一种有机物性的程序的起源论，就是说整个宇宙的组成部分都属于同一个有机的集体，而且它们全都以参与者的身份在一个自发自生的生命程序之中互相作用。”①所以中国的宇宙观和思维方式有三个基本特征：即连续性、整体性、内在动力性。美国哈佛大学张光直教授认为：“中国古代文明的一个可以说是最为令人注目的特征，是从意识形态上说来它是一个整体性的宇宙形成论的框架里面创造出来的。”在《中国传统文化与医学》一书序言中，汤一介先生引用以上观点来说明中华民族宇宙观和思维方式的承继性。从哲学史上看，先秦可以说有着若干不同系统，如以阴阳相对为特征的《易经》系统，以五行相生相克为特征的“洪范”系统，以在两极中求中极的孔子哲学和以此一极求相对应的一级的老子哲学等，它们都共同表现了中国传统哲学的连续性、整体性和动力性的特征。

二、整体意味着“道法自然”与“反身而诚”

正如荷兰哲学家斯宾诺莎所言：“自然是被认为具有一切属性的存在物。”“神”(God)是一个固有因，无外因，一个主动者。斯宾诺莎的“存在物”概念在东方语言体系中有时候表述为“天”(天人合一)；有时表述为“道”(“生道合一”)。

李约瑟先生在一次采访中指出：道家的自然观，道家心目中的世界，是根据科学的方法——认为这个世界不是“有罪”的(基督教认为人到世间是因犯了原罪，最终的世界是天国)，更不是过渡性的，而是真真实实的。“道”是大自然的“秩序”。“……中国古代科学、技术……总与道家脱不了干系。”

李约瑟先生认为，万物都是遵循上帝的法则，然而我们知道要能遵从律则，一定要有理解力才行。很显然，星辰、树木、山川、禽兽，都没有理解力，所以若说因为它们

① F. W. Mote. Intellectual Foundation of China[M]. New York: A. A. Knopf, 1971: 19.

同为上帝造物者所创造，故能遵行上帝律则，不是很可笑吗？但是，也很可能，这个观念，在西方现代科学刚抬头时，在某些方面或有启发的作用。而在另一面来看，中国有一元论(unitary)的观念，因为无论如何，中国人所说的“道！道！道！”只不过是“一个”，这个天地之大道只是“一”，它是大自然的秩序，贯通于万物，虽不是人格化的，然而，显然是“单一性”的……新儒学家宋代朱熹认为“理”是在“气”——即物质之外，但是两者不可或缺，亦即是相辅相成。有“气”就有“理”，而“理”若没有“气”亦不能存在。……“道”也是差不多，“道”亦不能完全脱离世间之“物”而单独地存在，可以说它是“涵寓于世界”(immanent)的，也就是与自然之物同存在的，而不是“先验存在”(transcendent)的。

《老子》第25章：“人法地，地法天，天法道，道法自然。”“道法自然”中的“自然”是一个词组。“自”是指自己，“然”是指这个样子。“自然”就是“如其所是”：自己是这个样子，或者自己本来如此。“自然”不等同于“自然界”，就是今天地理学意义上的“大自然”。道家的“自然”，也不是外在的一个东西，它去规范你，或者你去规范它，而是内在于万物中的，是内外合一的。整个宇宙都存在于我们的身心之中，勿向外求。老子第34章：“大道泛兮，其可左右。万物恃之以生而不辞，功成而不有。”《孟子·尽心上》：“万物皆备于我矣。反身而诚，乐莫大焉；强恕而行，求仁莫近焉。”孔子说：“人能弘道，非道弘人”；又说：“仁远乎哉？不远也。我欲仁，斯仁至矣。”

可是也不能说这个道就是确实拥有、亘古不变的，佛家称这种偏见叫“常见”。道并非修行可行，但不修又不能得。

三、整体主义包含了对自身的否定

如果世界是无限的，那么其有限的部分，也仍然会是一个无限。即分裂主义是允许的，整体和分裂是并不互相妨碍，可以同时存在的，因为既然承认宇宙是无限的，那么即使这个无限的一小块内容，仍然同样是一个无限。所以真正的整体主义，含有自身的对立面。

换句话说，如果宇宙具有和谐性、一致性，即么这个一致性就同时蕴含着自身的反面。换一句话说，如果说“反、正都一样”，那么就意味着“反和正不一样”。因为这两句自相矛盾的话，在第一个命题中已经承认了二者的一致性。

生活中也有类似的悖论，比如“信不自信”：如果一个人说他自己“很没有自信心”，那他这句话是真的话，就说明他很有自信——说明他对“我缺乏自信”这点上很有自信。——当然这种讨论方式类似于庄子的“吊诡之言”、名家的诡辩、古希腊的雄辩，但我们却可以从中体认“一本万殊”(或曰“一即是多”)的严谨逻辑。

所以，“宇宙本身的伟大在于多样性……许多灵魂比一个灵魂要好，当心智成长并充满宇宙后，它将不仅是个分化论者也是个统合论者。”①基督教中使徒保罗对分化的解

---

① 出自[美]F.J.戴森著，李笃中译：《全方位的无限：生命为什么如此复杂》，生活·读书·新知三联书店2004年版。

释是："恩赐原有分别，圣灵却是一位，职事也有分别，主却是一位，功用也有分别，上帝却是一位。"①

所以王阳明在理解什么叫"宇宙"之后，明白了"上下四方谓之'宇'，往为古今谓之'宙'"，就说出了"宇宙即我心，我心即宇宙"的名句。

这个话题同样是中国哲学常用的一对术语："一"与"多"的关系。禅宗所谓"千江有水千江月，千江水月一月摄"。这种无极状态在《老子》一书中的文本表述就是"无为而无不为"。

四、整体性的东方文学审美观

你站在桥上看风景，
看风景的人在楼上看你。

明月装饰了你的窗子，
你装饰了别人的梦。

卞之琳的这首诗作《断章》，将苏轼"横看成岭侧成峰，远近高低各不同"的意象用现代诗的形式重新展现。生命和宇宙确实如此多元，立场和角度不同，所见所感就不同。这在东方的文学审美观念中都有体现。

当代作家二月河先生表示，自己不是一条清澈的河，而是一条混浊的河，里面潜伏有乌鳖大鱼麻虾，各种各样的水蛇怪物，这才构成一个大千世界。

张爱玲《自己的文章》中认为，好的作品，在于它是以人生的安稳作底子来描写人生的飞扬的。斗争是动人的，因为它是强大的，而同时是酸楚的。斗争者失去了人生的和谐，寻求着新的和谐。……力是快乐的，美却是悲哀的，两者不能独立存在。"……我喜欢参差的对照的写法，因为它是较近事实的。……不喜欢采取善与恶，灵与肉的斩钉截铁的冲突那种古典的写法。……不再那么强调主题，却是让故事自身给它所能给的，而让读者取得他所能取得的。"

钱锺书先生论文学评价标准认为："凡作品之文学价值愈高，承认之人不必愈众，而所以承认之故必愈繁，金石千声，云霞万色，如入百花之谷，如游五都之市，应接不暇，钻研不尽，各见所长，各得所欲，此种种不同之品德不相反而适相成，故作品正因见仁见智之不同而愈有文学价值，而定义则不能遍举见仁见智之不同以不失为定义也。定义仅有而定指转无，文学之矫然特异，正在于此。"②

这里虽然说的是文学，其实正是哲学。因为这个世界的浑圆一体，所以伟大的作品

① 出自《新旧约全书·哥林多前书》，中国基督教协会1994年印发，第184页。

② 钱锺书：《中国文学小史序论》，《钱锺书集·人生边上的边上》，三联书店2002年版，第92~93页。原载于《国风》(半月刊)第三卷第八期，1933年10月16日。

能够一致而百虑、殊途而同归。当然，做人也是如此，修道也是如此。

五、围棋的隐喻

孔子说："志于道，据于德，依于仁，游于艺。"子夏说："虽小道，必有可观者焉。"孟子说："今夫弈之为数，小数也；不专心致志，则不得也。"小物中有大道。

围棋是效法自然的产物，黑白棋正好比阴和阳。围棋是多元思维、多维思维。象棋，无论是中国象棋还是国际象棋，它的每一枚棋子都有角色认定，每种角色的路数有规定和限制，在什么条件下才能怎样走。而围棋的每一枚棋子不存在这个设定，所有棋子身份一律平等，所有下法没有二样，规则极其简单。

围棋是真正的动态思维、立体思维、多方向多角度的思维——乃至于全方位、全维度思维。围棋一手棋的价值衡量不是此时此地可以明确肯定的，而是根据全盘、全局形势才能衡量的。一手棋的价值初下时也许显现不出来，甚至可能是一着"臭棋"，但是形势变化的结果也许毫无用处的臭棋一下子变成了"妙着"。什么是一着"好棋"？吴清源先生所提倡的"中和"之棋认为，能够让棋盘上的棋子发挥最大效力的一手棋就是好棋。

立体思维、全方位思维就是整体思维，整体思维是指全面、连续、完整、没有局部划分、没有片面存在、没有凹陷突出、没有不连贯现象和断裂现象出现的一种思维方式。(《老子》："挫其锐，解其纷，和其光，同其尘。")

整体思维是针对通常作为碎片化存在的分门别类、分科治学、断断续续的知识体系的一个大整合，并在整合的基础上进一步融会贯通，最后一以贯之、混沌无名的一种思维。

这种思维用《易经》上的名词描述叫"太极"。太极就是无极。用《老子》的术语描述叫"道"(吾不知其名，强字之曰道)；用《庄子》中的寓言就叫"混沌"(七日而混沌死)；用现代心理学描述叫"高峰体验"或曰"自我实现"；用《中庸》的话说就是"中庸"。

所以，"头头是道"，或曰："条条大道通罗马"。

专题论述之四　阴阳概说（附“一生二，二生三”论）

《道德经》第42章：“道生一，一生二，二生三，三生万物。万物负阴而抱阳，冲气以为和。”“一”就是“太极”，“二”就是“阴阳”。前面第一个专题我们谈了“太极论”，太极论从另外一个角度讲就是阴阳论。此处专论阴阳，以明太极。

《红楼梦》：“天地间都赋阴阳二气所生，或正或邪，或奇或怪，千变万化，都是阴阳顺逆。”翠缕道：“这么说起来，从古到今，开天辟地，都是些阴阳了？”湘云笑道：“糊涂东西，什么都是些阴阳？况且‘阴阳’两个字还只是一个字：阳尽了就是阴，阴近了就是阳；不是阴尽了又有一个阳生出来，阳尽了又有个阴生出来。”翠缕道：“这糊涂死我了！什么是个阴阳？没影没形的。我只问姑娘，这阴阳是个怎么样儿？”湘云道：“这阴阳不过是个气罢了。器物赋了，才成形质。譬如天是阳，地就是阴；水是阴，火就是阳；日是阳，月就是阴。”翠缕听了，笑道：“是了，是了，我今儿可明白了！怪道人都管着日头叫‘太阳’呢，算命的管着月亮叫什么‘太阴星’，就是这个理了。”湘云笑道：“阿弥陀佛！刚刚儿的明白了！”翠缕道：“这些东西有阴阳也罢了，难道那些蚊子，虼蚤，蠓虫儿，花儿，草儿，瓦片儿，砖头儿，也有阴阳不成？”湘云道：“怎么没有呢，比如那一个树叶儿，还分阴阳呢，向上朝阳的就是阳，背阴覆下的就是阴了。”①

由这个小说片段，可知古代中国阴阳的观念深入人心。遗憾的是，今天的人要么视阴阳为神秘的玄学，要么斥其为迷信。至于阴阳学说和《道德经》之间的关系，在有的人眼里，认为《道德经》是哲学，而阴阳五行充其量算是经验总结，只有部分是真的。可见读者相关背景知识太少，看不出阴阳学说与《道德经》的联系，更不用说去在现实中理解和运用了。因此有必要对阴阳五行理论作一个介绍。

《黄帝内经·阴阳应象大论篇》：“阴阳者，天地之道也。万物之纲纪，变化之父母，生杀之本始，神明之府也。”阴阳是中国哲学基本范畴。

一、易之源

“《易》以道阴阳”（《庄子·天下》篇）。阴阳思想是先民“仰则观象于天，俯则观法

① 曹雪芹：《红楼梦》第31回“香菱学诗论阴阳”中史湘云回答丫鬟翠缕的话。摘自人民文学出版社1974年版，第375页。

于地，观鸟兽之文，与地之宜，近取诸身，远取诸物”的智慧结果。《易经·系辞》：“阴阳合德，而刚柔有体”；“《易》有太极，是生两仪，两仪生四象，四象生八卦，八卦定吉凶，吉凶生大业”。在同样的一本继承了上古思想的中国最早医书《黄帝内经·素问·阴阳应象大论》中也说道：“阴在内，阳守之；阳在外，阴之使也”。《墨子》辞过篇：“凡回于天地之间，包于四海之内，天壤之情，阴阳之和，莫不有也，虽至圣不能更也。何以知其然？圣人有传：天地也，则曰上下；四时也，则曰阴阳；人情也，则曰男女；禽兽也，则曰牝牡雌雄也。真天壤之情，虽有先王不能更也。”可见先秦时阴阳学说非常普及。

二、易之核心

“一阴一阳谓之道”是阴阳学说的精髓。老子将它换汤不换药地表述为“万物负阴而抱阳，冲气以为和”。阴阳对立、阴阳交感、阴阳相推，其核心是“变”——亦即是“化”——最终维持一种平衡。陈鑫《太极拳图说·太极拳弄圆歌》：“我有一丸，黑白相和；虽是两分，还是一个。大之莫载，小之莫破；无始无终，无右无左。”

三、什么是阴阳

阴，《说文》：“暗也。水之南，山之北也。”《释名》：“阴，荫也，气在内奥，荫也。”《玉篇》：幽无形、深难测谓之阴。《说文注》：“暗者，闭门也。闭门则为幽暗，故以为高明之反。”

阳，《说文》：“高、明也。”从字源学上看，阴阳最初意义表示地理、地形、地势，后引申为抽象名词，阳可以表示太阳、清气、高明等意思，阴则表示阳的反面及对立事物。

阴、阳不是具体的物质，不是有个叫“阴、阳”的东西。阴阳是相对而言的，是一种关系。如果我们把高、明、上、清、动、刚、热、快、雄性称为阳的话，那么与之对应的低、暗、下、浊、静、柔、冷、慢、雌性就为阴。

万事万物都有一太极，即阴阳。阴阳无限可分；阴阳也无限可合。

四、阴阳的辩证关系

《老子》说：“道生一，一生二。”《易经》说：“一阴一阳谓之道”，阴和阳的辩证关系是怎样的呢？

(1)阴生阳长：树立一极，就会产生该极的对立面。好比是当光线从前面照射过来，身后阴影自然产生了。“孤阴不生，独阳不长。”《老子》所谓“有无相生”。和作用力与反作用的道理一样，美与丑、善与恶、难与易……一切事物及其称谓、概念与价值判断，都是在对待的关系中产生的。而随着对待关系的经常变动，一切事物及其称谓、概念与价值判断也随之变动。“贵以贱为本，高以下为基”也是这个道理。“高、富、帅”是建立在“矮、穷、挫”的基础上的；“白、富、美”是建立在“黑、穷、丑”基础上的。美丑总是成对出现，犹如磁铁的两极。(马克思主义学说的辩证法和矛盾论有类似于此说。)

“如果你手头的工具只有一把锤子，那么你遇到的所有问题就开始看起来像钉子。”一个医生总是习惯性将周围的人都看成他的病人。人们也经常“抬高自己，贬低他人”。当然有时候根据需要，要把一极大树特树，这样彰显自己的主张。或者是把另一极批倒批臭，这样自己的一极就自然树立起来。

(2)阴阳互根：阴中有阳，阳中有阴。《三十六记·瞒天过海》：“阴在阳之内，不在阳之对。太阴，太阳。”没有阴，阳就不存在；没有阳，阴也不成立。任何把阴阳生硬割裂开来的做法都是“本是同根生，相煎何太急”的做法。好比一棵大树，向阳一面为阳，背阴一面为阴，但这两面是一棵树，而不是两棵树。(详见本书“整体主义”)

(3)阴阳对立：如磁铁南北两极，“异性相吸，同性相斥”。此消彼长、此进彼退。

(4)阴阳转化：阴阳在条件成熟时互相转化，走向自己的对立面。俗话说：“风水轮流转”。《易经·系辞》：“日往月则来，月往日则来，日月相推而明生焉。寒往则暑来，暑往则寒来，寒暑相推而成岁月焉。”阴阳转化的结果，是天地日月四时运行的过程，也是人生命中的得失、荣辱、成败所谱写的篇章。

五、老子“一生二、二生三”论

第42章：“道生一，一生二，二生三，三生万物。万物负阴而抱阳，冲气以为和。”(字句解释详见本书原文注解部分)这里的“一、二、三”不是数目、数字、数词，也不是表示数学中最小的三个正整数。勉强可以说，这种数字是一种数理哲学。

“一”是道浑然一体的原始状态，也叫“无极”、“太极”。《韩非子·扬权章》：“道无双，故曰一。”“二”是指混沌的分化(《周易·系辞上》：“一阴一阳谓之道。”)，也就是“阴阳”。二生于一，与一对待而言。《庄子·齐物论》：“彼出于是，是亦因彼，彼是方生之说也。……是亦彼也，彼亦是也”；又《秋水》：“知东西之相反而不可以相无”；《维摩诘所说经·入不二法门品》第九：“从我起二为二”，肇注：“因我故有彼，二名所以生。”宋儒张载《正蒙·太和》：“两不立则一不可见，一不可见则两之用息。……有象斯有对，对必反其为，有反斯有仇，仇必和而解”；《参两》：“一故神，两故化。”《淮南子·天文篇》：“道曰规。道始于一，一而不生，故分而为阴阳，阴阳合而万物生。”“阳不能独立，必得阴而后立，故阳以阴为基。阳不能自见，必待阳而后见，故阴以阳为唱。阳知其始而享其成，阴效其法而终其劳。”①钱锺书《管锥编二》解释“善恶相生”，其实就是阴阳关系论。

故曰：“道生一、一生二、二生三、三生万物。”一者两面(高与下、贵与贱、官与民、主与客……)，一从二了解，二从一起(源)。《老子》首章：“常无欲以观其妙，常有欲以观其徼……此二者同出而异名。”

---

① 出自(宋)邵雍著，张行成注，刘周堂点校：《皇极经世》，海南出版社1993年版，第356页。

举例来说“道生一、一生二”，如人分男人、女人。男人女人相互倾慕、相互发展，这个谈恋爱的过程叫“三”(不是说结婚生出的儿子叫“三”)。有了这个过程，才会结婚生子(“三生万物”)，否则两人见面谁也不待见谁，则永远不会有下文。所以老子说：“万物负阴而抱阳，冲气以为和。”

“负阴而抱阳”现实生活中的案例运用很多，好比建筑设计中，无论多么高雅脱俗的住房，总要设计处理垃圾的位置；又如新闻报纸的版面设计中，有好人好事的报道，也一定有贪腐黑恶的报道。

六、阴阳学说的现代解读

阴阳学说是东方哲学中极为核心的大纲。纲举目张，其内涵和思想用现代的话语体系分析解开的话，包括丰富的内容。并且阴阳学说本身正如“芝麻开门”的咒语，可以打开中国传统文化艺术和哲学及科学发明和修炼法术的宝藏的大门。如果说开去，是一个超级大话题，前人之述备矣。本处仅就阴阳学说本身作个简单介绍，拟从现代观念中择取部分我们熟悉的理论话语模式来贯通阴阳学说。目的第一是阐释阴阳学说，第二是打通古今中外学说理论的一种融合，第三是对世界万象“一以贯之”的“归根曰静”的努力和尝试。

(1)变化学说。变化主题是所有哲学最核心的内容。《易经》就是讲变化的一本书。《庄子》一书讲“万物化生”；又讲“与时俱化”。唯物主义则用“发展”这个词来描述自己的观点。世界是运动的，运动就会变化。至于变化的方向，有的流派认为万事万物，包括人类社会的历史，总是从低级到高级、从不完善到完善的过程。比如达尔文的“进化论”思想。传统东方哲学则认为，低级发展到高级、不完善发展到完善——然后呢？物极必反，而“反者道之动”，故而不可言变化的方向是向上，也不可言它是向下。在局部、片断、一时期的向上运动，放到整体、全局、长时期内来看可能是向下运动。反之亦然。东方传统思想，认为物质文明的发展，的确是今天超越昨天、现代超越古代；而精神上、道德上的文明发展，却是过去胜于今天、古代胜过现代。当然变化学说既然是所有哲学思想的基本主题，在这里也不可能一概而论。此处仅仅是点到为止而已。

(2)整体学说。阴阳论者是一个整体论者，这在前面“专题论述三”有详细的论述。“阴中有阳、阳中有阴”、“阴阳互变、阴阳互根”，所以万事万物都不会走向绝对。当然，我们这样下判断也是一种绝对，所以我们的这个判断本身也不会走向绝对。没有相对，就没有绝对。绝对是建立在相对的基础上。总之，观察事物的阴面和阳面，既一分为二，又合二为一。

举例来说，一棵树向南一面的枝叶总比向北的枝叶茂盛，南北枝叶之不同我们可称为一阴面一阳面。这一阴一阳，却是同属一棵树，而不是两棵树。你不能把它们从正中劈开，而称为一阴一阳。又如日常生活中常见的热胀冷缩物理现象。白天热胀，晚上冷缩，热胀与冷缩只是同一个东西在不同温度条件下的形态变化而已。热胀就是冷缩，冷缩就是热胀，热胀和冷缩是同一个东西，而仅是在时间不同，位置不同而表现不同罢了。热胀与冷缩二者谁也不能把它们分开。(“此二者同出而异名”，故“善之与恶，相去几何？唯之与恶，相去何若？""故有无相生，难易相成，长短相较，高下相倾，音声相和，前后相随。")用佛家禅宗的公案说则是："何为向上一路？""你向下求去。"——"伸脚即在缩脚中。"古希腊哲学家赫拉克利特则说："向上的路和向下的路是同一条路。"《易经》中的表述则是《复》卦，所谓"七日来复"。

(3)结构学说与解构学说。阴阳学说取消了万事万物的独立性，让人从关系、从相对性中去了解它们。就是说它是一种"解构"的方法：在解构中建构；在建构中解构。

贫穷建立在富有的基础上；反之亦然，富有是建立在贫穷的基础上。贵贱之辩亦是如此，贵高必以贱下为本，而低贱则以高贵为根。一个社会中，统治阶层是建立在被统治阶层基础之上的。世界格局中，某些大国的富有是建立在另一些国家的贫穷基础上的。同样，烦恼与菩提、真理与错误也同样如此。

所以从这个意义上来说，阴阳学说要求把事物放到环境中来理解和把握，它一方面消解了事物的独立性，另一方面又同时建立了该事物与它对立面的结构关系。所以老子说："常有，欲以观其窍；常无，欲以观其妙。"

那么它的运用，则表现在现实生活的案例中太多，比如兵法的"指东打西"；书法中的"虚实相生"；医学上的"冬病夏治"等，不胜枚举。

(4)混沌学说。阴阳太极的这种整体论观念如果干涉语言表述和意识感知领域就形成混沌论。这个说法在《易经》中可以表述为"易"或"太极"；在《老子》中的表述是"万物刍狗论"；在《庄子》中的表述是"天籁说"……贤哲们表述各异，所言却同。这个话题已经有相当多的研究成果了，此处不再赘述，仅用陶渊明的一句诗浓缩表达："此中有真意，欲辩已忘言。"混沌论不仅仅是文学、哲学，更是科学和修炼学的见地和境界。这在《老子》一书中多处都有体现(如"恍惚"、"大象"、"混一"等)。

(5)平衡论。万事万物都是有限度的，过度则变为它事物。度就是平衡的概念。阴阳转化、阴阳互根的道理就是说它整体上是平衡的。好比一个社会的财富是固定的，一部分人先富起来，必定有另一部分人变得穷了。富是建立在穷的基础上的。《老子》第39章说："高贵以贱为本，以下为基。是以侯王自称孤、寡、不谷。"这就是平衡论。

"度"的概念用唯物主义常用的词汇表述就是"条件"——万事万物的存在、变化都是有条件的，条件变化则事物变化，条件不成立则事物不成立。

事实上，条件论的本质是说明万法的没有自性，也就是老子说的"天下万物生于有，有生于无"，亦即"无名天地之始，有名万物之母"。举一个现实案例，《老子》第11章"凿户牖以为室，当其无，有室之用。"我们使用的是房子的空间，而房屋空间的产生在于有实体的柱梁和墙体——墙体的"实(有)"和房中的"虚(无)"相互显现、相互作为利用。无此则无彼，无彼亦无此。房间就好比事物，墙体好比条件，条件和事物同时产生，同是消亡。所以说，"条件说"蕴含着对实际物质客观存在性的否定。"度论"也同样如此。所以龙树菩萨《中观论》："此有故彼有，此生故彼生，此无故彼无，此灭故彼灭。……因缘所生法，我说即是空，亦名为假名，亦名中道义。"

(6)逆向思维。即反方向思考。阴面不行就换作阳面，正面不行就改成反面。《庄子》中有个寓言，别人给了惠子几颗大葫芦的种子，惠子种植后收获了很多大葫芦，但是葫芦太大，用来装水，太重就破了，结果只好扔掉。庄子听了说："做一个网子把几个葫芦装在一起，绑在腰间就成了腰舟，可以在水中载沉载浮，不是很快乐吗？水可以装在里面，也可以装在外面呀。”为什么把自己局限在“葫芦只能装水在里面”呢？

因为万物是“负阴而抱阳，冲气以为和”的，所以从阴阳两面来把握万物是合乎万物自然的规律的。人类不被自我束缚住，就能更达观、更开放、更有德性。

(7)换位思考。逆向思维的另一种变通表达就是换位思考。从对方的角度，设身处地地替对方考虑一下——这实际就是“阴中之阳、阳中之阴”的哲学思维。

(8)中和思维①。所谓中和，就是不走极端、就是和谐、就是太极、就是把握中道、就是守衡。

单纯的“一分为二”是呆板的，认为非此即彼、非善即恶、非黑即白，这是缺心眼的做法。就像太极图中阴仪阳仪中缺两个鱼眼。实际生活中有大量灰色地带，看似一分为二，实际合二为一，这才是真正的辩证。

换言之，正如本书第39章所言，我们不能只看到事物的表面，看不到事物的里面；不能只看到事物的正面，还要看看事物的反面。而要能系统地、动态地、全面地、变化地、完整地看待事物，用其他话语表述就是善于持平守衡、无过不足、做到中正庸和。只有这样，才能真正了解事物、了解社会、把握我们的身心世界。

(9)缺憾之美。因为“阴极生阳”，所谓“更好是好的敌人”——所以老子说：“大成若缺”、“大智若愚”。那么反之，“小知若智”、“小成若全”。换句话说，完美主义害死人。

总之，“一阴一阳谓之道”的本义，是不为阴阳所左右，谦下冲和、上善若水、随缘任运、当下心安。

七、阴阳论与修道

《指月录》第一卷：“我家里四事七珍都不缺，只有三件物：一要无根树一株；二要无阴阳地一片；三要叫不响山谷一所。”此正是《老子》第6章所谓：“谷神不死，是谓玄牝。玄牝之门，是谓天地根。绵绵若存，用之不勤。”

六祖慧能棒喝慧明法师时说：“不思善、不思恶，哪个是惠明本来面目?”不思善、不思恶、不思亦不思，则烦恼即是菩提。如此则大方与吝啬、奢侈与节俭、高瞻远瞩与鼠目寸光……一切名词、概念都恰如强酸遇强碱、正电子撞上负电子、正物质汇合反物质，湮灭，从而清静、无为、无言、忘言，如此则滴水中含摄万象，于不动道场转大法幢。

禅宗中有个小故事，讲一个老婆婆有两个女儿，大女儿是卖太阳伞的，小女儿是卖雨鞋的。老婆婆整天愁眉苦脸，下雨天她为大女儿愁，晴天时她又为小女儿愁。直到有一天有人劝她反过来想，晴天大女儿生意好，应该高兴，雨天小女儿生意好，也应该高兴。她一下子变得很快乐了。现实却什么都没有改变，仅仅是改变了一下思考问题的角度，整个人像换了一个人。这看起来像是自欺，谁知道它又不是大智慧呢？所以不把自

① 为了避免通常人们对“中庸”就是“圆滑”的误解，本处用“中和”的概念。

我放到阴中，也不把自我放到阳中，那么则如《易经》上所说："乐天知命故不忧"。

当然，阴阳学说是天地自然之道，所以其道甚大，无所不包。此处仅举一些现代流行的话语体系来解读它，由于笔者的才疏学浅，必定挂一漏万，甚至有许多错误看法，尚需大方之家斧正。最后引用《诗经》上的一首诗来概括阴阳学说：

"马之刚矣，辔之柔矣。马亦不刚，辔亦不柔。志气麃麃，取予不疑。"

附录 《老子》经文中涉及阴阳五行观念的章句

《老子》经文中涉及阴阳五行观念的章句很多，其中最具代表性的段落和句子有：

第3章：是以圣人之治，虚其心，实其腹，弱其志，强其骨；常使民无知、无欲，使夫智者不敢为也。为无为，则无不治。

第10章：载营魄抱一，能无离乎？专气致柔，能如婴儿乎？涤除玄览，能无疵乎？爱国治民，能无为乎？天门开阖，能为雌乎？明白四达，能无知乎。

第12章：五色令人目盲，五音令人耳聋，五味令人口爽，驰骋畋猎令人心发狂，难得之货令人行妨。是以圣人，为腹不为目，故去彼取此。

第40章：反者道之动，弱者道之用。天下万物生于有，有生于无。

第42章：道生一，一生二，二生三，三生万物。万物负阴而抱阳，冲气以为和。人之所恶，唯孤寡、不谷，而王公以为称。故物或损之而益，或益之而损。

第55章：含德之厚，比于赤子。毒虫不螫，猛兽不据，攫鸟不搏。骨弱筋柔而握固。未知牝牡之合而朘作，精之至也。终日号而不嗄，和之至也。知和曰常。知常曰明。益生曰祥。心使气曰强。物壮则老。谓之不道，不道早已。

第26章：重为轻根，静为躁君。是以君子终日行，而不离辎重。虽有荣观，燕处超然。奈何万乘之主而以身轻天下？轻则失根，躁则失君。

第28章：知其雄，守其雌，为天下溪。为天下溪，常德不离，复归於婴儿。知其白，守其黑，为天下式。为天下式，常德不忒，复归於无极。知其荣，守其辱，为天下谷。为天下谷，常德乃足，复归於朴。朴散则为器，圣人用之则为官长。故大制不割。

第36章：将欲歙之，必固张之；将欲弱之，必固强之；将欲废之，必固兴之；将欲取之，必固与之。是谓微明。柔弱胜刚强。鱼不可脱于渊，国之利器，不可以示人。

专题论述之五　五行学说[①]

一、五行思想的起源

南怀瑾先生认为，中国上古时代五行的文化可能比《易经》阴阳学说的文化还要更古老一点，可能是黄河下游，北京、河北这一带的文化，如黄帝、伏羲这一时代的文化一样。而《易经》阴阳学说是中原文化的发展，是山西、河南这一带的文化。五行的明文见于《尚书·洪范》："五行，一曰水，二曰火，三曰木，四曰金，五曰土。水曰润下，火曰炎上，木曰曲直，金曰从革，土爰稼墙。"战国时代著名阴阳家邹衍，对当时社会思想带来很大影响，当时各国纷纷以科学的理论，指导政治的原则。邹衍说天下有九州，中国是九州的一州，为神州。还有其他观点，都与今天现代天文学、地理学新发现不谋而合。

二、五行是什么？

《易经》乾卦的"天行健"，这个"行"是代表运动的意思，就是"动能"，宇宙间物质最大的互相关系，就在这个动能。这个"动能"有五种，以金、木、水、火、土作代表。五行和八卦一样，是种传统符号，也不必看得很重。所谓"金"并不是黄金，"水"亦并不是和杯中喝的水一样，不能看五行就是五种物质。

五行代表了宇宙天体中五个星球：金是太白星，木是岁星，水是辰星，火是荧惑星，土是镇星。这五个星，加上太阳与月亮，称为七政。太阳与月亮是经星，五行之星是纬星。这些星球的放射能，影响了地球，地球也在放射能，而影响其他星球。

木，代表了生发的功能，在人体代表肝，代表草、树木，代表生命中生的功能和根源。草木被砍掉以后，只要留根，第二年又生长起来。白居易的诗："离离原上草，一岁一枯荣，野火烧不尽，春风吹又生。"这就是木的功能，出生能力特别强大。

火，代表了成长的功能，代表热能，代表了挥发，在人体代表心。

土，代表了消化的功能，代表地球的本身，代表中和之性，有中和金木水火的功能，在人体代表脾胃。

金，代表了收敛的功能，凡是坚固、凝固的都为金，代表破坏性及坚固的本体，在

---

① 本专题论述参照南怀瑾先生《易经杂说》(中国世界语出版社 1994 年版)、《道家、密宗与东方神秘学》(中国世界语出版社 1997 年版)等书内容，结合中国传统文艺和中医等理论编辑整理而成。

人体代表肺。

水，代表了固藏的功能，代表了寒冷，在人体代表肾及大小肠。

所以称它们为五行，是因为这五种东西互相在变化，这五种物理互相在影响，这种变化和影响，名叫生、克。

三、五行的生克

根据《易经》综卦的思想，世界上的事物都有正反两个力量：有生，有克。“生、克”是阴阳方面的说法，在学术思想上，则为祸福相倚，正与反，是与非，成与败，利与害，善与恶……一切都是相对的，互相生克。如姜太公流传下来的道家经典《阴符经》里面说“恩生于害”这句话，举例来说，像父亲打儿子，儿子挨打很痛，这是“害”，但目的在把孩子教育成人，这就是“恩生于害”。领导人对部下亦是如此。这句话的意义很深。中国乡下人有句老话：“送人一斗米是恩人，送人一担米是仇人。”帮朋友的忙，在他困难中救济一下，他永远感激，但帮助太多了，他永不满足。往往对好朋友，自己付出了很大的恩惠，而结果反对自己的，正是那些得过你的恩惠的人，所以一个人的失败，往往失败在最信任、最亲近的人身上。历史上这种例子很多。这种人并不一定是存心害对他有恩的人，像拿破仑在两个人的心目中，被认为他不配当英雄，一是他自己的太太，一个是他的一个老朋友，因为太亲近，相处太久了，就有不同的观念，在不知不觉中，会做出一些有害的事来。所以恩与害往往互为因果。所以“恩生于害”这句话很重要。而它的原理，亦即来自生克的法则，生人者也克人。恩与害，两个对立相存，没有绝对的一方。现在青年人谈恋爱也知道，爱得愈深，恨得也愈深，这也是“恩生于害”的原理，也是生克的法则。关于五行的生克道理，可以用下面这两个图案来表现：

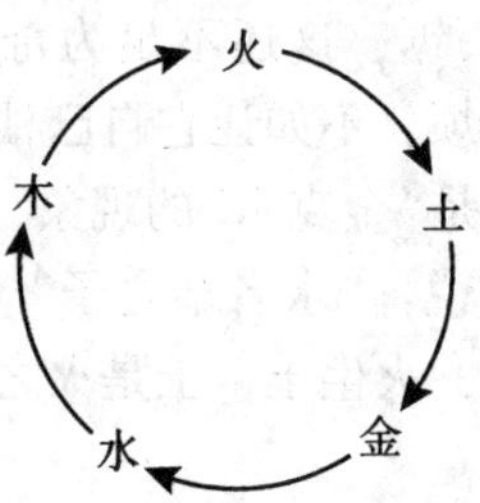

A五行相生图

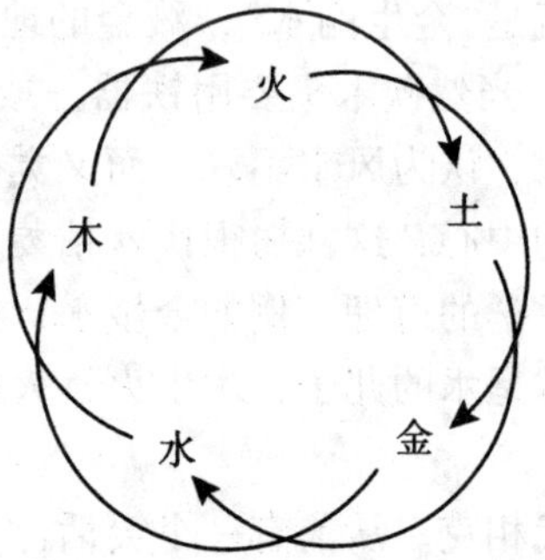

B五行相克图

A图的箭头是表示相生的，就是依顺时针的方向顺序，依次而生，成为木生火，火生土，土生金，金生水，水生木。相生：含有互相滋生、促进、助长的意思。相生的关系中，具有它生、生它，即顺生、逆生两方面的关系。逆生，又叫“亢乘”。

B图上的箭头是表示相克的。五行的位置，和第一图相同，箭头所指的方向，也是顺时针方向，所不同的，相生图的箭头，是指向紧靠自己的邻居，而相克图的箭头，是跳了一个位置，指向隔邻的位置上，“顺次相生，隔一相克”，又称“比相生，间相胜”。于是成了木克土，土克水，水克火，火克金，金克木。相克：含有互相制约、克制、抑制的意思。同样，相克的关系中，也具有克它、它克，即顺克、逆克两个方面的关系。逆克，又叫“反悔”。依其排列规律为顺时针为顺生、顺克；逆时针为逆生、逆克。

四、五行的方位

上面的两个圆圈，只是便于说明五行相互生克的关系，而五行所处的方位，并不如上图，而是像下面的五行方位图：

	火	
木	土	金
	水	

上面这个五行方位图，是以《易经》的方位为准，不是现代画地图的方位。即面向这个方位图，“天(上)南地(下)北、日(左)东月(右)西”。东方木，西方金，北方水，南方火，中央土，这个方位对于北半球的中原地区来说，非常有道理。我们在明朝时也开矿，当时并没有地质学，怎么知道何处有矿？固然有的是当地的居民发现的，但大多数是靠八卦五行的道理，来判断五行的中心。西方金，在西藏，越到西方，藏金越多。东方木，植物易生发，早受阳光热能。南方火，气候炎热。北方水，冰雪最多，也最冷。

古人是怎样发现这个法则的呢？以金为例：“金生水”，在《千字文》中有一句“金生丽水”，这个丽水不是浙江的丽水县。“丽水”是形容水多，凡是藏金的地方，一定是雨带地区。比如台湾地区，产金的地方在金山、瑞芳一带，基隆金山、瑞芳一带常下雨，雨量很多。这就是“金生丽水”，藏金的地方雨水多。

“金克木”，当然砍木头要用铁器，或用锯子去锯，这还不足为奇。在古代，假如门口有一棵大树，认为风水不好，而又觉得砍伐麻烦，不如让它自己枯死。就用一枚大铁钉，打到树的中心，这棵树很快就枯萎了，这就是“金克木”的现象。

另外一个哲学的道理，例如金生水，在古代就说：“水者金之子”。水是金的儿子，于是水生木，木是水的儿子，木生火，火是木之子，火生土，土是火之子，土生金，金又是土之子。

克则是隔代相克。从前有一个笑话，一个祖父打孙子，可是他的儿子看到了，便打自己耳光，这位打孙子的祖父问儿子为啥自打耳光，他儿子说：“你可以打我的儿子，我怎么不可以打你的儿子？”这也近于五行相克，事实也是如此。所谓“隔代相克，逢三必变”，这是一个法则。在生克之中，恩生于害，害又生恩。以军事哲学来说，一次大战之后，可以促进人类文明的进步，所以有时觉得战争并没有什么可怕，等于理发，头发长了，剃剃就漂亮。有许多讲军事哲学的朋友，就以这种五行生克的法则来讲，也言之成理。物理的法则亦然，须到了一个时候，必要清理一下，才能创造出更新的事物，这是宇宙的法则。五行的方位，对我们研究万物之理关系很大，所以非常重要。

五、天干与五行

五行之外，还要加上干支。卜筮之学，其实没有什么秘诀，不外是五行八卦。五行分阴阳，就出现干支。天干地支，我们现在可以从甲骨文里找出来，可见这个文化的来源很早。中国人发展最早的是天文，发展到最高级的时候，就归纳起来用十个符号作代表，这十个符号就名天干，亦作“天榦”，不过“天干”是汉以后用的名词，其实应该用“天榦”才对，不必用“天干”这个词。天干就是五行的法则，意思是说：“在这个太阳系中，地球和外面的星球，彼此干扰的作用。”以现在的地球物理学来说，说是地球和各个星球的放射功能，彼此吸收互，相发生作用。例如太阳能的放射，对我们地球人类的干扰很大，尤其学通信、电子、太空学方面的人都很清楚，而我们中国老早就了解，对于这种天体的运动、物理世界的运动，用木、火、土、金、水来代表，说明相生相克的道理。但人类文化进步了，这个五行的生克法则不够用，因此我们的祖先，发现了五行的双重作用，天体在物理世界中，又用了十个字的符号，为甲、乙、丙、丁、戊、己、庚、辛、壬、癸，并编定图案如下：

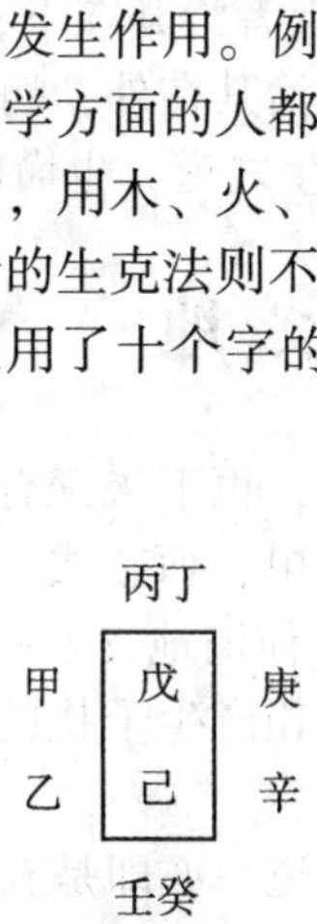

天干五行配

看到五行方位的图案，和这个图案配合起来，就可以知道，东方甲乙木，南方丙丁火，西方庚辛金，北方壬癸水，中央戊己土。

六、天干的阴阳

这里要问，东方或木，都是一个方位或一个动能，为什么要用甲和乙两个符号来代表？如东方木，又为什么用甲、乙两个字来代表，而成为甲木和乙木呢？甲木是代表生长的元素，乙木是成形了的代表。换言之，甲木是代表生发的物理，乙木是代表成形的物质。丙与丁亦是如此，丙是代表火的元素，丁是代表成形的火。戊己、庚辛、壬癸都是如此。

中医有部书就叫《甲乙经》，讲针灸之学。中医关于人身各部位的代表为木属肝，火属心，金属肺，水属肾，土属脾。这就是五行和内脏的关系。金生水，肺出了问题的时候，肾一定亏，所以生肺病的人，脸红红的。那是肾水不足，火气上升。肺病要是相当严重，肾盂就特别扩大，就是肾亏。所以中医之难学是除了讲究内脏的个别功能以外，还讲究互相影响的生理功能和病理因素，也就是生克的道理。

又比方说一个人感冒咳嗽了，肺部有了麻烦。肺是金，要想帮助金增加力量，必须先去扶助土，因为土能生金，土是脾胃，所以说一定要同时调理脾胃，并顾及肾水及大小肠。事实上，金(肺)有毛病，一定会连累到土及水，所以肺有了咳嗽，胃气绝对不适，肾气也受肺金的影响，而引起耳鸣。中医的理论根据五行，在治疗的时候，要找到病源之所在，彻底的治法，所以不是头痛医头，而是头疼时，反来医治其他的部位。而西医则是头痛医头，脚痛医脚。头痛只是病的现象，不是病的根源。因为生克的关系，任何一个内脏，都可以产生头痛的病象，所以高明的中医讲究气化。譬如中医说“肝生于左”，而西医指责错了，其实中医一点没有错，因为中医不是讲物质形态，是讲气化，即从机理上而不是单纯解剖学上来讲的。中医说肝生于左，是肝属木，木在东方，东方在左，这是五行生克的气化，所以肝生于左是对的。这都是五行生克的道理。

五行的生克，每一“行”都与其他四“行”有关。如“土”是生金的，克水的，但亦被火生，被木克。中医的医理，“病在上者治其在下，病在下者治其在上，病在左者治其在右，病在右者治其在左，病在内者治其在外，病在外者治其在内。”中医的元典叫《黄帝内经》，懂了《黄帝内经》就懂得养生之道，也懂得如何修道了。

七、地　　支

五行和天干配合，包含了这许多，再下来配合地支，便又不同了。地支有十二个：子、丑、寅、卯、辰、巳、午、未、申、酉、戌、亥。地支有人写作“地枝”，表示干的分叉，其实就是“支”，支持的支。何谓地支？我们以现代的观念来说，是地球本身，在太阳系中运行，与各个星球之间互相产生干扰的关系，无形中有一个力量在支持着，这就是地支。

天干有十个，就是五行的两极之道，亦即是五行的阴阳变化。而支是六位数，是阴阳之道产生变化而成十二位。至于十二地支名称的由来、每一个字的定义，有很多种解释，究竟哪一种解释完全正确，很难下个定论。如一说子是万物发生的现象、丑是枢纽，等等。另外以中国文化发展史，站在军事哲学的观点看甲、乙、丙、丁、戊、己、庚、辛、壬、癸等十天干，也有些人解释这是古代十种武器的代表，如“甲”是一根木杆上装一种利器、“乙”是一把刀等等，莫衷一是。

地支排成一个圆圈就如下图。为什么画成圆的？因为地球与天体自身和它们的运行轨迹及规律都是圆的。

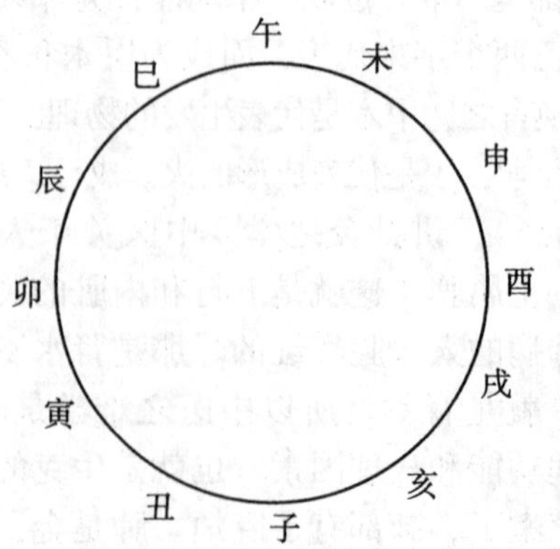

八、地支与黄道十二宫

地支有十二位，代表一天的十二个时辰、一年十二个月、十二个辟卦、十二个时代。实际上地支是天文上黄道十二宫的代名词。所谓“宫”，就是部位；所谓“黄道”，就是太阳从东边起来，向西方落下，所绕的一圈，名为黄道面。这种黄道面，每一个月都不同。如我们晚上看天象，每一个星座，从东方出来，共有二十八星宿(天文的知识，在上古时我们中国最发达)，而这二十八宿，在黄道面上，每个月的部位也都不同。于是依据这个现象，抽象地归纳为十二个部位，用十二个字来表示。实际上这是天文的现象，变成为抽象的学问，构成了后世算命的基础理论。这一套学问，现在看来好像很简单，但真正用心探究，其中学问甚多，也可见我们上古时老祖宗的文化智慧、科学哲学，都发达到最高点；因为科学数字太大，很复杂，普通人的智慧没有如此的天才容纳得下。于是把它简化了，用五行、天干、地支来代表，使人人都能懂。只有文化到了最高处，才能变成最简化。可是它的弊病，是后人只知道用，“知其然而不知其所以然”了。这个抽象的名词，里面实际是有东西的，包括的学问很大，牵涉东方民族的节气、历法和音乐等差不多整个农业文明的基础，可惜我们后世只把它用在看相、算命、卜卦这一方面去了。

天干地支是一门伟大的学问，这门学问，对物质文明而言，是超然独立的，所以中国以往的年代，不论人事的兴衰、帝位的转移，一律采用干支纪年。据说，是黄帝命大挠造甲子，黄帝即位时，为甲子年甲子月甲子日甲子时。之后这种纪年方法使用了几千年。1912 年 1 月，中国才开始用西方历法的公元纪年。

天干地支所代表的宇宙，道家称为“造化洪炉”。人类在这个洪炉中，不过是一点点渣子而已，所以人死了，道家称为“物化”或“羽化”。

九、六十花甲与历史验证

十二地支与十天干配合，每六十年循环一个周期，称为六十花甲。如甲子、乙丑、丙寅、丁卯……这样天干与地支配起来，便可以代表太阳系统这个天体和地球产生万有的变化。其中以气象的变化是最大的，也最显著，容易见到。万有的变化，各有不同，于是用干支配合，而且是天干的阳配地支的阳，天干的阴配地支的阴，阳配阳，阴配阴，依照次序轮流配合，完全相互配合，刚好满六十个相配，成一周期，又从甲子开始，所以名为六十花甲。

利用六十花甲的配合来记天体的运行，六十年一个大转，不管岁差如何(即天文上所谓的躔度，也就是古代说的太阳与地球间一天走一度，走完了三百六十五度又四分之一为一年；以三百六十天为一年，尚有剩余，将其剩余下来的度数，累积变成闰月，这就是阴历的计算。而阳历则是每年有七个月是三十一天，因为方法不同，数字一样)，但六十花甲算下来，亿万年的宇宙数字，亦不差分毫，这是一个很伟大的法则。试看中国的历史，每个朝代换了、皇帝换了、年号换了，可是六十花甲的岁次是固定不变的，必然六十年一转。

如果把这个法则予以扩大，用途就多了。譬如唐尧登位，亦即他当皇帝就职那一天，为甲辰年，后来邵康节的算法以及一般的算法，都以这个干支为标准，这是历史上比较有记载根据的。在尧就位的时候，有五星联珠的现象，就是金、木、火、水、土五星，在天上列成一排，有一定的天象，在那时呈现，把这第一个六十年定为上元，名叫上元甲子，第二个六十年为中元甲子，第三个六十年为下元甲子，一共为一百八十年；然后再扩大，第一个一百八十年为上元，第二个一百八十年为中元，第三个一百八十年为下元，像连环套一样，套得整齐严密；再以这种甲子的法则，和《易经》等配合演变，就知道历史、社会、人类的现象，多少年有一个变化，如何变化；再配合中国天文学上，推算到该有什么人物出来，这是我们中国人发现的一个很妙的法则，也可以说是儒家孔孟思想里所说的“天人合一”。以《易经》道理来看，这就是必变，宇宙间的事情，到了一个时候必然变。至于变成什么现象？可是知道了的人，大部分都不说出来，因为怕泄露天机；古人说的“察见渊鱼者不祥”。聪明是不能用过度的，真的高度修养，万事先知，变成无知，老子所谓“大智若愚”。

十、十二生肖

至于这十二地支的生肖，为子鼠、丑牛、寅虎、卯兔、辰龙、巳蛇、午马、未羊、申猴、酉鸡、戌狗、亥猪。这一套生肖，据说是汉代的时候自印度传过来的。印度当时的十二地支，并不完全和我们的一致，而是用文化抽象的符号来代表，用动物来代表，后来变成中国文化的解释。子属老鼠，鼠爪是五个，奇数为阳；丑属牛，因牛蹄两瓣为阴数，寅属虎，亦因虎有五爪，卯属兔是因为兔唇两瓣等。据说如此，但“事出有因，查无实据”。另据《古今图书集成·干支部》所讲：“以二十八宿之天禽、地曜，分直于天，以纪十二辰，此十二生肖之所始”的这一观念，由近年出土的西汉铜器，及汉墓星象刻古推论，此说极为可能。

十一、地支与命理

把这套大法则，演变成小学问，用在算命、看相卜卦上，乃至用到侦判命案上，《洗冤录》中就有这方面的学问。地支上有六冲，也可从前面的圆圈中看到，凡是对面位的都是冲，如子与午、丑与未、寅与申、卯与酉、辰与戌、巳与亥都是相冲的。冲不一定不好，有的非冲不可。相对就是冲，这也是《易经》错卦的道理。实际上所谓冲，是二十八宿在黄道面上，走到太阳这个角度来，叫做冲；与太阳的方向相反，这就叫做合，从圆图上看，立场相等就是合（如子与丑合、寅与亥合、卯与戌合、辰与酉合、巳与申合、午为日、未为月之六合，在十二地支中，还有两合、三合，等等）。冲并不是难听的话，而是表示有阻碍。

再把天干地支配合成一图，亦即所谓的纳甲。

十二、纳甲与易数

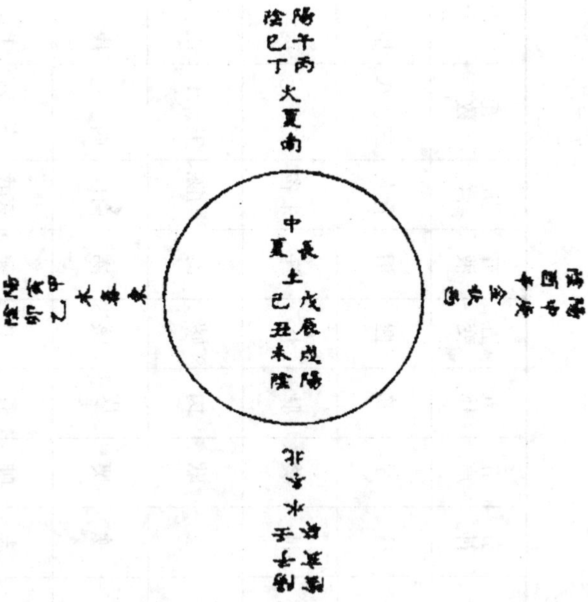

像这样相配，地支的辰、戌、丑、未都空出来了。而天干的位置是：东方甲乙木、南方丙丁火、西方庚辛金、北方壬癸水、中央戊己土，和地支相配，名为纳甲。也就是把五行、八卦、天干、地支，归纳到一起。

由前面圆图再配上八卦，用先天伏羲八卦图的位置纳甲，为乾纳甲、坤纳乙、艮纳丙、兑纳丁、戊己在中间，震纳庚、巽纳辛、离纳壬、坎纳癸。

现在再看一年十二个月，六阴六阳的表——即十二辟卦，代表一年气象变化的大作用。把纳甲用到这一面来，又是另一个不同的公式。在了解这些公式以前，首先要了解数的阴阳。数分为阴数阳数，也是双的意思和单的意思，如奇门遁甲的“奇”字。理解了数，还有理、还有象，三者灵活运用，就涉及道术，那是另一个很大很深、“玄之又玄”的学问，此处点到为止。总之，阴阳五行是我们历史文化的结晶，熟练掌握的人，正如道家所认为的：“宇宙在手，万化由心”。

附录　五行藏象图简表

五运	五行	五方	五时	五气	五色	五味	五情	五脏	六腑	五官	五音	五神	五声	五体	五变	五液	五兽	五数	天干	地支
生	木	东	春	风	绿	酸	怒	肝	胆	目	角	魂	呼	筋	握	泪	青龙	三、八	甲、乙	寅、卯
长	火	南	夏	暑	红	苦	喜	心	小肠三焦	舌	徵	神	笑	脉	忧	汗	朱雀	二、七	丙、丁	巳、午
化	土	中	长夏	湿	黄	甘	思	脾	胃	口	宫	意	歌	肉	哕	涎	勾陈	五、十	戊、己	丑、辰、未、戌
收	金	西	秋	燥	白	辛	忧	肺	大肠	鼻	商	魄	哭	皮毛	咳	涕	白虎	四、九	庚、辛	申、酉
藏	水	北	冬	寒	黑	咸	恐	肾	膀胱	耳	羽	志	呻	骨	栗	唾	玄武	一、六	壬、癸	子、亥

专题论述之六 《道德经》的研注与传承略述[①]

老子说："善建者不拔"，老子现象是中国文化史上的一大奇观，二千六百年来生生不息，上至帝王将相，下至平民百姓，都为老子所倾倒。《道德经》是老子"见周之衰"西去，而留下的著作，时间大约是公元前492年。《道德经》一经问世，便注家峰起，不绝如缕。甚至可以这样说，但凡在中国文化史留名的"风流人物"，大多研究过老子。除文人墨客外，在历史上研老注老的帝王也有不少，难以确切计数，有8位皇帝(唐玄宗、宋徽宗、明太祖、清世祖、梁武帝、梁简文帝、梁元帝、魏孝文帝)亲自注释《道德经》，其中4位注释作品仍然存在。当代伟大政治家和军事家毛泽东同志对《道德经》也是爱不释手。②

总之，老子思想的影响，绵延几千年，而且在近几百年间，更超越时空，及于域外，以至于在东南亚、日本、美国、欧洲等地掀起了一场老子热。下面就老子研究的历史概况做简单介绍。

一、历代《道德经》注释情况略述

历史上有多少注解老子的著作呢？元代正一天师张与材曾说："《道德》八十一章，注者三千余家。"根据2004年的一个课题报告(成果名为《老学典籍考：二千五百年来世界老学文献总目》)，汉语《道德经》注译本现收录的2048种。考虑到元朝曾经4次焚烧道教道藏书目，元朝以前的注释本大部失佚，因此，我们估计到目前为止，《道德经》注释本在4000左右。本处仅举出个别代表性的著作以管中窥豹。

1. 先秦庄子解老和韩非《解老》、《喻老》

本书前序中我们说过，对《易经》阐发最好的是《老子》，对《老子》阐发最出色的是《庄子》。老庄的关系，学术界研究的成果已经很多，此处不再赘述。阐扬和诠解老子最清楚、发扬道家思想最透彻的，是庄子。庄周所著《庄子》一书，唐玄宗时代又尊称为《南华经》。其中所论辩的道理，在政治、军事、教育、经济等各方面，都可致用，

---

① 本文参考了李世东、陈应发、杨国荣著：《道家文化与现代文明》，中国社会出版社2008年版的部分内容。有较大删改和增补。

② 《毛泽东对〈道德经〉爱不释手》，载于《北方新报》，2014年4月23日。又见《毛泽东与〈老子〉》，载于中国网 http://www.china.com.cn/culture/book/zxyd/2010-04/16/content_19837900.htm，2010年4月16日。

它对历史人物的建功立业乃至对个人修养——修道、养气，以及立身、处世等，都有大用处。《庄子》“以卮言为曼衍，以重点为真，以寓言为广”，“以谬悠之说，荒唐之言，无端崖之辞，时恣纵而傥，不以觭见之也”。打个比方，《庄子》对于《老子》，类似今天的小说改编成电影，看起来热闹一些，但精神本质是一贯的。

韩非以法家代表人物著称，而有《解老》、《喻老》。一般认为，先秦法家思想源于道家，因为遵道是立法的基础，法家也无一例外的倡导“因道制法”、“因道全法”、“因道变化”。因此，司马迁认为韩非归于黄老，他说韩非“喜刑名法术之学，其归本于黄老”。①

韩非为人口吃，善于著书，有人把他的书传至秦国，秦始皇看了赞叹不已，说：“嗟乎！寡人得见此人与之游，死不恨矣。”秦国因此发兵攻打韩国求韩非，韩非遂使秦。他的学说为秦国后来运用法家思想改革，统一六国提供了理论基础。

在《韩非子》一书中有两篇是直接关于《老子》的，这就是《解老》和《喻老》。韩非对《老子》重要语句和章节进行了注解。比如释“上德不德”句：“德者，内也。得者，外也。‘上德不德’，言其神不淫于外也。神不淫于外，则身全。身全之谓德。凡德者，以无为集，以无欲成，以不思安，以不用固。为之欲之，则德无舍；德无舍，则不全。用之思之，则不固；不固，则无功。故曰：‘上德不德，是以有德。’”

《淮南子·道应训》篇，取庄子寓言，阐释老子，加史事，纬以慎子、孔子、管子，真是释老史上的一篇妙文。

2. 两汉《河上公章句》

在道家思想传播上，西汉的《河上公章句》和魏人王弼的《老子注》影响最大。河上公、王弼二人还有规范研老之功，并颇多独到见解。《河上公章句》在后世流传颇广，这个注本以非常简明的语句，对《老子》加以注释，而且每一章之前，都标上本章的主旨。《河上公章句》的特色是它所采用的多是道家养生之言。《汉书·艺文志》还著录了同期解老注老的四部书，即《老子邻氏经传》、《老子傅氏经说》、《老子徐氏经说》、《刘向说老子》，可惜这些注释已全部失佚。此外，东汉还有严遵的《老子道德经指归》，名气也很大。还有道教天师张道陵的《老子想尔注》等。

相传河上公西汉时活得甚是潇洒，他无名无姓，在河边结草为庐，自食其力。因长年居于河边，与滔滔滚滚的大河生活在一起，因此被人称作河上公，司马迁则称之为“河上丈人”。河上公不羡名利，不恋高位。他生活在汉文帝时代，因汉文帝推崇道家，常派人来他的茅草庵请教《老子》的含义。河上注中多有神仙思想，如注“谷神不死”（第6章）：“谷，养也。人能养神则不死。神谓五藏之神。肝藏魂，肺藏魄，心藏神，肾藏精，脾藏志。五藏尽伤，则五神去矣。”从后世影响看，河上公开民间通俗研老注老之风气，河上公注本的《老子》在我国民间十分流行，后人直评河上公注为民间注本。

---

① 在《史记》编撰中，也将韩非与老子编在一起（《老子韩非列传》），所表达的也是韩非与老子之有连带关系之意。

3. 魏晋王弼《老子注》

魏晋玄学时期，注老成风，其中著名成果之一，就是王弼注老、郭象注庄。王弼是三国魏时的文学家，他祖籍河南焦作。王弼对道学研究极深，认为“道者无之称也”，天地虽大，“寂然至无，是其本矣”；“无”是宇宙万物的本体，“万物皆由道而生”；强调“贵无”而“贱有”，并从本末、体用、动静、一多等关系上来论证“以无为本”，从认识上提出“得意在忘象，得象在忘言”的思想。以“凡有皆始于无”，肯定名教(有)出于自然(无)。王弼老子注讲究义理、对应、文雅，文人气和学术味十足。王弼研老注老的成果十分丰富，作有《老子注》二卷、《老子略论》一卷、《老子指例略》二卷。

其他注老的也不少，唐末五代道学大家杜光庭详细记录并评述魏晋南北朝时26位注老者的作品，其中还包括梁武帝、梁简文帝两位帝王。

4. 唐朝唐玄宗《道德真经注》、《道德经义疏》

唐朝的尊老，使老子得到了前所未有的尊崇。老子不仅成了唐王朝的圣祖，而且成了唐玄宗的护身神。经过清静无为、与民休息政策的实行，唐王朝达到了鼎盛，因此，老子《道德经》在唐代也得到了高度重视，唐玄宗曾两次注释《道德经》。其他重要的注解者有丞相魏徵、太史公傅奕、陆德明、颜师古、成玄英等。

到唐代时，老学研究者对《老子》本体论的探索又进入了一个新的阶段，其标志便是重玄之学的出现。重玄之学是成玄英、李荣、杜光庭等一批道教学者在注释《老子》时发展起来的，他们觉得王弼主张的“贵无”实质上就是“滞于无”，裴頠提倡的“贵有论”实质上就是“滞于有”，进而提出“非无非有”的玄学本体论。

5. 两宋宋徽宗《御注道德真经》

宋代统治者对道教情有独钟，宋代政治上的重要特征是大兴道教。虽然儒学仍是官学，但并不能使帝王对道教的热情有所减弱。两宋道教明确提出了以“敬神与德治”的政治伦理，并以“积善成仙，积恶致祸”思想作为君王政治伦理之控制手段。宋真宗时加封老子为“太上老君混元上德皇帝”，宋徽宗自称“教主道君皇帝”，大建宫观，并设道官二十六阶，发给道士俸禄，还把《老子》列为太学及各地方学校的课本，并在太学、辟雍各设两名博士，专门讲授《老子》。宋徽宗自己也亲自为《老子》做注，大加尊崇。上行下效，社会上道教更火，并分为南北两大派，南则天台山张伯端，北则咸阳王重阳。

宋代政治理论上重要特征是道学兴起。“道学”之名源于北宋时期，而南宋时期被改称“理学”。道学是一种吸收道家哲学思想的学说，是一种返本复初的学说。两宋时期，主要注老者有王安石、司马光、苏辙、叶梦得、范应元等人。

6. 明代明太祖《道德真经》

元朝崇佛教，惧怕道教与反元势力勾结，元宪宗八年(公元1258年)、世祖至元十八年、至元二十一年、至元二十八年先后4次焚毁除《道德经》外道教书目。受此打击，道教从明朝开始走向衰落。明太祖朱元璋是和尚起义反元成功，对宗教涉政敏感，加强对道教控制。明太祖虽限制道教发展，但对道家却情有独钟，亲自注释《道德经》颁布天下。

明太祖有着童年的贫苦经历，平身最恨的就是贪官污吏，最同情平民百姓。因此，明初的吏治是历代王朝中最为严酷的，他曾经 6 次大规模肃贪，15 万贪官人头落地，驸马、侄儿、宰相等人都成刀下鬼。《道德经》对明初"休养生息"政策的影响很大。明太祖在其《御注道德真经》序中，讲述了他对犯人从极刑改为劳役的原因："又久之，见本经云：'民不畏死，奈何以死惧之？'当是时，天下初定，民顽吏弊，虽朝有十人而弃市，暮有百人而仍为之，如此者岂不应经之所云？朕乃罢极刑而囚役之，不逾年而朕心减恐。"

明朝将宋朝发展起来的程朱道学奉为独尊之位，道学上升为国家的意识形态，并逐渐渗透到民众的实际生活。明朝独尊理学，理学成了皇家钦定的真理，明朝研老解老，后期比前期多。明朝 35 位注老者及其作品，其中主要的有李贽、归有光、祝世禄、钟惺、洪应绍、龚修默等。

7. 清代清世祖《道德经》

受清代朴学的影响，清代研究老庄与前代相比，最突出的一点就是对《老子》、《庄子》进行了大量的考据和校订，此外，还极力摒弃前代从佛教和道教角度对老庄的诠释，其整个趋势是从玄学化、宗教化，转向了实证化和俗世化。清代主要注老者有王夫之、徐永祐、徐大椿、纪昀、毕沅、姚鼐、潘静观、严可均、魏源、严复、孙诒让、邓廷祯等。

特别一提的是，从清世祖的御注《道德经》序中，明显可以感到该书对促进轻武重文、轻税减赋等治国理念形成的作用。

8. 民国重新评判道家价值

"五四"新文化阵营在"民主"与"科学"的昭示下，以西方文化为参照，重新估定道家的价值。不少学者从老庄思想中发掘出民主、自由思想。道家作为中国文化中主张自由、平等精神的学派，20 世纪二三十年代人们把它与无政府主义等现代思想比附、会通、融合在一起，从而提出了具有创见性的见解。陈柱著作中记述了这种变化，他说："道家之学凡数变。始为革命家，再变而为打倒君主政体者，三变而为无政府主义者。"

民国时期兴起了对道家思想的哲学诠释。胡适著《中国哲学史大纲》，用西方"哲学"的"本体论"、"认识论"来解析先秦诸子倡导的义理，从而开启诸子义理研究的新路。梁启超撰《老子哲学》一书，开篇即讨论"本体论"。这两部书奠定了以西方哲学范畴来阐释中国哲学的基本格局，"道家哲学"成为道家研究的重要内容。1930 年，冯友兰出版《中国哲学史》，内中有专论先秦诸子哲学思想的部分。1934 年商务印书馆出版的由钟泰撰写的《中国哲学史》，多涉"本体论"。

民国至现代，重要的注老者有杨树达、罗振玉、马叙伦、陈柱、王力、高亨、蔡尚思、钱穆、于省吾、蒋锡昌、严灵峰、朱谦之、任继愈、罗根泽、徐复观、钱锺书、许杭生、张松如、梁启超、冯友兰、胡适、林语堂、南怀瑾等人。

二、《老子》版本的考古学新发现

从古至今，总有人怀疑，老子真有其人吗？书真是老子著的吗？老子原始著作真是这样吗？1973 年马王堆出土的帛书《老子》和 1993 年湖北荆门出土的楚简《老子》，为我们解开许多谜团。

1. 湖南长沙马王堆帛书《老子》

1973 年，在湖南省长沙市近郊马王堆 3 号汉墓出土的两种版本的《老子》，缮写在缣帛上，一般简称帛书《老子》甲乙本。帛书《老子》甲本和乙本在内容与形式上均有所不同，其中帛书甲本用小篆抄写(小篆是一种汉代废止的古老字体)，没有避汉高祖刘邦的名讳，因此，甲本应抄录于刘邦登基之前；乙本用汉代通行的隶书抄录，并以“国”字取代了“邦”字，但没有避惠帝和文帝的讳，据此可以断定，乙本抄录于刘邦在位之时。

从内容上看，帛书《老子》与通行本不一样，虽然也分为两部分，但是“德”经在前，“道”经在后。而且帛书《老子》甲、乙本不一样，说明当时老子著作就有多种传译本①。

2. 湖北荆门郭店楚简《老子》

1993 年，湖北荆门郭店楚简《老子》出土，成书时间为战国中晚期的楚国。(详见本书条例说明部分)《老子》竹简分甲、乙、丙三组 71 枚，专家将其整理为十五篇，是一套基本完整的老子著作，2000 来字，只及通行本《道德经》的三分之一强，也无明显的道经、德经之分，但它的每个单元均是围绕一个共同主题论述。

楚简《老子》可能是一个节选本，但它出自战国楚墓，老子是春秋时期人，因此，楚墓中的典籍自然最接近老子思想，研究价值巨大，第一手资料的地位是毋庸置疑的，从而为通行本《道德经》校勘提供了原始依据。

从各种本子的比较看，虽然文字不同且变来变去，篇章、结构变化也很明显，但我们可以断言的是，传世本《老子》与“古本”是有差异的，传世本基本面貌是在汉代定型的，书名变成《道德经》也应该是在汉代。就是通行本《道德经》，我们现在所看到的模样，共 81 章 5000 言，上为道经，下为德经。通行本《老子》虽然不是最老的本子，却是最好的本子。而且几千年的流行都是通行本，人们主要受通行本影响大，而不是受古本。所以本书仍以通行本为底本。(详见本书“条例说明”)

三、从老子到老学

1. 当代道家和道教研究概况

当前道家(Taoist)、道教(Taoism 或 Daoism)、道学研究大致分为四个方面：①老

---

① 宁镇疆著：《老子早期传本结构及其流变研究》，学林出版社 2006 年版。

子、庄子研究(老庄学)。比如：老庄的现代价值；其人其书再研究、故里；历代对老庄的改造和诠解等；②黄老之学研究(政治解老)。代表作有张舜徽《周秦道论发微》；丁原明《黄老学论纲》等；③其他道家诸子的研究。如管子、文子、鹖冠子、黄帝四经、广成子等；④道教研究。20世纪80年代研究兴起，代表学者有王明、汤一介、陈鼓应、卿希泰、熊铁基等人。

2. 从老子到老学

老学，是老子学派的简称。老子学派是历史上研究老子的学问，是研究老子其人、《老子》其书、《老子》的思想，以及其他与老子研究相关的学问。代表文献有《老子集成》、《唐代老学：重玄思辨中的理身理国之道》、《唐代老学研究——以成玄英、李荣、唐玄宗、杜光庭〈道德经〉注疏为个案》等。

自战国时代韩非撰《解老》、《喻老》以来，历代都有大批学者为《老子》一书笺注疏义，阐发宏旨，释疑解难，匡谬正误。至元代便有所谓"《道德》八十一章，注者三千家"的说法，明清至今，其数可想而知。加之，"道与世降，时有不同，注者多随时代所尚，各自其成心而师之。故汉人注者为'汉老子'，晋人注者为'晋老子'，唐人、宋人注者为'唐老子'、'宋老子'。"故唐末杜光庭《道德真经广圣义·释疏题明道德义》云："《道德真经》，包含众义，指归意趣，随有君宗。"也就是说，《老子》一书，思想内容极其广博玄奥，不同历史时期的人们可以根据相应的时代条件和时代需要，对它作出各种主旨不同的解释。熊铁基先生在《中国老学史》一书中说道："一部《老子》，字不过五千，却拥有一个博大精深的理论体系，其内容涉及自然、社会、人事、政治、经济、文化等各个方面，故历来受到社会的重视。人们从不同的角度去探讨、研究、注释、阐发，由此而形成了一个庞大且悠长的学术流派，同时也就构成了一部老子学派史。"

3. 华中师范大学道家道教研究中心的老学研究

华中师范大学道家道教研究中心成立于2002年10月，下设老庄学研究室、全真道研究室、地方道教研究室等专门研究机构。依托历史学一级学科博士点和博士后流动站，招收道家道教文化研究方向的硕士生、博士生和博士后研究人员。该中心于2009年获批为湖北省人文社会科学重点研究基地，基地主任为刘固盛教授，熊铁基先生为名誉主任。老庄学研究方面，中心先后出版了《中国老学史》、《中国庄学史》、《秦汉新道家》、《二十世纪中国老学》、《宋元老学研究》、《宋元时期的老学与理学》等著作，取得了一批有影响的研究成果，已具有一定规模，形成了自己的特色，得到了学术界较高的评价，其研究在国内外处于领先地位。由熊铁基先生担任主编、刘固盛教授担任副主编的《老子集成》共计1200万字，2011年由宗教文化出版社出版。《老子集成》是老子文化的集大成，是老学发展的里程碑式标志，对道家道教和整个中华文化来说，都有着重要的意义。

总之，"一花独放不是春，百花齐放才是春"，老子当年骑青牛而西去，他的学说却流传到今。老子曰："执古之道，以御今之有"，何有与今之人？

专题论述之七　老子“不出户，知天下”的知识论

本专题以《老子》第47章为代表，结合相关章节，阐述老子的知识论。

“不出户，知天下；不窥牖，见天道。其出弥远，其知弥少。是以圣人不行而知，不见而名，不为而成。”

不出于户，已经可以知道天下的道理了；不察于牖，已经可以见到天道的规律了。跑出去越远，知道的反而越少。为什么呢？南怀瑾先生的解释是：“其出弥远，其知弥少”，走得越远，就知道得越少了。这个“远”，并不是完全表示距离遥远。“出”字，也并不一定讲偶尔出远门，而是是指知识越多，越愚钝。换言之，知识学问越好，烦恼越深。因为普通的常识越多，真智慧反而被蒙蔽了。所以“出”字并不是指“出外”之“出”，是“付出去”我们在精神生命上，在脑力上，付出得太多，真正的智慧当然就越来越低了。因此，圣人之道是做内省工夫的，“是以圣人不行而知，不见而明”。

一、“知识”不是“知道”

“知识”和“知道”——它们的不同就像天堂和地狱一样，是天壤之别。知识属于头脑，知道属于本质。这个差别并非只是在于数量，同时也是品质上的差别。

知识是不可靠的。知识的弊端是容易缘木求鱼、刻舟求剑、头上安头、误入歧途，“是以圣人复众人之所过”，不行走在外的来求知、不通过耳目之明而明白，不枉为而事自成。

二、人的感官是不可信的

《大学》上说：“心不在焉，视而不见，听而不闻。”对有些事我们不愿接受，就“置若罔闻”、“充耳不闻”——感官是骗人的、不可信的。经验主义是不可靠的。道是超越经验、超越逻辑的。《金刚经》上说：“若以色见我，以音声求我，是人行邪道，不能见如来。”

三、真智慧是“忘其肝胆，遗其耳目”

《庄子·人间世》：“若一志，无听之以耳而听之以心，无听之以心而听之以气！听

止于耳，心止于符。气也者，虚而待物者也。唯道集虚。虚者，心斋也。”《小窗幽寂》：“欲见圣人气象，须于自己胸中洁净时观之”。换言之，自心不染才见圣人胸襟。

《老子》第14章：“视之不见名曰希，听之不闻名曰夷”；第22章：“道之为物，惟恍惟惚”；第35章：“视之不见、听之不闻”。

如人之事业成功，其实是性格、心态影响决定之；性格、心态有不学而知、不为而能之处；而这个良知良能又受其家庭和单位之诚心相与与否的影响，家庭和单位诚心帮助、支持、相信，成功机会就大，否则失败机会就大。

《老子》第70章“易知易行”：我所说的道理非常容易明白，非常容易实行。天下没有人能明白，没有人能够真正实行——奇怪吗？人们常常因为它太平常而忽略它，就像人每天都用眼睛看，但却永远看不见自己的眼睛一样。

不通过知识、不通过感官而有的知识和能力反倒更强大、更真实。

四、知识是内明外通的学问

相对于当今“外求”的求知模式而言，中国的学问全是向内求的学问①。比如：佛学为内明、道学称内景内丹、医学为内经、儒学称内业、武学提倡内功。这些学问全要求我们有悟性。这跟所学专业、出身等没有什么必然联系。一个大字不识的人也有可能因机缘而开悟，比如六祖慧能，这恐怕就是佛说的“人人皆有佛性”的问题吧。而中医、中文、中国哲学尤其重在领悟，领悟的要点是关联，即把天地万物、生理心理、人类情感等都能关联在一起。学习传统文化，不仅可以了解社会历史，还有关于人身体的问题，在个体修炼上更可以勇猛精进，而且在世间可以用来布施慈悲。只要我们努力，只要我们坚守信念，永不放弃，大千世界自然会把真理向我们呈现。

内求而明，就是“内求而外应”，就是“下学而上达”——最后达到内外一如、心口相应、物我一理的状态。

《周易·系辞》：“夫《易》广矣大矣，以言乎远则不御，以言乎迩则静而正，以言乎天地之间则备矣。”《大学》：“知止而后有定；定而后能静；静而后能安；安而后能虑；虑而后能得。物有本末；事有终始。知所先后则近道矣。”《中庸》：“射有似乎君子。失诸正鹄，反求诸其身。……道不远人，人之为道而远人，不可以为道。……诚者，天之道也；诚之者，人之道也。诚者，不勉而中，不思而得，从容中道，圣人也。”这就是所谓的“一法通，万法通。”

五、掌握知识的方法：近取诸身，远取诸物

(1)真知识没有远近、大小之分。

《易经·系辞》：“夫《易》广矣大矣，以言乎远则不御，以言乎迩则静而正，以言乎天地之间则备矣。”

---

① 出自曲黎敏著：《从头到脚说健康》，长江文艺出版社2008年版。

达摩西来，面壁九年。达摩祖师说：“外息诸缘，内心无喘，心如墙壁，可以入道。”

发明者可以由苹果落地而激发灵感，发现万有引力；从水流左旋而知地转自转，古人说：“一叶落而知天下之秋”。可见，真知识是没有远近、大小之分的。

(2)越是跑得远，越是离得远。

《老子》第43章：“不言之教，无为之益，天下希及之。”不言的教化、不为的益处，天下人虽然这么多，真正能做到的是凤毛麟角。

上博竹简《凡物流形》篇有类似记载：“百姓之所贵，唯君；君之所贵，唯心；心之所贵，唯一。得而解之，上宾于天，下审于渊。识道，坐不下席，端文，著不与事，先知四海；至听千里，达见百里。是故圣人处其所，邦家之危安存亡，贼盗之作，可先知之。能识一，则百物不失；如不能识一，则百物俱失。如欲识一，仰而视之，俯而践之；毋远求，度于身稽之，得一而图之。”《孔子家语》：“秀才不出门，能知天下事。不下席而天下治。夫如何此，何劳上之劳乎？政平故也。”

越是跑得远，越是离得远；越是跑得快，越是到不了。因此真知识是绝对、无去来、如如不动的。

六、“千手千眼”，就是“无手无眼”

《尚书·泰誓中》：“天视自我民视，天听自我民听。”张舜徽先生注此句：“要在善用众耳众目为我听我视也。”同类说法有《管子·九守篇》云：“目贵明，耳贵聪”。《鬼谷子》符言第12章：“目贵明，耳贵聪，心贵智。以天下之目视者，则无不见；以天下之耳听者，则无不闻；以天下之心思虑者，则无不知；辐辏并进，则明不可塞。”

对眼睛来说，最重要的就是明亮；对耳朵来说，最重要的是灵敏，对心灵来说，最重要的就是智慧。人君如果能用全天下的眼睛去观看，就不会有什么看不见的；如果用全天下的耳朵去听，就不会有什么听不到的；如果用全天下的心去思考，就不人有什么不知道的。如果全天下的人都像车的辐条集辏于毂上一样，齐心协力，就可明察一切，无可阻塞。

换言之，上善若水，本立而道生。镜明则像生，心虚而物显。所以佛教里的观世音菩萨被描绘成千手千眼，千手千眼实际上无手无眼。《老子》第3章所谓：“常使民无知无欲。使夫智者不敢为也。为无为，则无不治。”

七、学习的革命

老子“不言之教”，就是体悟式、验证式、瑜伽(相应)式学习。

《孟子·尽心上》：“人之所不学而能者，其良能也；所不虑而知者，其良知也。”《老子》第43章也说：“不行而知、不见而名、不为而成”。换言之，是放下的智慧。《老子》第42章：“道生一”，“故物或损之而益，或益之而损。”第41章：“明道若昧，进道若退，夷道若颣，上德若谷，大白若辱，广德若不足，建德若偷，质真若渝，大方无隅，大器晚成，大音希声，大象无形，道隐无名。夫唯道，善贷且成。”

放下不等于抛弃，放下就是知足，知足就是圆满，圆满就是不动，不动就是大动。大动就是直趋本源，而后全体大现。后梁契此和尚《插秧诗》：“手把禾苗插向田，低头方见水中天。自心清净方为道，退步原来是向前。”

专题论述之八　老子“小国寡民”的思想内涵

引

“小国寡民”——大国分成小国，老子是分裂主义者吗？

减少人口——老子是“计划生育”提倡者吗？

“重死不远徙”——老子是闭关锁国支持者吗？

“什佰之器而不用”——不用机器、电器，反对科技文明吗？反对物质文明、主张抛弃科技发明吗？

“复结绳而用之”——老子主张回复到古代的野蛮、混沌的原始社会，是复古主义者吗？

“使民甘其食”——反对知识，是愚民政策吗？

“甘其食、美其服”——和谐社会吗？小康社会吗？

“民至老死不相往来”——老子反对人际交往，主张隐居吗？让人都躲避起来吗？老子反托拉斯(Anti-trust)？反全球化、一体化、“地球村”？

“乌托邦”、“桃花源”、“理想国”——老子是做梦吧？把不能达成的理想编成一个人类童话故事放在遥不可及的地方让人类集体意淫吗？老子是“无政府主义”吗？是在说假话吧？是在忽悠吧？……能成为现实吗？老子在美化现实的丑恶吗？是在对现实的坏风气和社会政治的弊端进行批判吗？老子是愤青吗？

“鸡犬之声相闻”——老子是农业社会、自然经济时代的思想，在这个信息社会里，他描绘的场景是没落的、腐朽的、反动的、骗人的吗？老子“out”了吗？

这是一篇神奇的文章。中国历史上没有哪一段文字能像这一段一样“引无数英雄竞折腰”。仁人志士、迁客骚人聚会于此。“仁者见之谓之仁，智者见之谓之智，百姓日用而不知，故君子之道鲜矣！”不揣愚陋，试析如下。

一、老子“小国寡民”的政治文化内涵

1. 道德从修身养性起，到化民成俗止

《黄帝内经·素问·上古天真论第一》：“夫上古圣人之教下也，皆谓之虚邪贼风，避之有时，恬淡虚无，真气从之，精神内守，病安从来。是以志闲而少欲，心

安而不惧，形劳而不倦，气从以顺，各从其欲，皆得所愿。故美其食，任其服，乐其俗，高下不相慕，其民故曰朴。”注曰：“志不贪，故所欲皆顺；心易足，故所愿必从；以不异求、不贵难得之货，故无难得也。老子曰：‘知足不辱，知止不殆，可以长久’，‘美其食’者，随美恶也；‘任其服’者，去倾慕也；‘乐其俗’者，至无求也，是谓心足也。”老子曰：‘祸莫大于知足，咎莫大于欲得，故知足之足，常足矣。盖非谓物足者为知足，心足者乃为知足矣。不恣于欲，是则朴同。故圣人云：我无欲而民自朴。”①

从生理学和医学以及社会学角度来研究人的欲望，则如前文所说，“精满不思食，气满不思睡，神满不思欲”，反之，人自身在精、气、神方面的亏缺表现出来就是各种欲望，这些欲望在社会层面就换个名词叫“需要”，这个需要又被划分成“合理”和“不合理”两种(当然“需要心理学”现在的成果是相当丰富了，此处不再赘述)。换言之，如果一个身心真正完全健康的人，对外物的需求可以减少到最低限度。不睡觉不吃饭一切照常的人各处都有，新闻报道层出不穷，已经不新鲜，读者自可访查求证。而修炼身体的人，如道家“辟谷”修炼，已是千年流行，只是欠缺现代研究成果的支撑而已。就是在日常生活中，一个恬淡的人、一个知足常乐的人，都能做到凡事不远慕他求、不轻易“羡慕、嫉妒、恨”，因为他自身已经很满足了，而能恬然自安。

所以本章引用人体医学的最高成就来说明修身养性的境界。这种人，“以其不争，故莫能与之争”，“修之于身，其德乃真；修之于家，其德乃余；修之于乡、国、天下，其德乃长、丰、普”，真能如此，自然化民成俗②、臻于至治了。

2. 圣人“臻于至治”的化境

《礼记·礼运》上记载了儒家的大同社会和小康理想，是一幅儒家的政治蓝图。本章可以说是代表了道家的理想社会构图，是圣人之治的最高境界。

孔子曰：“大道之行也，天下为公：选贤与能，讲信修睦。故人不独亲其亲，不独子其子；使老有所终，壮有所用，幼有所长，矜、寡、孤、独、废疾者皆有所养；男有分，女有归。货恶其弃于地也，不必藏于己；恶其不出于其身也，不必为己。是故谋闭而不兴，盗窃乱贼而不作，故外户而不闭。是谓‘大同’”。又《论语·先进》：“暮春者，春服既成，冠者五六人，童子六七人，浴乎沂，风乎舞雩，咏而归。”夫子喟然叹曰：“吾与点也。”

《庄子·山木》：“君子之交淡如水，小人之交甘如醴；君子淡以亲，小人甘以绝。彼无故以合者，则无故以离。”本章内容是君子之交淡如水的放大版，即社会政治和组织机制的运用。

颜之推《颜氏家训·治家篇五》说：“生民之本，要当稼穑而食，桑麻以衣。蔬果之

---

① 《黄帝内经素问》，人民卫生出版社1994年版。

② 《大戴礼记·曾子疾病篇》：“与君子游，苾乎如入兰芷之室，久而不闻，则与之化矣。”摘自(清)王聘珍撰，王文锦点校：《大戴礼记解诂》，中华书局1983年版，第97页。

畜，园场之所产；鸡豚之善，埘圈之所生。爰及栋宇器械，樵苏脂烛，莫非种植之物也。至能守其业者，闭门而为生之具以足，但家无盐井耳。”

《太白阴经》：“古者，邻国烽烟相望，鸡犬相闻，而足迹不接于诸侯之境，车轨不结于千里之外，以道存生，以德安形，人乐其居。后世浇风起而淳朴散，权智用而谲诈生，邻国往来用间谍；纵横之事，用㮚括之人矣。”

以上描述实是古代中国共有的理想。是建立在物质文明之上的，包含了务本论、富国论、财富论、利益观等思想。“凡治国之道，必先富民。《管子·牧民》：“国多财则远者来，地辟举则民留处，仓廪实则知礼节，衣食足则知荣辱。”

“民至老死不相往来”，为什么需要“往来”呢？因为有困难需要互相帮助，倘若大家的生活都很好，没有什么特别需要帮助的地方，就会出现“鸡犬之声相闻，民至老死不相往来”的场景。《庄子·大宗师》：“泉涸，鱼相与处于陆，相呴以湿，相濡以沫，不如相忘于江湖。”所以，美国杰斐逊说：“世界上最好的政府是管事最少的政府。”反之，政府能做到管事很少，说明国泰民安。

3. 东方特有的文明社会

美国是个移民社会，而且美国公民喜欢搬家，美国人普遍渴望出国旅游。范斯·巴卡(Vance Packard)在《一个陌生人的国度》(A Nation of Stranger)中指出：对美国家庭而言，搬家是一种正常的生活方式。巴卡写道，“在美国人的一生中平均要搬家14次，大约有4000万美国人每年至少更换一次居所。”在20世纪40年代居住在农场的3200万人中，一半以上已在近20年间迁移至城市。在很多地方或对一些职业而言，流动才是正常的生活状态。如大学城、公司聚集区等地方，以及销售员、飞行员、空姐及农场工人等。依据巴卡的观点，这种频繁迁移带来的不安定造成的后果是：“越来越多的人正面临着归属感、自我认同感和人际关系的缺失，这将直接导致个人和社会幸福感的下降。”

“乡土”，对他们又有什么意义呢？非洲人这样介绍自己：“我叫某某，是某某人的儿子，是某村的人，住在这条河流上游的地方。”美国人：“我是某某，是干什么的。”美国没有沉重的包袱，他们不回望、不受关系束缚，或没有靠山。孤独在此，自在也在此。

而东方人易于怀旧、怀古、怀农。理想社会是世外桃源一样的现实。田园诗最大的特征是牧歌情调。牧歌(pastoral)最早是指古希腊人描写西西里岛牧羊人生活之诗。后来人们习惯用它代指一种传统的诗歌，表达都市人对理想化的农牧生活的向往。现代人常把这种偏于表现单纯、素朴的生活，并常与现代繁复生活相对照的生活，叫田园牧歌。现代中国人一般都生活“压力山大”，重视现实物质利益，而缺少悠远的情怀和丰富的想象力。就如鲁迅所说，风沙扑面，财狼遍地、丛林生存，所以灵魂都比较粗糙，哪有那种闲情逸致去追求田园牧歌——鲁迅说的对也不对，现实生活却是：越是缺乏，越是想要。换言之，现代人为了摆脱现实苦恼，将自己的欲望也投射到《老子》“小国寡民”的境界中。只要有烦恼，就会有对治的法门。

二、老子"小国寡民"的思想内涵

1."小国寡民"蕴含着民主自由和独立平等的精神

"小国寡民"主张个人自治、地方自治，而不把责任推向他人、推向政府和社会。因为，"国家"是阶级斗争的产物；"组织"是社会斗争的产物；"政府"是个人斗争的产物。"国家"、"政府"、和"强有力的组织"这一类事物在老子的哲学中都属于刚强的东西。① 国家、政府、组织越是强大、刚硬，个人越是渺小、软弱。反之，政府或国家鼓励百姓自发自动、自觉自律，"自主创新、自主择业"，民间能动性被激发出来，政府自己反倒可以走向"小政府、大社会"型结构了。

试举一个例子，在《东方美德与东方困境》一篇报道中，著名数学家陈省声说，"数学没有诺贝尔奖是一件幸事……这是一片安静的天地，没有大奖，也是一个平等的世界。"陈先生做学问，也从来不赶时髦、不抢热门，纯任天生的兴趣和才能。这样反倒作出了成绩。

再举一个反面例子，就是，中国央视的"春节联欢晚会"为什么不堪重负呢？其实原因倒不在于它的节目质量，而在于观众系数太大，众口难调。就拿其中的相声节目来说，可怜的是中国相声听众，有十多亿人之多，而专业的相声作家只有十几人。一人对一亿人，负担可谓重矣。经常在电视台露脸的相声演员也就是那几张老面孔。电视上是他们，广播、报纸、杂志、网络……全都是，千篇一律、千人一面，所以都腻歪了。所以，全球代时代，虽然一体化是潮流，但是还是有恢复有地方特色的文艺节目的必要。大家不一定非要统一去看同一台晚会。而且正因为有了这么个庞大的"春晚"垄断了收视率，造成"我花开后百花杀"、"一花独放不是春"的局面。

以上正反两个例子说明，一方面，虽然"大树底下好乘凉"，但中国古代也讲"大树之下，其草不植"——大树把阳光独占了，其他的小树小草就没有了机会。所以当今无论中国还是美国，都反垄断、不搞一刀切、不搞价值标准绝对统一、不"一考定终身"，反对"一家独大、百家萎缩"的做法。而鼓励各地文化，百花齐放，百家争鸣。这种"三百六十行，行行出状元"式的自由的个性充分发展的状态，是"小国寡民"的应有之义。

同理，政治上和国际关系上也是如此，一个超级大国的霸权还能维持吗？太平洋的警察——管得宽，结果限制了他国发展——最终也不利于自身发展。

同理，中国教育为什么受到这么多的攻击？无法满足个性化成长的需要。所以实际上中国的当今教育教改的方向同老子说的一样："小校徽班"，就像现在的培训机构一样。富有针对性、个性化、人性化、兴趣班式的培养，才是方向。

总之，中央与地方，家庭与个人、农村与城市……对立两面的发展都要均衡得体，否则一头独大，如人一样，头重就会脚轻、尾大就会不掉、阴阳不调就生病。

① 《老子》第38章："鱼不可脱于渊，国之利器，不可以示人。"刚强的一类，最好是有而不用，正如同第80章所说："虽有舟舆，无所乘之；虽有甲兵，无所陈之。"

2. 顺应自然而非征服自然

这个"顺应自然"有多层含义。本处使用简化的方法来定义它，分为两种："外在的自然"和"内在的自然"。

其一，"外在的自然"，指自然环境。属于现代学术概念体系中的社会学、历史学、地理学、天文学等学科范围。这样，"顺应自然"可以用现代语境中的"环境友好型发展"来阐释。人和自然的关系就是人要顺应天("自然")，而不是征服天。(本书第59章"啬"字注释及59章引论中已谈起过，此处不再赘述。)梁从诫先生的"与自然为友：一种现代公民意识"讲座中谈到，17世纪英国工业革命以后，由于人们掌握了新的科学知识，培养起人类的一种非常自大的心理，或者是一种非常乐观的心理，认为人类在自然面前是无所不能的，人为万物之灵。只要我们掌握了技术，我们就有能力征服自然、驾驭自然，我们就可以向自然要我们所要的东西。这种心理状态统治了我们人类的头脑好几百年，首先是西方人，一些工业化国家，包括马克思、恩格斯这样的当时是比较有名的思想家在内。那个时候他们还没有看到科技的发展也有可能造成负面的东西。20世纪六七十年代，一批著名的西方工业家开始意识到这个问题，一起讨论这个问题，后来形成了著名的罗马俱乐部。一位西方的理论家，而且也是一个企业家，首先写了《小的是美好的》这本书。他在这本书里讲我们所有的技术并不是要追求最高最新最强最全面的技术，那种技术的最终后果未必是好的。他们所谓"小的是美好的"，意思是说我们要有适当的技术，而不是无穷地榨取自然。罗马俱乐部后来发表了很重要的所谓宣言性作品，就是《增长的极限》。他们认为，经济的发展、科技的发展增长，不是无穷的，而是有极限的。这个极限在哪里？就是人口资源、环境污染等所造成的这些人类被迫面临的问题。因为技术越发达，生活资料越多，人口自然会增长；人口越增长，消耗的资源越多，造成的环境污染越多；生产越发展，越造成资源的损耗，能源的消耗。特别是现在人类发现，石油、煤炭是不可再生的，总有用完的一天。在这种情况下，经济增长怎么可能是无限的？

中国当今工科的学生可能长期以来还是受这种影响比较深，认为我们只要掌握了科学技术，就可以无穷尽地控制自然，掌握自然，征服自然，所谓"人定胜天"。叫做"不能等待大自然的赐予，而是向大自然夺取"。等到我们认识到这个自然并不是那么好对付的，它会从另外一个方面倒过来报复你，当我们认识到这一点时，已经太迟了。关心保护环境，从本质上讲、从哲理上讲、从伦理学上讲，是利他行为。保护环境不是直接保护你自己，是为别人着想，当然最后你也会得到好处。环保意识，也是一种现代公民意识。

其二，"内在自然"，指人与自我的关系。属于现代学术概念体系中的哲学、信仰学、生命学研究的范围。从这个层面上讲，"顺应自然"是指顺应人和万物的本色本性。这就不仅包括了人与自然环境、与外部客观世界的和解，更包括了人与自我的和解。换言之，敞开怀抱，拥抱命运的赐予，无论际遇是高峰还是低谷、是得到还是失去。

当然，接受命运的安排不等于说放弃自我的努力。《易经》上说："穷理尽性，以至于命；"《孟子·尽心上》解释说："尽其心者，知其性也。知其性，则知天矣。存其心，养其性，所以事天地。寿夭不贰，修身以俟之，所以立命也”。“尽心”在《中庸》的思想体系中就是一个“诚”字：“唯天下至诚，为能尽其性；能尽其性，则能尽人之性；能尽人之性，则能尽物之性；能尽物之性，则可以赞天地之化育；可以赞天地之化育，则可以与天地参矣。”此亦老子“清净自然”之义。总之，真正的“顺应自然”是内外兼并合二为一的。

3.“替天行道”的处事智慧

在本书《老子》第74章的引论中，我们引用“以虫治虫”、“以夷治夷”，“以边治边”来比喻老子的“清静无为”思想。这样的结果，虽然也是“替天行道”、“代天行杀”，但是维护了生态自身的平衡，代价小而且可持续，达到了“辅万物之自然不敢为”的标准。

同理，本章“小国寡民”之后紧接着就是“甘其食，美其服，安其居，乐其俗”①，当地出产的作物往往能治疗当地人的常见病、当地出现的文化习俗，往往最适合当地人享用。而由于科学技术的发展，全球化使一些不具备普及推广条件的事物普及推广了、不具备市场条件的产品市场化了、不具备普世价值的标准普世化了——反过来，又应用“普世化的标准”、“标准的市场条件”、“拔高和固化了的准则”来要求各个地区、各个子民。好比是全面都说普通话、看标准戏剧，消灭方言和土语、取消地方戏种——事实上，后者才能提高幸福感。

同理，遇见问题最好的解决之道，是“就地解决”、“群防群治”，即群众性、互助性的自防自治活动，也就是常说的“群众路线”。

总之，老子的“小国寡民”思想，一方面，“贫穷不是社会主义”，提倡发展交通、经济、军事等科学技术，推进物质文明建设；另一方面，“使有什伯之器而不用”——毋须用、没有机会用。推进人们的精神文明建设，使人人有道、个个有德，武器和科技没有用武之地。此之谓“行不言之教，处无为之事，无为而无不为。”

所以“小国寡民”是老子清静无为思想一以贯之的表现。内涵丰富，不一而足。本专题未能举一以反三，权且以偏以概全。

① 其含义在《黄帝内经·异法方宜论篇第十二》中讲解最详细，一言以蔽之，“一方水土养活一方人”。《黄帝内经素问》，人民卫生出版社1994年版，第80~83页。

第二编

《道德经》注译论解

第一章　道可道，非常道

道可道[①]，非常[②]道。名可名[③]，非常名。无[④]，名天地之始[⑤]。有[⑥]，名万物之母[⑦]。故常无欲，以观其妙[⑧]。常有欲，以观其徼[⑨]。此两者[⑩]，同出[⑪]而异名，同谓之玄。玄之又玄[⑫]，众妙之门[⑬]。

☞ **注释**

①道可道，非常道：道：所行道也，引申为道理，在哲学上指宇宙最根本的终极真理。第一个和第三个“道”字，是老子首先提出来的哲学范畴，指宇宙的本原和实质，引申为天地之间的法则；第二个“道”字是动词，指用言语来解说、表述的意思。

②非常：不是恒常之道。“非”，象形，本义是鸟飞时翅膀下垂，取其相背之义。“违也，离也，相背也。”《玉篇》：“不是也”。常：真常、永恒。常的本义是衣裳的裳，上衣下裳。引申为永恒、长久、经常。

③名可名，非常名：第一个和第三个“名”字，是老子哲学的重要范畴，指“道”的概念或形态。第二个“名”字是动词，指用言词说明和表述的意思。第 25 章：“有物混成，先天地生。寂兮寥兮，独立而不改，周行而不殆，可以为天下母，吾不知其名，字之曰‘道’，强为之名曰‘大’”；第 33 章：“道常无名”；第 41 章：“道隐无名”，可与此处相互解释。[①]

④无：名词，虚也。这里指无形，即万物混沌未开的样子，系“道”的本质特征之一。第 40 章：“天下万物生于有，有生于无”。

⑤始：初也。“初”，做衣之始也。

⑥有：《说文》：“不宜有也。”这里指“有形”，也是“道”的本质特征之一，系就其生育万物而言。第 40 章：“天下万物生于有，有生于无。”

⑦母：本源。《广雅》：“牧也。言养育子也”。《释名》：“冒也，含己生也。”“无名天地之始，有名天地之母”历来有两种标点：一、“无，名天地之始；有，名万物之母”；二、“无名，天地之始；有名，万物之母。”今从一。

---

① 另外“道可道，非常道；名可名，非常名”句还有一种语言学的解释，认为“道”为言说（口头表达、口语）；“名”为文字（书面语），“道可道，非常道；名可名，非常名”是说语言和思想的关系，即“词不达意”。语言不能完全代表思想，思想不能完全用语言表达。因此，常体会说出的话，以体会它的妙处；同时体会没说出的话，来观察他的边际。言语表达和不用言语表达，此二者同出而异名。一说也。参见钱锺书先生《管锥编》二，生活·读书·新知三联书店 2007 年版，第 632~639 页。

⑧故常无欲，以观其妙。常有欲，以观其徼：内心寂然不动，能够体悟道的玄妙；内心意念发动，可以观察道的边际。“欲”，欲念、欲望、意念。“无欲”指欲念没有发动；“有欲”指欲念发动。① “欲念”有两种含义，第一种是带有贬义色彩的“贪欲”。《说文》：“欲，贪欲也，从欠，谷声。”《礼·曲礼》：“欲不可纵。”《疏》：“心有贪爱为欲。”第二种含义是中性色彩的“念头”、“物欲”。《礼·乐记》：“人生而静，天之性也；感于物而动，性之欲也”。(此正老子“有欲”、“无欲”的两种境界。)此处“欲”字不作贬义讲。清代段玉裁《说文解字注》：“感于物而动，性之欲也。欲而当于理，则为天理。欲而不当于理，则为人欲。欲求适可斯已矣，非欲之外有理也。”此辩“理”“欲”甚详。借用佛学名词来解释“故常无欲，以观其妙；常有欲，以观其徼”则是：“缘起性空、性空缘起”。缘起论的核心是“万法因缘生、万法因缘灭”。因为本体性空，所以依缘而起；因为依缘而起，所以本体性空。“性空”和“缘起”是一而二、二而一的关系，“有欲”和“无欲”也是一体两面的关系。所以下句紧接着说：“此两者同出而异名。”《心经》：“色不异空，空不异色。色即是空，空即是色。”龙树菩萨《中论》：“不生亦不灭，不常亦不断。不一亦不异，不来亦不出……以有空义故，一切法得成。若无空义者，一切则不成。众因缘生法，我说即是空。亦名为假名，亦是中道义。”龙树释佛经以“中观论”，老子此处可称为“玄观论”。“中观”和“玄观”，实质相同，表述不同。(另外“欲”字还可以解释成表示倾向的副词：“将”、“将要”，此处不取。)“妙”，王弼注：“妙者，微之极也。”荀悦《申鉴》：“理微谓之妙。”深邃、奥妙之意。“妙徼”，参见第 52 章“天下有始，以为天下母。既得其母，以知其子。既得其子，复守其母，没身不殆。”

⑨徼(jiào)：河上公本注：“徼，归也。”归宿之意；陆德名《释名》：“徼，边也。”

⑩此两者：指“无”与“有”。

⑪同出：同源，指“无”与“有”同出于“道”。第 42 章：“道生一，一生二，二生三，三生万物。”道即是“一”，“有”“无”同出而异名。又有和无的关系就是心和物的关系。西方的“God”一词可以对应道家“造物主”概念。物由心造，心物一元。心物关系也是“此二者同出而异名”的。《达摩四论》：“动是心动，动即其用。动用外无心，心外无动。动不是心，心不是动。动本无心，心本无动。动不离心，心不离动。动无心离，心无动离，动是心用，用是心动。动即心用，用即心动。不动不用，用体本空。空本无动，动用同心，心本无动。”《说文》：“出，进也”。《广韵》：“见也，远也”。《增韵》：“出入也，吐也。又去也，自中而外也。”

⑫玄：本义是深黑色，这里指玄妙、深奥、不可测知之意。又谓玄字形如“8”，象征宇宙间循环往复的运动。唐人避庙讳改“玄”作“元”。

⑬众妙之门：一切奥妙的总门径。门者，人所共由，喻精深微妙的道为万物所由生、万事所由出也。本体(虚、“无”)：世间万有现象的开始、根源；现象(“有”)：本源的奇妙变幻。现象和本体是一分为二、合二为一的，同样都是玄妙，玄妙又玄妙啊！世间变化之门。

---

① 出自华中师范大学刘固盛先生的解释。

☞ 今译

可以用言语表述的道，就不是恒常之道；可以用言语来定义的名，就不是恒常之名。无是形成天地的本始，有是创生万物的根源。所以常从无中去观照道的奥妙；常从有中去领悟道的端倪。无和有是相同的来源，而不同的名称，同样可以称为玄妙。玄妙又玄妙，就是宇宙万物奥妙变化的总门径！

☞ 引述

本章是《老子》一书的总纲。老子提出“道”与“名”、“有”与“无”、“常”与“变”等一系列哲学范畴，并阐述了它们之间的相互关系。

“道”是老子哲学乃至道家哲学上的一个最高范畴。道具有不可言说性——它不同于任何具体事物，没有和它相对应的恰当名词来表示它。道超越了经验、超越了逻辑。(详细分析请见本书专题一。)

基督教的“God”的概念类同于“道”：“万能的上帝”“无所不在、无所不能”好比就是“道常无为而无不为”的状态。而爱因斯坦说：“我信仰斯宾诺莎的那个在存在事物的有秩序的和谐中显示出来的上帝，而不信仰那个同人类的命运和行为有牵累的上帝。”

道是天地万物的根源和本始——“无(虚)”和“有”是用来显示形而上的道体与形而下的道用的转化过程。“无”并不等于零，而和“有”具有同样性质，两者是孪生姐妹，或曰一枚硬币的正反面。

“无，名天地之始；有，名万物之母”。关于宇宙万物的“有生于无，无中生有”的形上与形下问题，以西洋哲学的治学习惯来说，其中就包含了宗教哲学中宇宙万物的来源论，以及纯粹哲学的唯心、唯物；一元、多元；有神、无神等学说的探寻。假定宇宙万物确是从本无中而生出万有万类。无中何以生有？以宗教神学的立论，从无生有，是由第一因的主宰的神所发生。但在佛学中，既不承认神我是第一因，也不承认有一情绪化的权威主宰所能左右；可是又不否认形而下神我的存在。只说“因中有果，果即为因”的因果互变，万有的形成，有生于空，空即是有，因缘和合，“缘起性空，性空缘起”。因此，缘起论与老子的有无互为因果论恰恰相近。所以后来佛学输入中国，与老庄学说一拍即合，相互共存了。《红楼梦》开头的一僧一道的开场白，与有名的梦游太虚幻境，以及“假作真时真亦假，无为有处有还无”的对联，都是老庄与禅道思想相结合的反应。

《老子》本书在第 1 章中的三段要点，真有一语中具备三玄门、一玄门具备三要义的深不可测：

第一段，他提出“道”，同时提示，不可执著道是一般的常道。在不得已的表达中，首先提出了一个“道”字；接着又强调，不可执著名相而寻道。其次，便说到形而上道与形而下万有名器的关系，是有无相生、绵绵不断的。

第二段，在形而下的情况下而要体认形而上道，必须从常无的境界中去体认它的道体。但是如要更透彻精辟，又需要在常有之中领悟它的无边无际。

第三段，再反复说明有无之间的互为因果，如一呼一吸之自然往复。因此而说出：“此两者同出而异名，同谓之玄。玄之又玄，众妙之门。”

玄的里面还有玄，分析到空无的里面还有空无，妙有之中还有妙有。由这样去体认道的体用，有无相生，真是妙中有妙，妙到极点更有妙处。

☞ 案例故事

盲人摸象①

从前，有四个盲人很想知道大象是什么样子，可他们看不见，只好用手摸。胖盲人先摸到了大象的牙齿。他就说：“我知道了，大象就像一个又大、又粗、又光滑的大萝卜。”高个子盲人摸到的是大象的耳朵。“不对，不对，大象明明是一把大蒲扇嘛！”他大叫起来。“你们净瞎说，大象只是根大柱子。”原来矮个子盲人摸到了大象的腿。而那位年老的盲人呢，却嘟囔：“唉，大象哪有那么大，它只不过是一根草绳。”原来他摸到的是大象的尾巴。四个盲人争吵不休，都说自己摸到的才是大象真正的样子。而实际上呢？他们每个人都没有错，却一个人也没有说对。

求道者离道远矣，所求得的只是小道。老子说：“大象无形、大音希声。”人在道中，不须求，观察周围既是。道可体会，而说出来就会变。

① 出自《长阿含经》卷19，宗教文化出版社1999年版。

第二章 天下皆知美之为美

天下皆知美之为美，斯恶已[①]。皆知善之为善，斯不善[②]已。故有无相生[③]，难易相成，长短相形，高下相盈[④]，音声相和[⑤]，前后相随。是以圣人[⑥]处无为[⑦]之事，行不言之教，万物作焉而不辞[⑧]。生而不有，为而不恃[⑨]，功成而弗居[⑩]。夫唯弗居，是以不去。

☞ **注释**

①斯恶(wù)已：就不美了。《陈书·傅縡传》载縡所撰《明道论》，有云："夫居后而望前，则为前；居前而望后，则为后。而前后之事犹如彼此，彼呼此为彼，此呼彼为彼，彼此之名，的谁居处？以此言之，万事可知矣。本末、前后、是非、善恶，可恒守耶？"后句"有无相生，难易相成"等"六门"，犹毕达哥拉斯所立"奇偶、一多、动静"等"十门"，即正反依待之理。佛家经典《五灯会元》卷一僧璨《信心铭》云："至道无他，唯嫌拣择，但莫憎爱，洞然明白。"《老子》第 3 章："使民无知无欲"；第 4 章："和其光，同其尘"；第 18 章："大道废，有仁义"；第 20 章："俗人昭昭，我独昏昏，俗人察察，我独闷闷"；第 49 章："浑其心"，重言申明善恶相生之义，皆《庄子·天地》所云"浑沌氏之术"也。斯：语气词，犹有之意。恶：此处指丑，与美相对立。已：通"矣"、"也"。

②不善：指恶，与善相对。善的本义是吉祥，意为"好"，"美"。

③有无相生：有与无相对立而生成。本章的"有"与"无"不同于上一章所讲同出于"道"的"有"与"无"。上章"有、无"是指客观事物的存在与不存在，或发生与未发生，是哲学上的概念，此处仅指普通的有和没有概念。相生，相互对比产生。生：进也，起也，出也，像草木从地中出来的样子。

④盈：有包含、依靠之意。指高与下只在对待关系中才显现出来。一本作"倾"，盈、倾古通用。

⑤音声相和(hè)：物理的声波和人的心意相互结合才能表达意思。简单的物理发音叫"声"。声的组合，成为音乐节奏，表达意义的叫"音"。《乐记》："声成文谓之音"。"声"是自然现象，"音"是社会文化现象。

⑥圣人：指有道的人。钱锺书说："老子所谓'圣'者，尽人之能事以效天地之行所无事耳。"

⑦无为：不扰乱、不妄为。即自然之意。

⑧作焉不辞：兴起而不加干涉。作：兴起、振作、动作、创作。“辞”，帛书乙本作“始”，主宰之意。

⑨生而不为，为而不恃：产生而不占有，作为而不依赖。生：进也，起也，出也。本义像草木从地中出来的样子。恃：依靠、依仗。

⑩弗居：不夸耀。弗：不，否定副词。居：夸耀、赞誉。

☞ 今译

天下都知道美之所以为美，丑就产生了；都知道善之所以为善，不善就产生了。有和无互相对立而产生，难和易互相对立而形成，长和短互相比较而显现，高和下互相对立而依存，音与声互相依存而和谐，前与后互相对立而出现。所以，圣人用无为的态度来对待事情，推行不言的教导，万物兴起而不加干涉，生养万物而不据为己有，作育万物而不自恃有功，功业成就而不自我夸耀。正因为他不居功，所以功绩不会埋没。

☞ 引述

本章顺应首章“道不是有、也不是无，道在有无之间”的玄妙开始，指出后天的美丑、善恶、真假、难易……一系列看似相互对立的事物，其实是一体两面、和谐共存的。分说如下：

其一，孤阳不长、孤阴不生。(详见本书专题四“阴阳概说”部分)

其二，俗话说：“情人眼里出西施”，“人是万物的尺度”。人间世上，一切的概念、观念和价值，都是人为设定的标准，因此只可以作为一时一地的权宜之计，而不能把它看得太死，而把它们当做恒久不变的绝对真理。北宋黄庭坚诗：“真是真非安在？人间北看成南。”

其三，道体是超越了经验世界、没有对待的，所以圣人既然明白了这个道理就不轻易去树立一极，然后用另一极来打倒这一极。从而能跳出对立面的束缚，依循自然而不强做妄为。天地之间，万物各有其道，圣人仅仅辅佐他们而不主宰他们，而万物自知自觉、自达本性的圆满。

其四，本章内容与佛家所推崇的“不二法门”有异曲同工之妙。

有个真善美的天堂，便有丑陋、罪恶、虚伪的地狱与它对立。天堂固然好，但却有人偏要死也不厌地狱；极乐世界固然使人羡慕，心向往之，但却有人愿意永远沐浴在无边苦海中，以苦为乐。与其舍一而取一，早已背道而驰。不如两两相忘，不执著于真假、善恶、美丑，便可得其道妙而逍遥自在了。

总之，老子指出无论有无、难易、高下、音声、前后等现象界的种种，都在自然回旋的规律中相互为用，互为因果。没有一个绝对的善或不善、美或不美的界限。因此，他教人要认识道的妙用，效法天地宇宙的自然法则，不执著，不落偏，不自私，不占有，为而无为。

☞ 案例故事

“美丑相生”：雨果的浪漫主义创作原则①

丑就在美的旁边，畸形靠近着优美，粗俗能藏在崇高背后，恶与善并存，黑暗与光明相共。激烈尖刻的言辞背后，都隐藏着一个虚弱的理由。温和宽容的表现背后，都生长着一颗强大的心灵。这两者其实是一个统一的整体。表面的强大，是由于内心的虚弱；而外在的柔弱，恰是由于心灵的强大。

此言虽小，可以喻大。告诉人们说门外有敌人冷酷的威胁，于是内部空前的团结和温暖就产生了。这是政治家、商家不约而同采用的手腕。

① 《巴黎圣母院》中的卡西莫多就是根据这个原则创造的。他有着丑到极点的相貌，但是他的内心却是高尚的，有一种隐含的内在美。[法]雨果著，柳鸣九译：《克伦威尔》序言，《西方文论选》下卷，上海译文出版社1979年版。

第三章　不　尚　贤

不尚贤[1]，使民不争[2]；不贵[3]难得之货[4]，使民不为盗；不见可欲[5]，使民心不乱。是以圣人之治，虚其心[6]，实其腹[7]，弱其志[8]，强其骨[9]。常使民无知无欲[10]。使夫智者[11]不敢为也。为无为[12]，则无不治。

☞ 注释

①不尚贤：不标榜贤明。尚，即“上”，崇尚、尊崇。贤，有德行、有才能的人。

②不争：不争夺权位、功名、利禄，回返自然本性。

③不贵：不珍贵、不重视。

④货：财物。

⑤不见(xiàn)可欲：“见”通“现”，出现，显露。“可欲”即“所欲”，指可以刺激人们过分欲望的东西。

⑥虚其心：使人们心灵宁静。“虚”，空虚的意思。“虚”字和下面的“实”字都是使动用法。《周易》八卦中有坎、离二卦，“坎中满，离中虚”，离卦为上下两阳爻，中间一阴爻，外实内虚之象；坎卦上下两阴爻，中间一阳爻，内实外虚之象。后世道家修炼常谓“取坎填离”，即取坎中之阳以补离中之阴，而得纯阳之乾卦。又常以龙虎为喻。此谓之“虚其心，实其腹”。

⑦实其腹：使人们内在充实。

⑧弱其志：使人们心志柔弱。

⑨强其骨：使人们的身体健康强壮。

⑩无知无欲：无巧伪奸诈之心思、无非分妄想之欲求。

⑪智者：这里指自作聪明的人。

⑫为无为：以无为的方式作为。即顺应万物自性的发展而不妄加干扰的意思。

☞ 今译

不标榜贤良，使民众不相互争夺；不贵爱难得的货物，使民众不去偷盗；不显耀诱发贪欲的东西，使民众的心智不惑乱。

所以圣人的治理，使人心灵宁静、生活安饱、意志柔韧、体魄强健。常使人民没有机巧的心智和争夺的欲望，使自作聪明的人不敢妄为。顺其自然而为，就没有治理不好的了。

☞ 引述

继上章善恶相生之后，本章继续谈如何在矛盾对立的现实社会中实行无为而治。分说如下：

其一，在上者不尚贤、不贵难得之货、不见可欲，在下者就不会争夺、不会偷盗，不会尔虞我诈，就不会丧失真心本性。反之，如果社会充满了华而不实的可欲之物，人人都以为谁都可以通过智巧、勇力、机遇去明争暗夺得到它，那么实际上就失去了本心真性，变得浮躁和虚假了。在电视剧《武林外传》中老邢和小六抓贼抓得民不聊生——“问题是没有贼，就没有政绩呀！”所以圣人之治，要清静不扰才对。

其二，所以最善的治理，是能够让人即使不需要“钢铁般的意志”、“急中生智的机敏”、“火山一样的野心”，也能够过物质上生活富足、心灵上宁静安适、体魄上健全健康的生活。反之，如果必须要有“钢铁般的意志”、“急中生智的机敏”和“广博的学问”才能得以生存下来，只能说明生存环境已经非常恶劣了。

其三，老子不尚贤、不贵难得之货、不见可欲，有人误解为愚民政策。其实本章是继首章“有无同出而异名”，第2章“善恶相生”之后，在社会伦理上指出，如果尚贤、贵货、见可欲，那么争夺、偷盗、内心惑乱也会同时产生了。老子不否认贤明的价值，只是更看重整体。圣人治理，应使人们生活安适、人格完整、性格和谐、性情平和、返朴归真、本色出演。所谓“无知”，乃是消解巧伪的心智；所谓“无欲”，并非要灭除自然的本能，而是消解贪欲的扩张。这在书中有大量言语，如“故去彼取此”、“大丈夫居其厚不居其薄”、“故令有所属”等。如果说让老百姓愚蠢、呆笨、傻蛋，国家就能治理好，还认为这是老子说的，此论不值一提。

其四，《圣经》里面讲到亚当和夏娃偷吃了智慧树上的果子，因而被赶出伊甸园的故事。所以“善恶果”是不能轻易吃的。所以在第65章：“民之难治，以其智多”。

而老子所讲的“虚其心，实其腹”却指的是修养上的另一面的真实功夫。但它的先决条件，便是从无欲虚心入门。一个人如能真做到“离情弃欲”，心如止水澄波，那么，自然而然就可达到吕纯阳《百字铭》的修养境界了：

> “养气忘言守，降心为不为。动静知宗祖，无事更寻谁。真常须应物，应物要不迷。不迷性自住，性住气自回。气回丹白结，壶中配坎离。阴阳生反复，普化一声雷。白云朝顶上，甘露洒须弥。自饮长生酒，逍遥谁得知。坐听无弦曲，明通造化机。都来二十句，端的上天梯。”

事实上，难就难在无欲与虚心。正因为不能无欲，因此老子才教人一个消极的办法，只好尽量避免，“不见可欲，使民心不乱”。能够利用消极的办法做到也就不错。然后再求虚心，自然可以充实内体。养之既久，也就自然可以“弱其志，强其骨”了。如果有心求之，早已背道而驰，违反“道法自然”的原则了。

因此唐宋以后禅宗大师们呵斥狂妄之徒的习惯语，便反用老子所说的“虚心实腹”，认为是“空腹高心”之辈，上面妄念不能停，就是心火不能下降；精气神不能归元，就是坎水不能归元。念多就是虚火，心不清净。佛经经常用清净圆明，来代表取坎填离这个道理。要心境凝定，元气才能充盈。

另外，孟子的“其生色也，猝然见于面，盎于背，施于四体，四体不言而喻”与老子的“虚其心，实其腹”的含义是相通的。

☞ 案例故事

“尚贤”、“贵货”、“民争”：经济学的策略

一位地产开发商认为，房子不光是让买家住的，同时还是用来投资赚钱的。因此涨价就是对市场信心的保证。于是通常采取“低开高走”的价格策略，他们善于通过强势宣传、排队抢号、限量发售、批条子、停止发售等手段“聚水”，等水聚到一定量开始“放水”，在聚放之间拉升价位。在开盘前，通常用大量的宣传、长时间的预订来“蓄水”。然后在开盘时，利用抢号排队的长龙营造火爆销售的场景。有时为了吊足购房者的胃口，还运用限量发售的形式，“最好让市场有吃不饱的感觉”。当房子买得火热的时候，还必须由他来批条子才能买到房子，造成走后门才能买上房子的印象。有时干脆停售！

一动一静间，把热劲保持到楼盘尾期，把价格也调整到最高。这样，涨价反倒就成了售房的最佳促销手段。

第四章　道冲，而用之或不盈

道冲①，而用之或不盈②。渊兮③似万物之宗④。挫⑤其锐，解其纷，和⑥其光，同其尘。湛兮似或存⑦，吾不知谁之子，象帝之先⑧。

☞ 注释

①冲：冲虚。古字为“盅(zhōng)”，虚的意思。《说文》：“盅，器虚也。”又山谷宽阔可住人开田者也叫“冲”。

②盈：充满的意思，引申为尽。

③渊兮：渊，回水也，象形字。又深也，深远之意。兮，语助词，表示停顿，相当于“啊”。

④宗：意为“祖先”、“祖宗”。又中心、宗旨。《说文》：“宗，尊祖廊也”，本义是祭祖先的神坛。宗者，本也。最尊者曰祖，次曰宗，通称曰宗廊。又流派所出曰宗。

⑤挫(cuò)：消磨、折去。挫其锐，解其伤，和其光，同其尘：把思想最尖锐的地方磨炼成平和，消除内心纷繁的妄念，把外露的光明回光返照，混同于尘世。

⑥和(hé)：隐蔽。“挫其锐，解其纷，和其光，同其尘”第56章重出。根据本章本句的上一句“渊兮似万物之宗”，下一句“湛兮似或存”的句式和句意的连贯一致性，本处的“挫其锐，解其纷，和其光，同其尘”句疑为衍文。可能是后人将后文中的这一句拿来作注释，窜入正文。

⑦湛(zhàn)兮似或存：似无而实有。形容道的深沉、隐而无形、但又确定存在的状态。《说文》：“湛，没也。”《尔雅·广诂》：“没，无也。”又深也，澹也，澄也，甚安也。

⑧象帝之先：意谓道先天地生，乃万物之宗。象：仿佛、好像是、若是。帝：天帝。

☞ 今译

道体是空虚的，然而它的作用却永不穷竭。渊深啊！好像是万物的宗祖；幽隐啊！似亡而又实存。我不知道它是从哪里来的，好像产生于天帝之前。

☞ 引述

本章继续谈道的体用问题。道是无形无象的，却又明明白白、客观存在，只是百姓日用而不知。道体具有虚(空)的性质，这个虚却并不是一无所有，而是含藏着无尽的创造因子。因而它的作用也是无穷无尽、不可思量的。这个似亡而又实存的道，先天地而生，是万物的根源，是上帝的母亲。

高延第曰："冲，虚也。无为之道，虚都渊深，濡润万物，不以盈满为事。宗，主也。万物被其化，故为之宗。挫其锐，谓反于太朴、不为质异；解其纷，谓清净自处、不与物相撄；和其光，不自表暴，光而不耀也；同其尘，不修身以明污，受天下之垢也。湛，没也，安也，言无为之人藏身万物之上，若存若亡。帝谓天帝，言无为之道，为万物母，谁得而子之？非独不得子，此道实先天地而有也。"

"神造天地说"有类似于老子的"道先天地而生"的观点。但老子的道却不具备人格意义，这在下章"天地不仁"讲得更清楚。利玛窦《天主实义》中表述天主教的教义认为："邦国有主，天地独无主乎？国统于一，天地有二主乎？……一人只有一身，一身只有一首，吾因是知独有一天主始制天地万物，而时主宰存养之。"此说和老子的学问不同，老子否定人格神的存在。

而从个人的修养来讲，修道的基本，首先要能冲虚谦下，无论是炼气或养神，都要如此，都要冲虚自然，永远不盈不满，来而不拒，去而不留，除故纳新，流水不腐。凡是有太过尖锐，特别呆滞不化的心念，便须顿挫而使之平息。对于炼气修息，炼神养心，也都要如此，倘有纷纭扰乱、纠缠不清的思念，也必须要解脱。至于气息与精神，也须保养不拘，任其冲而不盈。如此存养纯熟，就可以和合自然的光景，与世俗同流而不合污，自掩光华，混迹尘境。但是此心此身，始终是"冲而用之或不盈"。一切不为太过、太甚。此心此身，始终保合太和而澄澄湛湛，活活泼泼，周旋于尘境有无之间。但虽说是澄澄湛湛，必须若存若亡，不可执著。我即非我，谁亦非谁，只是应物无方，不留去来的痕迹，所谓"先天而弗违，后天而奉天时"，如此而已。

如果见之于历史的经验，本章"冲而用之或不盈，渊兮似万物之宗。挫其锐，解其纷，和其光，同其尘"的效用可观可法之处甚多。比如中唐时期的郭子仪与李泌等文武将相在事功上的成就，发挥起来，洋洋大观。

☞ 案例故事

精英和大众

"和光同尘"用现在的语言来说就是贴近生活、贴近实际、贴近人众(那时候还没有大众或人民一说)、面向俗世。小有见识的人往往自以为是凌驾于众人之上，其实精英意识如果脱离了生活意识，就会自命不凡地成为形而上意识，自以为大如天宇，自视重如泰山，而视生活视百姓如草芥，也就变成凌空蹈虚，变成断线的风筝了。①

真正的精英，那个时候叫做圣人，却应该是密切联系生活的：大洋若土，大雅若俗，大智若愚，大思想家若平常人即你我。自称思想者的人整天演练思想的肌肉

① 出自王蒙著：《老子的帮助》，华夏出版社 2009 年版。

块、思想的健美操，而真正的学问真正的见地却普普通通，真理比谬论一般来说要朴素得多实在得多。

美是生活本身，而不是凌驾于生活。

第五章　天地不仁

天地不仁[①]，以万物为刍狗[②]；圣人不仁，以百姓为刍狗。天地之间，其犹橐籥[③]乎？虚而不屈[④]，动而愈出[⑤]。多言数穷[⑥]，不如守中[⑦]。

☞ **注释**

①天地不仁：天地(世界)对万物一视同仁，无所偏爱。指自然没有意志。

②刍(chú)狗：古代祭祀时用草扎成的狗。人们用草扎成刍狗的时候，并不爱它、重视它；祭祀完毕抛弃它，也不是恨它、轻视它。钱锺书说："刍狗万物，乃天地无心而不相关，非天地忍心而不悯惜。"[①]林希逸说："刍狗之为物，祭则用之，已祭则弃之。喻其不着意而相忘尔。而说者以为视民如草芥，则误矣。"严复评点云："此四语括尽达尔文新理。至哉！"并以此作为"天演论"的核心。魏源认为此处和佛家万物幻化而生的观点非常相同。他在《老子本义》中说："'刍狗'者，结刍而成狗之形也，无常之物，祀时贵，祀后弃。老庄以阐'物来则应，过去不留'之理。……其事如梦幻泡影，无所住也。天地之于万物也，缘聚当生则生，缘散当灭则灭，无爱无染，故谓之天地不仁也。"

③橐籥(tuò yuè)：古代的风箱。橐者外之椟，所以受钥也。钥者内之管，所以鼓钥也。

④不屈：不竭。虚而不屈，指虚而不可竭、动而不可穷。"虚而不屈，动而愈出"的状态借用佛家的说法叫"如去如来、如如不动"。这个不动不是说死绝、没有动，而是大动、大生、生生不息、绵延不绝。

⑤出：进也，生也。《广韵》：见也，远也。《增韵》：出入也，吐也。又去也，自中而外也。

⑥多言数穷：政令烦苛，加速败亡。"言"指声教法令。"数"通"速"，快的意思。

⑦守中：持守冲虚，即保持虚静。

☞ **今译**

天地无所偏爱，把万物当做草扎的狗一样看待，任凭万物自然生长；圣人无所偏爱，把百姓当做草扎的狗一样看待，任凭百姓自然生长。天地之间，不像个大风箱吗？

---

① 出自钱锺书：《管锥编》第二册，生活·读书·新知三联书店2001年版，第419页。

空虚，但不会穷尽；发动，又生生不息。政令烦苛反而会加速败亡，不如持守虚静的好。

☞ 引述

本章以刍狗和风箱比喻无为的品格。大道创生万物，纯粹自然，无偏无私。国君治政，也应该效法这种精神，无为少言，与民相安，社会自然安宁。分说至少有以下三层思想：

其一，春生夏长、秋收冬藏，自然对万物进行着轮回式的播种与收割。在春天，春风化雨、润物无声，创造各种条件让它们生发、成长；到了秋天，西风凋碧树、冷若冰霜，严整收束，肃杀收敛。上天在沙漠地区降水少，在热带雨林降水多，并不是对沙漠就冷漠，对雨林就热情，自然之道，本来如此耳。天地没有人格意志，并不会对人类有一种特别的关爱——那只是人类自我感情的投射作用而已。天地对待万物就像对待草扎的狗一样，在祭祀之前敬重它，祭祀之后，抛弃它。而人类常常"谢天谢地"，这其实是对自然的感恩和敬畏之情的流露。

其二，天地不感情用事，对万物一视同仁，圣人效法天地的这种不仁乃大仁的做法，自然平等、不偏不党、公正无私、大爱无疆，而没有针对哪一个的人为的、刻意的偏私之爱。换句话说，圣人是虚涵万物、心无成见的。否则，"天下皆知善之为善，斯不善矣"——这就不平等了、有差别心了、不合于道了。所以毛泽东诗歌："天若有情天亦老，人间正道是沧桑。"

同理，人世间的一切名词、概念、观点、价值都是人为设定的标准，都处在一个历史变化的过程之中，只可以像刍狗一样对待。也就是说既要充分足够地尊重它们，同时又不能过分地看重它们。呆板化就走向教条主义和形而上学。

其三，所以，"取凉于扇，不若清风之徐来。激水于井，不若甘雨之时降"。天热之时，折扇、电扇和大自然风都可以带来清凉之风，比较而言，自然风当然舒适了。低碳、环保、细微——而且，春秋之季，舒适温度，连自然风都忘却了——已经没有来风的必要了。因此，"相濡以沫"是贬义词——为什么要鱼困于陆呢？鱼的生活，水才舒适；人的生活，道才舒适。所以鱼相忘于江湖，人相忘于道术。

反用的话：自然来风、电扇之风都比不上折扇的风更能显出"我对你的爱有多深"。个别不良医生，不把你的病说得很重，你怎么会大把往外掏钱呢？不良商家也知道，不把你的需求创造出来、夸大起来，消费者怎样会买账呢？一些政客也知道——这也是另外一种"以百姓为刍狗"的方式，但已经和老子的主旨大相径庭了。

"天地不仁，以万物为刍狗，圣人不仁，以百姓为刍狗。"老子的哲学，天地生万物，本是自然而生，自然而有。生了万物是很自然的事，死杀万物，也是很自然的事。天地既不以生出万物为做好事，同时也不以死杀万物为做坏事。天地既生了长养万类的万物，同时，也生了看来似乎相反的毒杀万类的万物。生长了补药，也生长了毒药。补品不一定是补，因补可以致死。毒物也不一定是毒，以毒攻毒，可以活命。天地并不一定厚待于人类而轻薄了万物，只是人类予智自雄，自认为天地是为了人们而生长万物人，自称为万物之灵。其实，人们随时随地，都在伤害残杀万物。假如万物有灵，一定会说人是万物的最大毒害。其实，天地无心而平等生发万物，万物亦无法自主而还归于天地。所以说："天地不仁，以万物为刍狗。"这是说天地并没有自己立定一个仁爱万物的主观的天心而生万物。只是自然而生，自然而有，自然而归于还灭。

明白了这个原理，便可了知真正有道的圣人，心如天地，明比日月，一切的所作所为，自视为理所当为，义所当为的事，便自然而然地做了。并不一定因为我要仁爱于世人，或我要爱护于你，才肯去做。如果圣人有此存心，即有偏私，即有自我，已非大公。再进一层来讲，一个有道的圣人，生当天下大乱的时代，他真要为了救世而救人，既然有所作为，就不免保存了一面，而有所伤害到另一面了。残杀天下而为我，决不可为。而杀一以儆百，亦等于杀百以存一的同是杀心，亦义所不忍为。那么，圣人而要救世，就只有自杀以救天下吗？自杀既不能救天下，天下亦非残杀可救得了！所以佛说愿度尽众生，方自成佛。但以众生界不可尽故，吾愿亦永无穷尽。耶稣被钉上了十字架，只有祈祷说："我为世人赎罪！"其实，罪在人心，谁也不能为谁赎罪，除非天下人能自忏罪悔过。因此，老子希望人们真能效法天地自然而然的法则而存心用世，不必标榜高深而务求平实。

"天地之间，其犹橐籥乎，虚而不屈，动而愈出。多言数穷，不如守中。"老子为了说明天理的公平，与真正圣人的无主而任物化育，便直接指出天地间万事万物的生灭变化，既不是谁所主宰，也不是天地的有心制作。万物的造化生灭，都是乘虚而来，还虚而去。暂时偶然存在的一刹那，只是有无相生的动态而已。因为有刹那绵延绝续常有的动，于是误认为动态即是存在，而不承认返有还无的静态也是存在的另一表相。

既然了解到天地之间气分的变化往来，变动不息，生生不已，有无相生，动静互为宗主。那么，就可进而了解到一切人事的作为、思想、言语，都同此例。是非，善恶，祸福，主观与客观，都是不能肯定的确有一绝对性的标准。如果一定要理论上争辩到有一个绝对的道理，这个绝对也只是在文字上，人为的，暂时裁定为穷尽之处而已。其实，在动态中，愈动而愈出，永无有穷尽的一点。同样的，人世间的是非纷争，也是愈动而愈有各种不同方面的发展，并无一个绝对的标准。"才有是非，纷然失心。"只有中心虚灵常住，不落在有无、虚实的任何一面，自然可以不致屈曲一边，了了常明，洞然烛照。这便是"多言数穷，不如守中"的关键。

而且，了解到"橐籥"的作用，那么也可明白"多言数穷"并不完全是教人不可开口说话。只是说所当说的，说过便休，不立涯岸。不可多说，不可不说，便是"言满天下无口过"，才是"守中"的道理，才与后文第27章"善言无瑕谪"的意旨相符。

☞ 案例故事

万物有时①

万物有时，生有时，死有时，栽种有时，拔出栽种也有时，杀戮有时，医治有

① 出自《新旧约全书·传道书》，中国基督教协会1994年印发，第620页。

时，拆毁有时，建造有时，哭有时，笑有时，哀恸有时，跳舞有时，抛掷石头有时，堆聚石头有时，怀抱有时，不怀抱有时，寻找有时，失落有时，保守有时，舍弃有时，撕裂有时，缝补有时，静默有时，言语有时，喜爱有时，恨恶有时，征战有时，和好有时，世上万物皆有时。

第六章　谷神不死

谷神不死①，是谓玄牝②。玄牝之门，是谓天地根。绵绵若存③，用之不勤④。

☞ 注释

①谷神不死："谷"形容道体的"虚"状。"神"形容不测的变化，比喻道生万物的绵延不绝。"不死"喻变化的不停歇。严复说："以其虚故曰谷，以其因应无穷故称神，以其不屈愈出故曰不死，三者皆道之德也。"

②玄牝(pìn)：代指深远的、看不见的、生长万物的生殖器官。"玄牝"是微妙的母性，指天地万物总生产的地方，虚静、幽深、神秘，这里用以形容"道"的不可思议的生殖力。"牝"指一切动物的雌性生殖器官。"玄牝之门"、"天地根"，说明道为产生天地万物的始源。

③绵绵若存：连绵不绝，存而不可见。"绵绵若存，用之不勤"是形容道孕育万物而生生不息。

④不勤：指不劳倦、不穷竭。勤，尽也。一说"勤"通"觐"，见也。后面第 41 章"勤而行之"的"勤"是积极的意思；第 52 章"终身不勤"的"勤"是"尽"、"劳力"的意思。

☞ 今译

道的变化像山谷之神一样的永不停歇，这就是孕育和产生天地万物的幽深玄妙的母体。这个玄妙的母体的产门，就是天地之根。它连绵不绝，若存若亡，作用无穷无尽。

☞ 引述

本章承接上文"天地之间，其犹橐籥乎！虚而不屈，动而愈出。多言数穷，不如守中"的法则，说明天地万物与人我生命的作用，常在于一动一静之间。要善加把握，善加运用。因此本章用谷神、玄牝比喻道体的作用。指出大道似静而实动，虽动而似至静。似乎虚无而实在含有无穷的妙用，虽然妙用无穷，但同时也蕴藏了用而无用的善巧方便。

万事万物生生不息，不断地生发、成长、变化，是什么力量、什么东西在起作用？牛顿研究"第一推动力"，认为是神推动了天地最开始的运转。现代天体物理认为是宇宙大爆炸赋予万物的初始特性和力量。老子是无神论者，他用雌性动物的生殖器官比喻“先天地而生”、“可以为天下母”、“吾不知其名，强名之曰道”的无法用言语描述的那个东西。

母性是生殖、生育、生发功能的象征。“九天玄女”、“女娲”、“妈祖”、“斗姥”……很多人类的崇拜都是女性形象。人们可以说老子是母性崇拜，当然还可以开老子的玩笑，说他是“女权主义者”。儒家表现出来的是男性中心主义，道家则指出了阴柔、雌性的无可替代的地位。我们常说“母校”、“母本”、“母亲河”……也是同样的道理。

英语中“Paradise”(天堂，同“Heaven”)，类似于本文的“谷神”、“玄牝”。了解了这两个名词的内涵，然后便可大致明白《老子》本章的意义，是要体会虚灵不昧的“谷神”境界，中空无物，而有感应无方的无限妙用。正因其虚无空冥，所以生生不已，生而无生，有而不有，因此而永恒不死——后来的道教，改头换面，称谓“洞元”、“洞虚”，也就是由此而来。

“谷神”即空洞虚无而生妙有的功能，便是天地万物生命源泉的根本，取一个代名词，便叫它是“玄牝”。“玄牝”虽然中空无物，但却是孕育天地万物生命的窟宅，绵绵不绝，若存若亡。“如”是“好像”的意思。在虚无中生发妙有的功用，好像是绵绵不绝的存在，但并无一个实质的东西。如真有一实质，一切的有，最终总归之于原始的虚无，这是必然的法则。和现代物理学所讲的质能互变的原理相类同。

“用之不勤”，不勤用、少用。相反地说，用得太勤，便是多用、常用、久用。这样一来，就会违反“绵绵若存”的绵密的妙用了。换言之，“道”，本来便是离名离相的一个东西，用文字语言来说它，是这样是那样都不对。修它不对，不修它也不对。所以说，即便是吹毛可断的利剑，也要一用便加修整。随时保养，才能使它万古常新，“绵绵若存”。这就是“用之不勤”的最好说明。

其实，人身本来就是一个空谷，古人曾形容它叫臭皮囊，或臭皮袋，它是生命的所属，是生命的工具，并非生命永恒的所有。至于虚灵不昧、用之如神的生命元神，则借这往来只有一气如“橐籥”作用的空壳子以显灵。如能在一动一静之间，“寂然不动，感而遂通”，随时随地知时知量，知止知休，“谷神”便自然不死——何况死也只是一番大休大息的作用，死即有生。“谷神”本来就是不死的，又何必要你忙忙碌碌守护它，才能使此“谷神”不死呢？

☞ 诗歌

吕洞宾《谷神歌》①

我有一腹空谷虚，言之道有又还无。言之无兮不可舍，言之有兮不可居。
谷兮后兮太玄妙，神兮神兮真大道。保之守之不死名，修之炼之仙人号。

---

① (唐)吕洞宾著，(清)刘体恕汇辑：《吕洞宾全集》，华夏出版社2009年版，第78页。

第七章　天长地久

天长地久。天地所以能长且久者，以其不自生①，故能长生②。是以圣人后其身而身先③，外其身而身存④。非以其无私邪？故能成其私⑤。

☞ 注释

①自生：指自私其生。“不自生”指天地的运作不为自己，引申为凡事不刻意、不做作。第8章：“善利万物而不争。”《周易·文言》：“乾元者，始而亨者也；利贞者，性情也。乾始能以美利利天下，不言所利，大矣哉。”

②长生：长久生存。

③后其身而身先：把自身放在后面，反而得到大家的爱戴与拥护。后，迟也；先后、前后也。先，前进也。当后而前曰先。一般指时间在前的、次序在前的。“后其身”是一种谦让、退藏与收敛的做法。

④外其身而身存：把自身置之度外，反而能够得到保存。

⑤成其私：成全他自身。

☞ 今译

天长地久。天地之所以能够恒长又持久，是因为它们的运作不为自己，所以能够长久。所以圣人先人后己反而赢得尊重，将自我置之度外反而能得到保全。不正因为他的无私吗？反而能够成就他自己。

☞ 引述

由“天地不仁，以万物为刍狗”，到“多言数穷，不如守中”，再到“谷神不死”、“用之不勤”，此处便进而说明天地与万物的生命所以自然而长生的道理。因此而有“天长地久，天地所以能长且久者，以其不自生，故能长生”的说明。

本章老子以天地作比喻，以天道推论人道，指明了自私和无私之间奇妙的辩证关系。

天地不为自己而生，故能长久。推及人道，人要真能做到不为自己考虑，反倒能成全自己。世间有自私的人，当大家看清了他的做法之后，他们反倒处处碰壁、日子艰难。反之，谦让能赢得爱戴。处处为别人着想，反而能够成就自己的理想。这里有以退为进的思想。不为自己的人，到头来不会吃亏。

本章与后面两章意思连贯，可以连成一个小段落。本书第 66 章“江海之所以能为百谷王者，以其善下之”与此段有异曲同工之妙。

☞ 案例故事

“人不为己，天诛地灭”的真义

> 人生为己，天经地义；人不为己，天诛地灭。①
>
> 佛家的意思是：不为自己制造新的恶果，不为自己造成新的灾祸，这才是“为自己”。只有这样才不会天诛地灭。非但名利不是“己”，连妻子、家庭也不是“己”。按照佛学的主张，真正为“己”的人，必然淡泊名利，超脱物外，举止合度。

社会提倡“全心全意为人民服务”，那么“我自己”呢？其实，在一个健康的社会环境中，为人民（网民、客户）服务，就是为自己。我为人人，人人为我。真正的自私是大公。

① 出自《佛说十善业道经》第 24 集。

第八章　上善若水

上善若水①。水善②利万物而不争，处众人之所恶③，故几于道④。居善地⑤，心善渊⑥，与善仁⑦，言善信，政善治⑧，事善能，动善时⑨。夫唯不争，故无尤⑩。

☞ 注释

①上善若水：上善之人，如水之性。“上善”，最高境界的善，引申为圣人。“上”，最的意思。刘固盛先生认为，“上善若水”体现了道家特有的清醒与智慧，是老子对中华传统“善文化”的突出贡献①。《逸周书·大聚解》第39章：“泉深而鱼鳖归之，草木茂而鸟兽归之；称贤使能，官有材而士归之；关市平，商贾归之；分地薄敛，农民归之。水性归下，农民归利。王若欲求天下民，社设其利，而民自至，譬之若冬日之阳，夏日之阴，不召而民自来。此谓归德。”

②善：善于，长于。

③处众人之所恶：置身于众人所不愿去的地方。恶，厌恶。

④几于道：接近于道。

⑤地：卑也，指地势低下。

⑥渊：虚静、幽深。

⑦与(yǔ)善仁：交往讲究仁爱。仁：仁爱。“与”字有多种含义：名词(yǔ)，党与、朋党、结盟；动词(yù)，参与，干；动词(yǔ)，赐予、给予；副词，表示同时同地做某件事，可译为“共同”、“一道”、“交相”；另有助词、连词等用法。“与”这里指和别人交往。

⑧政善治：为政善于治理。

⑨动善时：行动善于把握时机。《周易·文言》：“夫大人者，与天地合其德，与日月合其明，与四时合其序，与鬼神合其吉凶。先天而天弗违，后天而奉天时。天且弗违，而况于人乎？况于鬼神乎？”

⑩尤：怨咎、罪过。第22、66章：“以其不争，故莫能与之争。”故此处“无尤”即“莫能与之争”的意思。《尚书·大禹谟》：“汝惟不矜，天下莫与汝争能；汝惟不伐，天下莫与汝争功。”

---

① 刘固盛：《论老子之善》，载于《光明日报》，2009年7月6日。

☞ 今译

最上的善好像水一样。水善于利益万物而不与万物相争，停留在大家厌恶的地方，所以最接近于道的境地。居处善于择地，心神善于虚静，待人善于仁爱，说话善于诚信，政事善于治理，处事善于发挥所长，行动善于掌握时机。正因为他的不争，所以没有过失。

☞ 引述

本章利用水性来比喻人的品性。水有七德，有道之人亦有七德。本章表明了老子上善若水、道法自然、与世无争而又善利万物的哲学。

人体约75%的重量都是水，人类离不开水，水延续万物的生命。“水观”和“日观”、“地观”都是道家修炼的重要法门。佛教也有“水观”：“禅心澄定水，坚住即寒冰。一片常清净，光明直下生。”①还有一位禅师叫“滴水和尚”。《庄子·天下篇》：“其动若水，其静若镜，其应若响。”水和镜同样是道教法事中重要的法器。襄阳市南漳的“水镜山庄”就是三国隐士司马徽的家。司马徽，字镜主，正是他向刘备推荐了同样是道门人士的卧龙先生。

现代社会生活节奏快，凡事讲“速成”，怎一个“抢”字了得？“抢座位”、“抢饭碗”、“抢红包”……抢都未必抢得到，还“不争”，别人不把你当傻瓜看待？可是老子却劝人“不争”，因为，心胸开阔、眼光长远、虚怀若谷、坦荡磊落的人才是真正笑到最后的人。就好比春天里长得最快的是野草，但最后成材的却是树木一样。所以老子的一个“水“喻，涵盖了道的境界。

本书第8章与第7章为正合，与本章为反合。

☞ 案例故事

刚柔互用，不可偏废②

从古帝王将相，无人不由自立自强做出，即为圣贤者，亦各有自立自强之道，故能独立不惧，确乎不拔。昔余往年在京，好与诸有大名大位者为仇，亦未始无挺然特立不畏强御之意。近来见得天地之道，刚柔互用，不可偏废，太柔则靡，太刚则折。刚非暴虐之谓也，强矫而已；柔非卑弱之谓也，谦退而已。趋事赴公，则当强矫，争名逐利，则当谦退；开创家业，则当强矫，守成安乐，则当谦退；出与人物应接，则当强矫，人与妻孥享受，则当谦退。若一面建功立业，外享大名，一面求田问舍，内图厚实，二者皆有盈满之像，全无谦退之意，则断不能久。

---

① 出自大足宝顶石刻宋诗“水观”。

② 出自(清)曾国藩：《曾国藩文集》，京华出版社1999年版。

俗话说：能方能圆，中国的古钱币，是内方外圆；筷子，是上方下圆；书法，是有直有圆。方圆之道是天地自然之道，也是人生之道。

第九章　持而盈之

持而盈之①，不如其已②；揣而锐之③，不可长保④。金玉⑤满堂，莫之能守；富贵而骄，自遗其咎⑥。功遂身退⑦，天之道⑧。

☞ 注释

①持而盈之：往杯子里倒水，太满就会溢出来。含有自满自骄的意思。

②已：止，停止的意思。意为不如适可而止。

③揣(chuāi)而锐之：捶击使它尖锐，含有锋芒毕露的意思。刀锋磨得太利，就很容易折断。揣，捶击。

④长保：长久保持。

⑤金玉：黄金和宝玉。金代表贵金属、财富；玉代表爵位高、有地位。

⑥自遗其咎：自己招致灾祸。遗：音夷，失也，余也；留也，此处有导致之意。又音位，赠送之意。咎：过失、灾祸。

⑦功遂(suí)身退：功业成就，敛藏锋芒。遂，成也。此处身退是指不居功贪位，而不是指归隐。

⑧天之道：自然的规律。

☞ 今译

执持盈满，不如适可而止；显露锋芒，难保长久。金玉满堂，却无法守藏；富贵而骄，自招祸殃。功业完成，含藏收敛，自然的道理。

☞ 引述

本章写上章“上善若水“的反面，就是盈满为患。明智的人，要懂得持盈保泰、功成身退。因为“功遂、身退”是“天之道”。万事万物，都有生、长、化、收、藏的过程，佛家讲成、住、坏、空四阶段。老子曰：“物壮则老，是谓不道”。所以效法天地之道，“知进退、存亡、得失而不失其正者，其惟圣人乎!”本章内容分说如下：

其一，“盈”就是满溢、过度的意思。自满自骄、自大自傲，将不免于倾覆。寓言故事塞翁失马中，塞翁因为家里富有，马匹精良，儿子爱好骑马，结果从马上摔下来，折断了腿骨。这类故事在历史长河中不断上演。“枪打出头鸟”、“出头的椽子先烂”——老子不反对“出头”，只是还要懂得适可而止、适时而变的道理。

所以，明智的人，能够“持盈保泰”，就是不过度、不过分、不自我膨胀。《周易·丰卦》：“日中则昃(西斜)，月盈则食(亏)，天地盈虚，与时消息，而况于人乎？况于鬼神乎？”《周易·谦卦》也讲了谦虚的道理，所谓“一谦四益”。易之谦，不敢盈也。老子说：“贵以贱为本，高以下为基”。大禹：“谦受益、满招损，时乃天道”。谦即虚也、无也。感知时运的变化，而有“持满之道”，从而“挹而损之”。顺承天地之道，就是第25章的“人法地、地法天、天法道。”引申意义就是：不与人争抢、不与地争抢、不与天争抢、不与命争抢。

其二，如何“已(知止)”呢？《孔子家语》：“聪明睿知，守以愚；博闻强识，守以浅(陋)；尊禄贵官，守以卑；武力毅勇，守之以畏；富贵广大，守之以俭；德施天下，守之以让。”《晏子春秋》记载，“俗人之有功则德，德则骄，晏子有功，免人(——指越石文)于厄，而诎下之，其去俗亦远矣。此全功之道也。”再比如国家政策对高收入者征个人所得税，先由最富有的人开始征收。

其三，不搞造神运动，因为造神的过程就是“揣而锐之”的过程。邓小平曾说：“个人崇拜，在中国历史上造成的痛苦……不要讲邓小平理论十分伟大、绝对正确、包罗万象……它既不是博大精深，也不是完美无缺。有些方面还需要在今后的实践中进一步丰富、改进和修正。……我不是谦虚，仅仅是实事求是。”

其四，完美主义害死人。凡事追求尽善尽美是不可能达到的任务，凡事要求完美其实是强迫症的心理表现。

其五，“身退”并不是引身而去，更不是隐匿形迹。王真说：“身退者，非谓必使其避位而去也，但欲其功成而不有之耳。”“身退”即是敛藏、不表露。老子要人在完成功业之后，不把持，不据有，不露锋芒，不咄咄逼人，不膨胀自我。老子哲学没有遁世思想。所以范蠡的伟大不在于破吴强越，而在于灭吴之后，功成身退，离开越王，做陶朱公。有天大的建国之功的人尚且不可自满，普通人无功显摆，就是既愚且狂——没有“功成”，何谈“身退”？有谁称过农民为“隐士”呢？

换个角度来说，东方人的人格构成中独有“知止而后有定”的超越理念。东方农耕生活如果安定富足，依然极具诱惑力，因为传统中国的生活理念就是“上善若水”、“道法自然”。和其他民族比较起来，东方人作为整体都具备“隐士”生活的倾向。

☞ 案例故事

欹器：虚则倚，中则正，满则覆①

孔子观于鲁桓公(公元前711—前694年在位)之庙，有欹器焉。孔子问于守庙

① 出自《荀子·宥坐》，“宥”字相当于“右”字。“宥坐”也即“右坐”或“右座”。所谓“欹器”是鲁王用来代替今人所说的“座右铭”的。(清)王先谦撰：《荀子集解》，中华书局1988年版，第520页。

者曰："此为何器？"守庙者曰："此盖为宥坐之器。"孔子曰："吾闻宥坐之器，虚则欹，中则正，满则覆。"孔子顾弟子曰："注水焉。"弟子挹水而注之，果中而正，满而覆，虚而欹。孔子喟然而叹曰："吁！恶有满而不覆者哉！"

中正不是说不动，能方能圆才是中正之道。

第十章　载营魄抱一

载营魄抱一[①]，能无离乎？抟气致柔[②]，能婴儿乎[③]？涤除玄览[④]，能无疵[⑤]乎？爱民治国，能无知乎？天门开阖[⑥]，能无雌乎[⑦]？明白四达，能无知乎[⑧]？生之畜之[⑨]，生而不有，为而不恃[⑩]，长而不宰，是谓玄德[⑪]。

☞ 注释

①载营魄抱一：魂和魄抱中守一，即将精神和身躯合为一体。载：语气助词。营魄：魂魄也。《内观经》曰："动以营身之谓魂，静以镇形之谓魄。"抱者，合也。一说"载"字为"乘车"之"乘"。

②抟(tuán)气致柔：抟气，集气。《管子·内业篇》："抟气如神，万物备存。"尹注，"抟谓结聚也。"抟气就是把形气和精气结聚在一起。"致柔"就是保持住人始生时候柔弱的状态。"抟"字陈本作"专"。

③能婴儿乎：能像婴儿精气充和的样子吗？

④涤(dí)除玄览：清除内心的杂念。洗垢之谓涤，出尘之谓除。涤除，擦亮心灵的眼睛，提高洞察力。玄览，喻心灵深处明澈如镜。《庄子·天道篇》以心譬镜："圣人之心，静乎天地之鉴，万物之镜也。""玄"，形容人心的深邃灵妙。

⑤无疵：没有弊病、瑕疵。疵在这里指私欲。

⑥天门开阖(hé)：天地间的阴阳变化。"天门"有多种解释。一说指耳目口鼻等人的感官；一说指兴衰治乱之根源；一说是指自然之理；一说是指人的心神出入即意念和感官的配合等。此处依"自然之理"说，指宇宙奥秘，即第1章的"众妙之门"。[①] "开阖"，即动静、变化和运动。

⑦能无雌乎：一说当为"能为雌乎"。"为雌"即阴柔、守静的意思。根据上下文"无疵"、"无知"、"无知"，此处"无雌"更妥。"无雌"就是纯阳。

⑧明白四达，能无知乎：智慧四通八达，能不用知识吗？达，通晓事理。

⑨生之畜之：畜：养育、繁殖。此后几句重见于第51章。

⑩恃：音市，赖也，依也，仗也，负也，恃才矜己之意。

⑪玄德：玄秘而深邃的德性，犹云"至德"也。

---

① 《庄子·天运篇》："其心以为不然者，天门弗开矣。"《庄子·庚桑楚》："入出而无见其形，是谓'天门'。天门者，'无''有'也，万物出乎'无''有'"。陈鼓应：《庄子今注今译》，商务印书馆2007年版。

☞ 今译

精神和形体合而为一，能不分离吗？结聚精气以致柔弱，能如婴儿的状态吗？洗除杂念而深入观照，能没有瑕疵吗？爱民治国，能无为而治吗？与宇宙玄妙之境相互涉入，能纯阳无阴吗？明白四达，能自然无为吗？

生长万物，养育万物，创生而不据为己有，畜养而不自恃己能，生长万物而不主宰，这就是天地之间最深远的德——“玄德”。

☞ 引述

本章从静坐修身入手，讲治心养性、爱民治国的道理。前半部分运用反问和排比的修辞手法阐述了修身治国的法门，后半部分指出修身治国所达到的最高境界：“玄德”。

佛家讲“皈依”、儒家讲“诚敬”、基督教讲“受洗”、道家讲“回归”。人有五脏六腑，分别藏着神、魂、魄、意、志五种情志。凡人心猿意马、五心不定，更严重的出现精神分裂、人格破裂症状。而修道之人精神内守、心气平和、抱元守一、返璞归真、神明自现。由此推及为人处事、爱民治国上，也一样明白四达、自然无为。

文中用了很多生活现象来比喻修行之道，比如用小孩的天真纯洁比喻修道的形神合一，用把东西洗干净比喻心理的纯净；用不存在的“天之门”比喻纯阳无阴的生理境界等。最后的“玄德”，就类似于“净土”，“乐土”、“天国”境地。

文中“涤除玄览”一句，用神秀大师那首著名的渐悟诗可以作最好的解释：“身是菩提树，心如明镜台，时时勤拂拭，勿使惹尘埃。”进而达到慧能大师的顿悟：“菩提本无树，明镜亦无台。本来无一物，何处惹尘埃。”

老子重视现实生命，修道以现实生命为基础，形神相守，性命双修，不断升华，最后脱胎换骨、得道成仙。基督教、伊斯兰教死后有“天堂”。佛教有“西天极乐世界”。道家推崇即身成道，认为“我命在我不在天”，现代心理学所谓“开发潜能”。

言行合一、人我合一、物我合一、天人合一、心口合一、中外合一，乃至于醒梦一如、生死一如，亦即前文所言和光同尘、无善无恶之意。

而到了最后，却是“生而不有”，如天地一样，虽然生长万有，但不据为己有；“为而不恃”，虽然是因为他的德业作为而有此成功，但他却不自恃为己功。虽然雄长万方，但却不愿永久自居于主宰的地位。因此说“长而不宰，是为玄德”。

☞ 案例故事

扫　阳　光①

有兄弟二人，年龄不过四五岁，由于卧室的窗户整天都是密闭着，他们认为屋

① 出自《扫阳光》，载于《金色少年》卷首，2007 年第 2 期。

内太阴暗，看见外面灿烂的阳光，觉得十分羡慕。兄弟俩就商量说："我们可以一起把外面的阳光扫一点进来。"于是，兄弟两人拿着扫帚和畚箕，到阳台上去扫阳光。

等到他们把畚箕搬到房间里的时候，里面的阳光就没有了。这样一而再再而三地扫了许多次，屋内还是一点阳光都没有。正在厨房忙碌的妈妈看见他们奇怪的举动，问道："你们在做什么？"他们回答说："房间太暗了，我们要扫点阳光进来。"妈妈笑道："只要把窗户打开，阳光自然会进来，何必去扫呢？"

心性的光明也同样如此。不是靠外在的阳光照亮心灵的黑暗，而是破除内心的成见，随缘放下，心性的光明就自然展露。

第十一章　三十辐共一毂

三十辐[①]共一毂[②]，当其无，有车之用[③]。埏埴[④]以为器，当其无，有器之用。凿户牖[⑤]以为室，当其无，有室之用。故有之以为利，无之以为用[⑥]。

☞ 注释

①辐：车轮中连接轴心和轮圈的木条。古时候的车轮由三十根辐条所构成，这个数目是取法于月数(每月三十日)。共，即“拱”，拱卫、集中。

②毂(gū)：车轮中心的圆孔，即插轴的地方，内贯车轴，外接幅条。

③当其无，有车之用：当有了车毂中空的地方，才有车的作用。“无”，指毂的中空之处。

④埏埴(shān zhí)：和黏土做成器皿。埏，和。埴，土。

⑤户牖：门窗。户，门。牖，窗。

⑥有之以为利，无之以为用：“有”给人便利，“无”发挥了它的作用。“有”所带给人的便利，只当它和“无”相配合时才显示出来。有与无相互发生，利和用相互显现。冯友兰在《中国哲学史》中说：“《老子》所说的‘道’，是‘有’与‘无’的统一。因此它虽然是以‘无’为主，但是也不轻视‘有’。它实在也很重视‘有’。”有无相生，老子原话。

☞ 今译

三十根辐条汇集到一个车毂当中，当有了车毂的中空，才有车的作用。

糅合黏土做成器具，当有了器皿的中空，才有器皿的作用。

开凿门窗建造房屋，当有了门窗四壁的中空，才有房屋的作用。

所以“有”给人便利，“无”发挥了它的作用。

☞ 引述

有了前一章“同功而异位”的内圣外用说法，便有本章申述道在有无动静之间的说明。本文以车轮、器皿和房屋作比喻，形象阐述了有无相生的哲理。有无就是阴阳。有无关系就是阴阳关系。(详见本书专题论述一和专题论述四的相关内容)

一般人只注意实有的作用，而忽略空虚的作用。老子举出三个例子说明用空的哲学。

无形、无相、无色、无味、无言、无语的东西如果称为“无”，那么有形、有相、有色、有味、有言、有语的东西就可以称为“有”。“有”的作用很明显，而“无”也能产生同样大的作用，只是不容易察觉。“有”和“无”是相互依存、相互发生、相互作用、相互显著的。有用是建立在无用的基础上。比如在书法、绘画上，有字的地方是字，没有字的地方也是字。又如做人做事留余地，余味无穷。

水之所以能够利益众生，是因为它无色、无味、无形、无私(空)；明镜之所以能够照万物，是因为它自身的虚无；法官之所以能够断案，是因为他公平正直；人之所以能够左右逢源，也因为他的谦虚、能容、无我(空)；公司能够欣欣向荣，也因为它利益消费者。总之，在应用层面上，我们能扩展发挥无数的例证。

最后，无论是出世之道，与入世之用，必须要切实明白道在有无之间的巧妙。因此说：“故有之以为利，无之以为用。”

☞ 幽默故事

房子是谁的①

新房装修完后，我特意将奶奶从乡下接到家里。奶奶参观完新房后，问房子花了多少钱。我报完价后，奶奶一脸漠然，完全没反应。我知道奶奶心里没概念，于是打个比方：“一头牛3000块钱，可买200头……”奶奶大吃一惊：“你什么时候成地主老财了，以前村里最有钱的人家也只有10头牛！”

当奶奶得知我贷款30年还债时，她急急地说：“你爷爷是佃户，还了一辈子债，你父亲好不容易翻了身，怎么到你又成了佃户？”我解释了半天，奶奶总算相信我不是过去的佃户。“过去是借债买地，现在是借债买房，买地是为了不饿肚子，买房是为了生活更好，这就是区别！”奶奶又不明白了。

突然，奶奶指着房顶说：“这上面是你的吗？”“当然是我的！”我说。“那下面呢？”奶奶指着地板说，我大惑不解，不知奶奶是什么意思。“你房顶是楼上的地面，地面是楼下的房顶，都与人家共享，凭什么都是你的！还有左边与人共墙，右边与人共墙，只有前后两面墙才属于你！”奶奶生气地说道。是啊，奶奶说得对啊！我没想到奶奶有如此惊人的发现。

“上不是自己的，下不是自己的，左不是自己的，右不是自己的，凭什么要200头牛？”奶奶愤愤不平。奶奶快成哲人了。

---

① 出自《200头牛》，载于《楚天都市报》，2010年9月24日。标题为编者所加。

第十二章　五色令人目盲

五色[1]令人目盲[2]，五音[3]令人耳聋[4]，五味[5]令人口爽[6]。驰骋[7]畋[8]猎，令人心发狂[9]。难得之货，令人行妨[10]。是以圣人为腹不为目[11]，故去彼取此[12]。

☞ 注释

①五色：指青、赤、黄、白、黑五种颜色。“五色”、“五音”、“五味”是阴阳五行学说的基本知识，详见本书的专题论述五阴阳五行部分。

②目盲：比喻眼花缭乱。

③五音：指宫、商、羽、角、徵。

④耳聋：喻听觉不灵。

⑤五味：指酸、苦、甘、辛、咸。

⑥口爽(shuǎng)：口病。古代以‘爽’为口病专名。《尔雅》：爽，差也；败也；失当也。楚人名羹败曰爽。《增广贤文》：“爽口食多偏作药，快心事过恐生殃。富贵定要安本分，贫穷不必枉思量。画水无风空作浪，绣花虽好不闻香。”

⑦驰骋(chí chěng)：纵横奔走，这里比喻纵情放荡。

⑧畋(tián)：猎取禽兽。

⑨心发狂：心旌放荡而不可制止。

⑩行妨：行为不轨，伤害操行。“妨”，害，伤。

⑪为腹不为目：只求温饱安宁，而不求纵情声色之娱。“为腹”代表清静自然的生活；“为目”代表巧伪多欲的生活。

⑫去彼取此：摒弃物欲的诱惑，而选择安足的生活。彼，指“为目”的生活；此，指“为腹”的生活。

☞ 今译

缤纷的色彩使人目盲；嘈杂喧闹的音调使人耳聋；过多的美味饮食使人口伤；驰骋畋猎，使人心发狂；珍贵难得之宝物，使人行为妨碍。因此圣人宁愿质朴宁静，不求奢侈浮华。因此舍弃虚华，抱守清虚。

☞ 引述

跟着前面所说"有之以为利，无之以为用"，因应运用的原则，本章顺理成章地说出"善于用物，而不被物所用"的重点。因此提出严重的警告，要人们对于声、色、货、利以及口腹之欲，加以节制，不要任性自欺而上当。

换句话说，老子提出两种不同的生活方式和人生价值观念，一种是所谓"真人不露相"；另一种是所谓的"人生如戏，全靠演技"。

前一种我们可以称为简单主义("为腹")。所谓真水无香、静水深流、朴实无华、是大英雄自本色。体道的圣人生活简单，物质需求不高。持守内心的安足和个人舒适，确保固有的天真，过着宁静恬淡的生活。所以第 38 章说："大丈夫处其厚，不处其薄"。

后一种我们可以称为奢靡主义("为目")。五彩缤纷、眼花缭乱、利欲熏心、贼胆包天，拼命满足内心的贪婪欲望，追逐好看的面子生活。这样的生活，每天都上演选秀节目：唱歌、股票、政治、商业等各个领域都是如此。

对于这两种主张，老子提出"去彼取此"，要师法自然之道，随缘安分。

本文音、色、味、猎、货五种享受，泛指人的欲海难填，倘若不能减损贪欲，必遭灭顶之灾。美音、美色、美味、游戏、珠宝、美名……这都是令人愉快的东西，倘若为此贪婪不休，反倒对自己的身体和心理造成损伤。过分追逐欲望，永不知足，结果反而会感到痛苦，乃至丧失自我。

现代娱乐业异常发达。往严重处来说，网络游戏，是未成年人的活人墓；武侠小说，是成年人的童话；音乐 MV，不靠精神主题和艺术监制，全靠歌星的身材火爆和舞台上灯光舞美效果，成为对观众造成的暂时视觉轰炸。玩耍的时候，激情四射、热度飙升、火爆热辣，所谓"再不疯狂就老了"。罢手之后呢？让人如何面对自我内在的空虚？

所以常言道："甘脆肥浓，腐肠之药"；"家常菜好吃、家常话好听"。流行歌曲唱道："最爱吃的菜是那小葱拌豆腐，一青二白清清白白做人不掺假；最爱穿的鞋是妈妈纳的千层底，站得稳走得正踏踏实实闯天下。"

而在现代凯恩斯主义大行其道的年代，"消费刺激经济"、"浪费有利于经济发展"成了各国政府的法宝，针对于此，我们只能说，老子至少是一个简单主义、绿色环保主义、可持续发展主义者。

老子指出物质文明生活的弊端，但他并不是主张人们摒弃所有的物质诱惑，并不是一个反对物质文明的人。老子认为要适可而止，不要明知山有虎，偏向虎山行，结果被老虎吃掉了。

☞ 案例故事

留一只眼睛看自己

春秋时代晋国大夫师旷是古代著名乐师，他不仅精通音乐，而且博闻多学，官至太宰。师旷从小就特别聪明，酷爱抚琴，后人称他为“乐圣”。最开始的时候师旷老觉得自己在音乐上没什么长进，就一狠心用艾叶把眼睛熏瞎了。用他自己的话说是“技之不精，由于多心；心之不易，由于多视。”果真功夫不负有心人，他的音乐最后达到了出神入化的地步。德谟克利特是古希腊著名的哲学家，他晚年时把自己的两只眼睛弄瞎了。有人问他：“您为什么要这样做?”哲学家平静地回答：“为了看得更清楚!”意大利画家阿马代奥·莫迪里阿尼的文章的言行与德谟克利特极为相似。在这位画家创作的肖像画里，许多成年人都只有一只眼睛。画家对此的解释是：“这是因为我只用一只眼睛观察周围的世界，而用另一只眼睛审视自己。”

观世界需要眼睛睁得大大的，而“观心”却不需要用眼睛。在这个充满各种诱惑，令人眼花缭乱的世界上，人们总是习惯把目光集中在他们自以为重要，实际上却微不足道的东西身上，从不低头来看自己，看看内心那座因空置太久而冷清荒凉的房子。如果人们可以关照一下心灵，也许更容易发现自己真正拥有的东西。①

① 出自林清玄：《留一只眼睛看自己》，载于《课外阅读》2011年第19期。有删改。

第十三章　宠辱若惊

宠辱若惊①，贵大患若身②。何谓宠辱若惊？宠为下③，得之若惊，失之若惊，是谓宠辱若惊；何谓贵大患若身？吾所以有大患者，为吾有身。及吾无身，吾有何患④？故贵以身为天下，若可寄天下；爱以身为天下，若可托天下⑤。

☞ **注释**

①宠辱若惊：得宠和受辱都使人动心。“宠”、“辱”这里是“得意”、“失意”的代名词。

②贵大患若身：重视身体一如重视大患。这里是把身体和大病一样看待。明代王纯甫说：“‘贵大患若身’，当云：‘贵身若大患’”。

③宠为下：得宠是不光荣的。“下”即卑下的意思。

④及吾无身，吾有何患：假使我本无此身，那我又有什么忧患呢？及：若也。本句体现老子“贵身”、“爱身”思想。①

① 钱锺书先生《管锥编·老子王弼注》论此义甚详。其意略曰：《大智度论·十方菩萨来释论》第十五：“有身皆苦……身为苦本，无不病时”。以身为羞、为患、为累，由嫌生厌，自厌生恨，遂以身为仇，不恤摧创之、残贼之。男女为人生大欲，修道者尤思塞源除根。《四十二章经》、《法句譬喻经》均载有人患淫不止，欲自断根，佛曰：“不如断心”；《高僧传》二集卷三七《遗身篇·论》云：“又有未明教迹，淫恼缠封，恐漏初篇，割从阉隶。……不晓反检内心，而迷削于外色，故根色虽削，染爱愈增”；《太平广记》卷九四引《纪闻》记释仪光、卷九七引《朝野佥载》记释空如均求不破色戒而自宫。《新约全书》亦言“有人为登天而自宫”(that made themselves eunuchs for the kingdom of heaven's sake)；或有云阉者之魂升举，上帝亲启天门以纳之(The Lord himself opens the kingdoms of the heavens to the eunuchs)，此更损身息患之可悯笑者。……中欲外邪，交扇互长，扃中以便绝外，绝外浸成厌世，仇身而遂仇物。……凡仇身绝物，以扃闭为入道进德之门者，胥于心之必连身、神之必系形，不识无见也。所以心若常静，身即感物而动，吾奚患焉？举足下足，长在道场；念生念灭，同归净业。于是扬言：“不断淫、怒、痴，亦不与俱”，“行于非道，是为通达佛道”(《维摩诘所说经·弟子品》第三、《佛道品》第八)；“无事于心，无心于事”，“愚人除境不忘心，智者忘心不除境”(《五灯会元》卷七宣鉴、卷一七宝觉)；“其口虽言，其心未尝言，方且与世违而心不屑与之俱”(《庄子·则阳》)；“惑者闻任马之性，乃谓放而不乘；闻无为之教，遂云行不如卧，何其往而不返哉？斯失乎庄生之旨远矣！”(《庄子·马蹄》郭象注)。生活·读书·新知三联书店2007年版，第663~668页。又有徐达《读钱识小》评曰：或以身为患、或以心为患，“身心截为两橛”，均执一端而不得合也。得其体(心灵的自由发挥)、顺其用(自然而然、自然即然)，心役于行(语言、思想、经济、道德)、合其体用(“心之必连身、神之必系形”)，方为得矣。

⑤贵以身为天下，若可寄天下；爱以身为天下，若可托天下：不以宠辱忧患损易其身，才可以担负天下的重担。贵、爱，意动用法，以……为可贵，以……为可爱。此句互文，“贵”就是“爱”，“寄”就是“托”。

☞ 今译

得宠和受辱都摇动人心，重视身体好像重视大病一样。

什么叫做宠辱若惊？得宠是下等的，得宠会惊喜，失宠会惊恐，所以叫做宠辱若惊。

什么叫做重视身体像重视大病一样？我所以有大忧患，是因为我有此身，如果没有此身，我还会有什么忧患？

所以，能够像珍贵自身一样珍贵天下人，我们才可以把天下寄负给他；能够像贵爱自身一样贵爱天下的人，我们才可以把天下托付给他。

☞ 引述

本章从宠辱若惊、患得患失讲起，指出如果重视身外的荣辱超过了自己的生命，那么生命就不啻是一场灾难。人首先要自尊、自爱，才能尊人爱人，否则一个连自己都不爱的人，怎么懂得爱别人？怎么能把天下托付给他？

老子强调“贵身”的思想，道家学说始终从生理物理入手，身道合一、即身成道。“贵身”的反面是“轻身”，就是对身外之物重视，而对自己的身体、生命轻视慢待。

所以人要善于在生活中达到平衡。基本的物质需求是必需的，但是过分的贪婪却是会让人丧生。宠辱之间要达到平衡。慈善家如邵逸夫、比尔·盖茨等人，都是善于持盈保泰的高手。也唯有这样的人，才能担当大任。

所以，在旧式文学与人生的名言里，时常听到人们劝告别人的话，如“身外之物，何足挂齿”。对于得意而受到的荣宠，与失意所遭遇的羞辱来讲，利害、得失，毕竟还只是人我生命的身外之物，在利害关头的时候，慷慨舍物买命，那是很常见的事。除非有人把身外物看得比生命还更重要，那就不可以常理论了！

那么，我是什么？是身体吗？答案：不是的。当你患重病的时候，医生宣告必须去了你某一部分重要的肢体或器官，你才能再活下去。于是，差不多都会同意医生的意见，宁愿忍痛割舍从有生命以来，同甘共苦、患难相从的肢体或器官，只图自我生命的再活下去。由此可见，即使是我的身体，到了重要的利害关头，仍然不是我所最亲爱的，哪里还谈什么我真能爱你与他呢！

所以《庄子》说：“虽富贵不以养伤身，虽贫贱不以利累形。”老子亦因此而指出“吾所以有大患者，为吾有身，及吾无身，吾有何患”的基本哲学。再进而说明外王于天下的侯王将相们，所谓以“一身系天下安危”者的最大认识，必须以爱己之心，来珍惜呵护天下的全民，发挥出对全人类的大爱心，才能寄以“系天下安危于一身”的重任。这也是全民所寄望、所信托以天下的基本要点。

☞ 诗歌

诗二首

学佛行医事正宜，轻吟便知病生时。身为众病之根本，但悟身空病自离。

身病潜藏岂易空，眼中有翳见花红。直教一念无生已，能所双亡不露踪。

第十四章 视之不见

视之不见名曰夷，听之不闻名曰希，抟之不得名曰微①，此三者不可致诘②，故混而为一。其上不皦③，其下不昧④，绳绳⑤不可名，复归于无物⑥。是谓无状之状、无物之象，是谓惚恍⑦。迎之不见其首，随之不见其后。执古之道，以御今之有⑧。能知古始⑨，是谓道纪⑩。

☞ **注释**

①夷、希、微：夷，灭也，引申为无色。希，静也，引申为无声。微，无也，引申为无形。这三个名词都有细小、微妙、感官不能把握的含义。这里用来形容道的样子。

②致诘(jié)：究诘，追究，指极尽推究。诘，反问、追问。“不可致诘”就是不可推究、不可思议。唐代法融禅师《心铭》：“心性不生，何须知见？本无一法，谁论熏炼？往返无端，追寻不见。一切莫作，明寂自现。”

③皦(jiǎo)：明亮、光耀。《说文》：“皦，玉石之白；皎，月之白。”

④昧：昏暗。

⑤绳绳(míng míng)：微细不绝的样子。一说是双声词，读作“冥冥”，表示渺茫、看不见之意。

⑥复归于无物：复归，即还原。无物，指不具任何形象的东西，即“道”。

⑦惚恍(hū huǎng)：仿佛，若有若无。一说“惚”字本指心灵活泼的样子；“恍”字本指光洁明亮的样子。

⑧有：指具体的事物。

⑨始：宇宙的原始，引申为万物的根源。

⑩道纪：道的纲纪。清代段玉裁《说文解字注》：“纪，别丝也。一丝必有其首，别之是为纪。众丝皆得其首，是为统。统与纪义互相足也。礼器曰：‘众之纪也。纪散而众乱。’”注曰：“纪者，丝缕之数有纪也。此纪之本义也。引申之为凡经理之称。”《诗》：“网纪四方。”笺云：“以罔罟喻为政。张之为纲，理之为纪。”

☞ **今译**

看它看不见叫做“夷”，听它听不到叫做“希”，摸它摸不着叫做“微”，这三者都无从追究，因此浑元成为一体。它上面不明，下面不暗，渺茫不可形容，没有固定的形状，归到无所有的所有中，就叫做没有形状的形状、没有物象的物象，就叫恍惚。迎前，看不见它的头；随后，看不见它的尾。执持这不来不去的道，用来驾驭现实世界的万有。能知道它不来不去的根源，就叫做道的纲纪。

☞ 引述

本章首先提出有一个看而不见，听而不闻，又触摸不到的混元一体的东西。要说它是物，它又不同于物质世界的物体那样，可以看得见，听得到，摸得着。要说它不是物，宇宙万物的存在，都由它造化而来。因此，在理念上名之曰“道”。在实用上，便叫它“混元一体”。然后说明人们常用经验世界的方法去感知它，但是这种经验方法是无法感知它的。(此所谓“道可道，非常道”。)但是现实世界的万有又处处不离开它，实在是玄之又玄、众妙之门。

《金刚经》的偈言：“若以色见我，以音声求我，是人行邪道，不能见如来”。儒家《论语·子罕》中，颜渊曰：“仰之弥高，钻之弥坚。瞻之在前，忽焉在后。夫子循循然善诱人，博我以文，约我以礼，欲罢不能。既竭吾才，如有所立卓尔。虽欲从之，未由也已。”这两个文本和此文的实际所指是一样的，只是表述方法不同。

再进一步说明，他说这个“混而为一”的东西，它的本身，并无上下左右的方位差别，也没有明暗的界别——也可以说上下明暗是“混而为一”而不可或分的，所以它具有超越时空的性质。“其上不皦”，虽在九天之上，也不受皦然光明的特色所染污。“其下不昧”，虽在九地之下，也不受晦昧不明的现象所染污。它好似无关却有关的永远不断不续似的连在一起，“绳绳不可名”。你要说它是一个具体物质的东西，它又不是物质，“复归于无物”。总之，没有固定的形状，“无状之状”也不能用任何一样东西来比拟它的现象，“无物之象”。只好给它取了一个混号叫做“惚恍”。它是无来无去，不去不来，超越古今代谢的时空作用。来也无所从来，你要迎接它也摸不着边。去也无法追随，你要跟踪它早已无影无形，悄然如逝了。“迎之不见其首，随之不见其后。”

无始无终中，在人文的观察上，勉强分别它有始有终，有去有来，有古有今的界别。因此，以无始之始，姑且命名它为“上古”。无始不可得，上古不能留，只需切实把握现在的今天，便可体认“风月无今古，情怀自浅深”的真谛。

“执古之道，以御今之有。”但切勿忘了它是无古今，无终始的本相，这样，便可把握到道的纲要了，“能知古始，是谓道纪”。

☞ 案例故事

哪吒闹海①

石矶娘娘：“道德森森出混元，修成乾健得长存；叁花聚顶非闲说，五气朝元

① (明)许仲琳：《封神演义》第3回：“太乙真人收石矶”，岳麓书社2012年版。

岂浪言？闲坐苍龙归紫极，喜乘白鹤下昆仑；休将教主欺吾党，劫运回环已万原。”

太乙真人：“交光日月汇金英，一颗灵珠透宝月；摆动乾坤知道力，逃移生死见功成。逍遥四海留踪迹，归在叁清立姓名；直上五云云路稳，紫鸾朱鹤自来迎。”

哪吒闹海的故事出自《封神演义》，乾坤圈、混天绫是武器，实际讲修炼的法门。“乾坤”者，天地也；“混天绫”者，混天灵也。“哪吒”者，梵文 Nalakuvara 的音译之略，这里意为混天之状；“闹海”者，生命本能发动之情状。故孙悟空“大闹天宫”、“闹东海”，哪吒也“闹海”。

第十五章 古之善为士者

古之善为士者①，微妙玄通②，深③不可识。夫唯不可识，故强为之容④。豫兮若冬涉川⑤，犹兮若畏四邻⑥，俨兮其若客⑦，涣兮若冰之将释⑧，敦兮其若朴⑨，旷⑩兮其若谷，混兮其若浊⑪。孰能浊以静之徐清，孰能安以动之徐生⑫？保此道者不欲盈⑬。夫唯不盈，故能蔽而新成⑭。

☞ 注释

①善为士者：这里指得道之人。“士”字帛书乙本作“道”。

②微妙玄通：精微、微妙、深远、通达。

③深：邃也，浅之对。这里指深微。又藏也。

④容：形容、描述。

⑤豫兮若冬涉川：形容犹豫慎重的样子。豫，迟疑慎重之意。若冬涉川，形容小心翼翼，如履薄冰。豫原是一种野兽，性好疑虑。这里引申为敬畏、慎重。涉，徒行厉水也。过膝以上为涉。

⑥犹兮若畏四邻：形容警觉、戒惕的样子。犹原是野兽名，性警觉。若畏四邻，形容敬畏的样子。

⑦俨(yǎn)兮其若客：形容谦虚、庄严的样子，“若客坐主人堂也”。

⑧涣兮若冰之将释：形容洒脱的样子。涣，散开、释放。释，解也，消也，散也，放也。《庄子·庚桑楚》：“是乃所谓冰解冻释者。”散难释险，同冰冻融化一般，比喻困难或障碍的消除。

⑨敦兮其若朴：形容敦厚、朴实的样子。敦，敦厚、天真。朴，本义是未经加工的原木，即木的本来状态。

⑩旷：明也，广大之明也。又引申为虚空之源。

⑪混兮其若浊：混，丰流也，盛满之流也。一曰杂流也，或作“浑”。又“混沌”，元气未分也。浊，水不清也。

⑫孰能浊以静之徐清，孰能安以动之徐生：谁能在动荡中安静下来而慢慢地澄清，谁能在安定中变动起来而慢慢地趋进。孰能，谁能。清，朗也，澄水之貌。又静也，洁也。此句大意是指在不动中变化、在变化中不动，动静混然而万物化生。

⑬盈：满。

⑭蔽而新成：蔽，掩蔽、覆盖。成，完备。新则成，弊则新，不欲其成。一本作“蔽不

新成”。

☞ 今译

古代真正有学问的人，精微到妙不可言的境界，洁净到冥然通玄的地步。因为他深不可识，所以勉强来形容他：

戒慎恐惧，像寒冬涉水过冰河；敬畏警惕，像预防四邻的围攻；雍容庄重，像宾客坐在主人家；自在潇洒，像春冰将释；淳厚朴实，像未经雕琢的素材；豁达空灵，像山谷；混混浊浊，像平庸无奇。

谁能在动荡之中安静下来慢慢地澄清？谁能在保持长久的安定中又能使之变动慢慢出生？保有此道的人不求盈满。也只有不求盈满，才能在不求完备中达到真正的完备。

☞ 引述

“世外高人”在“世外”吗？“高人”有多高？本文分三层意思来描述得道之士。

首先，真正有学问的人静水深流、真水无香，难以用固定的像状描述他们。本章首先用涉川、畏邻、山谷、璞玉、释冰等意像来勉为其难地描绘一个修道有成就的人的外形特征。给我们一幅体道之士行为举止、风格风貌、行为准则的画像——当然仅仅是“强为之容”而已，如果执像以求，反倒容易胶柱鼓瑟、丧失真意了。

其次，给出到达的路径——要像澄水一样，喻动于静、静中有动。“孰能浊以静之徐清，孰能安以动之徐生”，这是静定工夫和精神活动的状况。(昏)“浊”、“清”(明)相对，“安”(静)和“生”(动)相对。说明生命活动的过程的动极而静与生命活动过程的静极而动。

最后一句话重新点明，保有此道的人，不应执道之念，无念才是真念。所谓“上德不德，是以有德”。第 20 章“唯之与阿”，第 21 章“孔德之容”，与本文异曲而同工。

本文关键性的句子是“孰能浊以静之徐清，孰能安以动之徐生”。这是修道的程序与方法更详细的说明。只有好好在混浊动乱的状态下平静下来，慢慢稳定下来，才能臻于纯粹清明的地步。谁却能够在浊世中慢慢修习到身心清静？道家的方法与功夫是叫人好比一杯混浊的水，放着不动，这样长久平静下来，混浊的泥渣自然沉淀，终至转浊为清，成为一杯清水，这个由浊到静、由静到清，是一个阶段。然后“动之徐生”的另一个阶段更重要。此处的“动”，是明明白白而又充满意义的“动之徐生”，心平气和，生生不息。换句话说，老子告诉我们，在静到极点后，要能起用、启动。动以后，则是生生不息，永远长生。

佛家说“无生”，道家标榜“长生”，耶稣基督则用“永生”，但都是形容生命另一重意义的生生不已。老子用了一个“徐生”来表达。

最后“保此道者不欲盈”，凡事做到九分半就已差不多了，适可而止。这样才能不盈不满，才能“夫唯不盈，故能蔽不新成”。“蔽”，就是保护很好的旧东西，由于东西永远是旧的，是原来的样子，一直小心使用，并没有坏。因此，旧的不去，新的不来。

这便是“不生不灭，不垢不净，不增不减”的长生之道。

☞ 案例故事

“六然”人生

明朝学者崔铣的《听松堂语镜》中著名的修身养性的“六然训”广为流传。“六然”①：

第一，自处超然。自处就是自己对待自己，要达观、豁然。

第二，处人蔼然。处人是对待别人，就是说对待别人要与人为善。

第三，无事澄然。没有事情的时候要澄然，澄是非常清澈、非常宁静。

第四，处事断然。处事要有决断，不能优柔寡断、犹犹豫豫。

第五，得意淡然。得意的时候要淡然，不居功自傲，忘乎所以。

第六，失意泰然。失意的时候要泰然处之，别把它看得那么重。

---

① 摘自《“六然训”的启示》，http://blog.sina.com.cn/s/blog_4bc2965b0100p1ib.html，2011 年 2 月 3 日。标题为编者所加。有删改。

第十六章　致　虚　极

致虚极①，守静笃②。万物并作，吾以观复③。夫物芸芸④，各复归其根⑤。归根曰静，是谓复命⑥。复命曰常⑦，知常曰明⑧。不知常，妄作凶⑨。知常容⑩，容乃公⑪，公乃王⑫，王乃天⑬，天乃道，道乃久。没身不殆⑭。

☞ **注释**

①致虚极：空到极点，没有任何染污。致，做到、达到，动词。虚，虚空，象征空灵道境。极，栋也，指房屋的正中至高处，引申为万物的至高至大至上处、尽头。

②守静笃(dǔ)：坚持地守住专一到纯粹无染的地步。守，守护、守持。笃，笃厚、笃实、牢固。又纯也。

③万物并作，吾以观复：万物同时兴作，我观察它们的循环往复。作，兴起、振作、动作、创作。“复”有二义：返也，循环往复；反也，反回。此二义并行而不悖。“吾以观复”，帛书本作“吾以观其复也”。

④芸芸(yún)：纷纭众多的样子。芸，本义是油菜，“芸芸”在这里形容宇宙万物生生不息的状态。

⑤归其根：回归生命的本原。

⑥复命：回复(生命的)本真，即找到生命的本源。

⑦常：本义是衣裳的裳，上衣下裳。引申为永恒、长久、经常。这里指生命的真常，即道的真谛。

⑧知常曰明：知道生命的真常，才叫明白。

⑨妄作凶：乱作妄为，凶险。

⑩容：盛受、包含。又安也。喻体道者无所不包。

⑪公：与“私”相对。本义是平分，这里指方平、公正。

⑫王：音“旺”，旺也、望也、助也。天下所归往也。一贯三为王。三者，天、地、人也，而参通之者王也。

⑬天：天道。王乃天：公正符合天地自然法则。《逸周书·本典解》第57章：“能求士能者，智也；与民利者，仁也；能收民狱者，义也；能督民过者，德也；为民犯难者，武也。智能亲智，仁能亲仁，义能亲义，德能亲德，武能亲武。五者昌于国，曰明，明能见物，高能致物，物备咸至，曰帝；帝乡在地，曰本；本生万物，曰世；世可则久，曰至；至德照天，百姓不惊。”此段与本文句式相同，意义相近。

⑭没身不殆：一说终身免于凶险；一说肉体消亡，生命的精神永远常存。没，沉也，又尽也。殆，危也。危，在高而惧也。

☞ 今译

心灵虚静到极点，专一守持到纯粹无染。万物一起产生、运作与变化，我观察照见它们的循环往复。

万物纷纷芸芸，各自回归到它的根本。回归根本叫做虚静，虚静就是回归生命的本真。回归生命的本真就是知道道的真谛，知道道的真谛就叫做真正的明白。不知道生命的真常，乱作妄为，就会出危险。

知道生命的真常就能无所不包；无所不包就能方平公正；方平公正就能融贯天地；融贯天地就能师法自然，师法自然就叫有道，有道就能持久永恒，就能长生不老。

☞ 引述

本章字字珠玑，被道家奉为圭臬，是老子修道的原则和方法，在道家道教乃至整个中国文化历史哲学中都具有异乎寻常的重要地位。文章中每一个字的内涵意蕴如小宇宙爆发一样，一个字就是今天的一个概念、一个观念、一种思维方式。

本章首先提出“虚”、“静”是一而二、二而一的概念。指出将虚静的工夫做到极致，就可以观察身内和身外世界的万物变化了。老子认为，虽然现象界的世界是缤纷复杂的，但是在现象的背后有一个根本，掌握了根本就叫“复命”，又叫“常”、“明”。既“常”也“明”，自然就会“容”、“公”、“王”、“天”、“道”、“久”了。

其次，我们常说“虚心使人进步”，其实“虚心”在道家学说中同时具有心理学和生理学的含义，是最重要的修炼法门(通常说的“清心”、“寡欲”也就是“虚心”的另一种表达)。心虚到最后，可以明白生命的真常与外界事物的终极真理。

人的心本空，只因私欲的萌发和外物的诱惑，导致茅塞其心。“久在樊笼里，弗得返自然。”通过“致虚”、“守静”的工夫，恢复内心灵明的觉性，可以体认生命的真常，了悟生死的根本，体察人类社会和宇宙万物的根本真理。

心虚而物显，正如镜明而像成一样。“物显”的“物”并不等同唯物主义的“物”，所谓“客观实在”的“物质实体”。东方的“物”指“东西”，包括了物质也包括名誉、利益，乃至整个命运。《易经》：“厚德载物”，这个“物”就是如此。简言之，即是佛学名词“色”。色与空的关系就是心与物的关系。心虚则物现，物现则心生，心物一元。

最后，认识真理有两条路：一条从形而下开始，从客观的物质入手，通过解剖、分析、归纳，得出科学的结论。另一条走形而上的路，即从精神、信仰、哲学入手，从主观的感觉主体开始，澄心凝虑，最后明白四达。这两条路是并行不悖的，也不存在孰优孰劣问题。表现上来看，西方式的治学偏向于前者，而传统东方式的学问偏向于后者。但现代以来，二者逐渐融合。《易经》上说：“形而上者谓之道，形而下者谓之器，化而裁之谓之变，推而行之谓之通。”故二者异曲而同工。

☞ 案例故事

片片雪花，不落别处①

唐代的庞居士对禅有精深的理解，他是药山惟俨大师的弟子。一次，他到药山那里求法，不久告别药山，药山命门下十多个禅客相送。庞居士和众人边说边笑，走到门口，推开大门，但见得漫天的大雪，纷纷扬扬，乾坤正在一片混莽之中。众人都很喜欢。庞居士指着空中的雪片，不由得发出感慨："好雪片片，不落别处。"有一个禅客问道："那落在什么地方？"被庞居士打了一掌，并说："眼见如同盲眼，口语如同哑口。"

那么片片雪花不落别处，落在什么处？老子曰："归根曰静，静曰复命。"

① 摘自林清玄：《林清玄说禅》，海南出版社 2009 年版。

第十七章　太上不知有之

太上[①]不知有之，其次亲而誉之[②]，其次畏[③]之，其次侮[④]之。信不足焉，有不信焉[⑤]。悠兮[⑥]其贵言[⑦]，功成事遂[⑧]，百姓皆谓我自然[⑨]。

☞ 注释

①太上：最高、最好、至尊。
②亲而誉之：亲近并且赞叹它。
③畏：畏惧。
④侮：轻慢、蔑视、侮辱。
⑤信不足焉，有不信焉：信心不足够，是因为有不信的东西。即半信半疑。
⑥悠兮：悠然自得的样子。
⑦贵言：少言。
⑧功成事遂：事情有所成就。成，就也，遂，完成，达到。
⑨自然：本来如此。自，人称代词，自己。然，副词，这样，如此。

☞ 今译

最善的，人们不知道它存在；其次，亲近而且赞叹它；再次，畏惧它；再次，侮辱它。信任不够，有不信任的东西在。而它悠然自得，很少发言。事有所成，百姓都说："我们自己是本来如此的。"

☞ 引述

这一章由"太上"之下，连续三个"其次"，描述每况愈下的状况。"不知—亲誉—畏惧—侮辱"讲不同的人对大道的态度。人们对道有信有不信，而道对人却若即若离，"悠兮其贵言"。功成事遂，老百姓都说：这是我们本来如此的呀！

《中庸》上说"道不远人"，孔子说"仁远乎哉？不远也。吾欲仁，斯仁至矣。"人在道中，感觉不到道的存在。犹如鱼在水中，却感觉不到水的存在一样。在人际交往中，第一类人，和他交往从不觉得累，轻松自在；第二类人，你很愿意和他亲近，但倘若不亲近就会怅然若失；第三类人，人人都怕他，这也没意思了；第四类人，人人侮辱、取笑他。这样算起来，还是第一类人有道行。

如果把这个道理施之于政治上，便能像许多学者解释的那样，“太上，不知有之”的“太上”代指“君王”，然后依次讲人民对君王的几种态度。君王也按水平分成几等。也有人把“之”解释为“神”，这些见解，可谓“头头是道”了。

这一章，老子最后下一结论，形容这个道：“悠兮其贵言，功成事遂，百姓皆谓我自然。”这等于说，道是天地的公道。学道并没有什么秘密的，只要你程度够，诚心向学，一定便可得道。道为天下所共有，既不属于你，也不属于我，若你懂得的话，方知本来属于你，也属于大家，不是某一个人享受的禁脔。千万别认为真理只在自己这边，非要求道求法的人巴结、磕头行礼才能传道。

总之，一个修道人真通达了道，才能看透道的表达作用，才能认识道的本来面目，和如何创造千变万化的宇宙事物。道体所表达出来的东西，只是其第二重的影子而已。我们要认识它的根本，只好在这第二重的投影上，在这道体所创造出来的事功上去了解。

☞ 偈颂

佛法在哪里①

佛法在你日用处。在你着衣吃饭处。
在你语言酬酢处。在你行住坐卧处。
在你屙屎送尿处。拟心思量便不是了也。

① 出自四明天童无际了泒和尚语录，出自(宋)普济著:《五灯会元》，中华书局 1984 年版。

第十八章 大道废，有仁义

大道废[①]，有仁义。智慧[②]出，有大伪[③]。六亲[④]不和，有孝慈[⑤]。国家昏乱[⑥]，有忠臣。

☞ 注释

①废：废弃。
②智慧：聪明、智巧。
③大伪：虚伪、伪诈。
④六亲：泛指亲戚、亲人。古代“六亲”专指父、母、兄、弟、妻、子。
⑤孝慈：古代讲“父慈子孝”，孝，顺也；慈，爱也。
⑥昏乱：昏庸无道、糊涂妄为。

☞ 今译

大道废弃了，才有仁义。虚伪出现了，才有智慧。六亲不和了，才有孝慈。国家昏乱了，才有忠臣。

☞ 引述

这里老子通过否定之否定的逆向思维方法，指出了仁义、智慧、孝慈、忠诚的真相——这些美德其实是大道废弃、虚伪出现、六亲不和、国家昏乱之后的表现。① 当社会标榜仁和义以及爱的时候，也就同时说明社会缺乏仁和义以及爱。而需要仁和义以及爱了，也就可见“大道”被废弃了。

主要意思分说如下：

其一，社会表彰、标榜、提倡、鼓励、呼吁、重视、奖励某种德行，正由于这种德性特别欠缺的缘故。所以最好的状况是我们不需要“仁义”、“智慧”——因为人人本心

---

① 汉代张道陵《老子想尔注》：“道用之时，人皆行仁义，同相像类，仁义不别；道不用时，人悉弊薄，时有一人行义，便共表别之，故言有也。所谓‘真道藏，邪文出’。道用时，家家慈孝，皆同相类，慈孝不别；今道不用，人不慈孝，六亲不和，时有一人行慈孝，便共表别之。故言有也。”饶宗颐：《老子想尔注校证》，上海古籍出版社 1991 年版。

本性未失，自然治理了。《庄子》："道德不废，安取仁义？性情不离，安用礼乐？"鱼在水中，不觉得水的存在；人在道中，不觉得道的存在。大道流行，仁义行于其中，自然不觉得有提倡仁义的必要。等到崇尚仁义的时代，社会就已经不纯厚了。犹如现在所谓好人好事的表扬，正由于这些事迹极其稀罕的缘故。（"尧舜之时，贤人比而肩之，犹无有也；今千里有一贤人，众人皆举之。"）

其二，心理上、情绪上也是同样道理。人宁静的时候会忘身体、忘理智。当人意识到"我在思考"的时候，就是思想有病（痛苦）的时候；意识到人体的某个部位在工作，就是某个器官发生病变的时候。如肺病、心脏病等。

"快乐出，有大悲；喜庆降，有不祥。"现代人之所以到处找乐子，爱看喜剧、闹剧、雷剧，其实是因为生活压力太大，需要消遣发泄。所以黎巴伦著名诗人纪伯伦说："你们的欢乐其实就是你们换了脸孔的悲哀。"

其三，儒道之争的实质并非根本的思想不兼容。儒家讲有忠臣可以治理昏乱的国家；有孝子慈父可以和睦冲突的六亲；有仁人志士可以匡扶正义。道家并不反对儒家，道家只是指出，与其事后补救，何如当初大道不废、国家不乱、六亲不冲呢？好比"110"、"119"能"救民于水火"——人们宁愿没有水火灾害、没有"110"、"119"来"救民于水火"——宁愿没有仁义、道德、法制、智巧。然而国家既然昏乱、仁义和智慧既然已经出现了，道家并非要惩罚、杀灭仁义和智慧，而是因应变化，随时为用而已。有人研究老子，读了此章之后，不作深入一层的体会，便骤下错误的评语说，老子反对仁义，反对智慧，反对做忠臣，反对做孝子。这不曲解得太严重了吗！其实老子并不反对这些，他只是要我们预防其中可能产生的不良作用而已。

这一章也就是第 38 章"失道而后德，失德而后仁"之意，而且与下一章紧密连接。

☞ **幽默故事**

黑老大的噩梦①

一部电影里，黑社会老大在向他的手下训话，他说，昨天晚上他做了一个梦，梦见这个世界上没有黑社会了——因为这个世界上的人，都变成了黑社会的人了。

阴阳相生，万物都是"负阴而抱阳"的。包括"仁义"、"智慧"和"孝慈"等美德。美德之所以产生，是因为丑恶的现象出现了；善行之所以可贵，是因为恶行太多了。

① 出自当年明月：《明朝那些事儿》，浙江人民出版社 2011 年版。

第十九章　绝圣弃智

绝圣弃智①，民利百倍。绝仁弃义，民复孝慈。绝巧弃利，盗贼无有。此三者②以为文③不足，故今有所属④：见素抱朴⑤，少私寡欲⑥，绝学无忧⑦。

☞ 注释

①绝圣弃智：抛弃聪明智巧。绝，截也，断也。弃，捐也，忘也。圣，老子书中“圣人”出现32次，代表悟道的人。“圣”字单独使用，则与“智”并行，指“聪明”。

②此三者：指圣智、仁义、巧利。

③文：条文、法则。

④属：归属、遵循。

⑤见素抱朴：抱守质朴。素，没有染色的丝；朴，没有雕琢的原始木头。见素就是抱朴，都是保持原有的天然本色、不加文饰的意思。

⑥少私寡欲：减少私心，减损贪欲。“少私”就是“寡欲”。“少”和“私”都是动词，使……变少。“私”和“欲”是名词。少私寡欲不是说没有私欲，而是说他不在意能够拥有什么，只在意自己在适当的时机能恰如其分地做些什么。西方谚语：“The richest man is not he who has the most，but he who needs the least”（最富有的人不是拥有最多，而是需求最少）。

⑦绝学无忧：弃绝圣智仁义巧利之学。普通解释是“学问到了绝顶之处（通达无我）了，就没有忧虑了。”实际这里即《心经》“五蕴皆空……无智亦无得”的意思。罗汉，佛学里又叫“杀贼”，比喻能杀灭烦恼，又叫“学无学”，比喻超越了普通之学，达到学而不学、不学而学的境地。“无学”就是本文的“绝学”。又“绝学无忧”句，陈鼓应本将之并为下一章首句。

☞ 今译

抛弃聪明和智巧，人民得到百倍的好处；抛弃仁爱和正义，人民恢复孝顺和慈爱的天性；抛弃巧诈和私利，小偷和强盗就会消失。圣智、仁义、巧利这三项东西，作为思想理论是不够用来治理天下的。所以要让人有所归属：保持本色、回归朴实；减少私心、控制欲望；弃绝智巧，没有忧虑。

☞ 引述

今天流行的口号是“知识改变命运”，其实知识并不能改变什么，关键是怎样消化、运用知识，否则知识越多，越足以束缚个人的想象力、扼杀自我的灵性。

第3章“不尚贤使民不争”，第18章“大道废，有仁义。六亲不和，有孝慈”清楚地说明了“仁义”、“孝慈”、“智慧”等美好的德行的产生，实际上是由于人心已经不纯朴、大道已经被废弃了。本章更上一层楼指出这些美德如果被人拿来做自己干坏事的招牌，情况会更糟糕。归根到底，要想从根本上修身养性、治理国家，这些美德都是片面的、不足的、浅薄的，那么什么才是根本的人生准则和社会的法则呢？就是“见素抱朴、少私寡欲、绝学无忧”。

本章语言修辞上的最大特点是排比和互文。前三个排比句构成一组互文，最后两句对仗句也是互文。

用今天口号式语言，总结本章内容就是：老子主张“朴实、本色、求真、务实”的八字方针。

☞ 案例故事

曾国藩练兵①

> “军营宜多用朴实少心窍之人，则风气易于醇正”，所招士兵一般是本乡本土、有土地等生产资料的老实农民，“精壮而受约束”。至于乡间那些浮滑者、有产业没者，一概不要；旧式军队里的士兵也不招募。“严行淘汰软弱者、浮滑者，留其精壮者”。

不论在训练当中，还是战斗过后，有一些士兵被打发回家，有时甚至整营裁撤另募。曾国藩这样做保持了部队的朴素和“常新之气”，最终克敌制胜。

① 钟叔河选辑：《曾国藩与弟书》，岳麓书社2002年版。

第二十章 唯之与阿，相去几何

唯之与阿[①]，相去几何[②]？善之与恶，相去若何？人之所畏，不可不畏[③]。荒兮其未央哉[④]！众人熙熙[⑤]，如享太牢[⑥]，如春登台[⑦]。我独泊[⑧]兮其未兆[⑨]，如婴儿之未孩[⑩]，儽儽[⑪]兮若无所归。众人皆有余，而我独若遗[⑫]。我愚人之心也哉！沌沌[⑬]兮！俗人昭昭[⑭]，我独昏昏[⑮]；俗人察察[⑯]，我独闷闷[⑰]。澹[⑱]兮其若海，飂[⑲]兮若无止。众人皆有以[⑳]，而我独顽且鄙[㉑]。我独异于人，而贵食母[㉒]。

☞ **注释**

①唯之与阿(é)：同样“是的”一句话，诚恳地接受与怠慢地答应。“唯”，恭敬的答应；“阿”，怠慢的答应。

②相去几何：相差有多远？

③人之所畏：人们所畏惧和遵循的。畏：畏惧、惧怕。

④荒兮其未央：(精神)广大无边，没有尽头。荒：大也，远也，广大貌。央：完了，结束。未央：尚未结束。

⑤熙熙(xī xī)：和乐之意，形容兴高采烈的样子。

⑥太牢：古代帝王祭祀社稷时的最高标准，用牛、羊、猪三牲作为祭品。

⑦如春登台：好像春天登台眺望。

⑧泊(bó)：淡也。

⑨未兆：没有征兆。兆：征兆，迹象。

⑩未孩：未受污染，意思是心境保持得像初生婴儿般的纯洁天真。一说古代“孩”、“咳”二字相同，“咳，小儿笑也”。

⑪儽儽(lěi)：遗世独立的样子。又傫傫、磊磊、硌硌、落落、礧礧，皆双声近义词，形容落落不群。“儽儽”还有疲倦的意思，通“累”。

⑫遗：不足。

⑬沌沌(dùn)：与忳同，愚貌。今言“没开窍”也。

⑭昭昭：高明的样子。

⑮昏昏：平凡庸陋的样子。

⑯察察：精明的样子。

⑰闷闷：淳朴的样子。

⑱澹(dàn)：淡，水貌。又恬静也。平淡。又安也。

⑲飂(liù)：飘，高风貌。象声词。
⑳以：用也，指本领、才能等有所施为之具。又目的。
㉑顽且鄙：愚顽，鄙陋。形容愚顽不灵的样子。
㉒食母：守其本原(道)。“食母”是比喻用法，道可以为天下母。

☞ 今译

同样“是的”一句话，恭敬地答应和怠慢的答应，相差多少？善良和丑恶，划分出的距离有多远？然而众人所畏惧和遵循的，我也不能不畏惧遵循。

道是广大无边、无穷无尽的。

众人熙熙攘攘、兴高采烈，像参加盛宴、像春天登高游览。而我却内心恬淡，无动于衷，保持得像初生婴儿般的纯洁天真，遗世独立，若无所归。

众人都像有多余的，而我却好像有不足的样子。我有一颗愚人之心，仿佛没有开窍的样子。

俗人都高明强悍，而我却似平庸无奇；俗人精打细算，而我却淳淳闷闷，没有得失之心。淡淡地，像无边大海！无尽地，像疾吹的长风！

众人都有所干求，而我却愚顽不化、无能为力的样子。我和人的不同之处就在于：恢复本真，回归到生母——道的怀抱中去。

☞ 引述

老子给修道者的人生画了一幅素描，与之对比的是“天下熙熙，只为利来；天下攘攘，只为名往”的芸芸众生相。

本章可分为前后两节，由中间一句“荒兮其未央”转换。

首节谈普通的人生学问只研究“唯”之与“阿”、“善”之与“恶”这些相对观念。而最高的学问是超越了相对的，是无比、无对、无始、无终、不来不去的。

证得这个无比较、无对待、无始终的道理，就是出世间，就是能“跳出三界外、不在五行中”。但是“跳出三界”，不是说有个“第四界”让你去，而是仍不出于三界。所以“众人所畏，不可不畏”，有道的人和光同尘，混迹于世，世间法的诸多规则，还是一样随顺。

本段的主体是相对照的六句话组成的一个排比段落。每一句话又是以“众(俗)人——我”对比性描述。最后归结到“食母”——回归道源。

☞ 案例故事

喧嚣与真实①

社会生活总体上看是喧嚣的，喧嚣是热闹的。热闹是热情、是闹、是热火朝

① 出自作家莫言在广州以“喧嚣与真实”为题的演讲，载于《南方人物周刊》，2014 年 8 月 26 日。有改动。

天，也是敲锣打鼓，是载歌载舞。是一呼百应，是正声喧哗，是望风捕影，是添油加醋，是浓妆艳抹，是游行集会。

是大吃大喝，是猜拳行令，是制造谣言，是吸引眼球，是人人微博，是个个微信。是真假难辨，是莫衷一是，是鸡一嘴鸭一嘴，是结帮拉伙。也是明星吸毒，也是拍死了苍蝇，也是捉出了老虎。是歌星婚变了，是二奶告状了，是证明了宇宙起源于大爆炸，也证明了宇宙不是起源于大爆炸，确实是众生喧哗！

我想社会生活本来就是喧嚣的，或者说喧嚣是社会生活的一个方面，或者说是本来面貌，没有任何力量能让一个社会不喧嚣。

当然了，我们冷静想一想，从多个角度来考虑一下，喧嚣也不完全是负面。喧嚣也是社会进步的一种表现，因为原始社会里是不喧嚣的。我们去参观半坡遗址的时候，我们想象当时的人们生活场面肯定是不喧嚣。我们回想中国漫长的封建社会，那个时候也是不喧嚣。但是我们想象我们最近几十年来，越来越喧嚣。

这种喧嚣有的是有声的，是在广场上吵架，或者是拳脚相加；有时候是无声的，是在网络上互相对骂。我想面对这样的社会现象，我们必须客观冷静的对待，既不能说它不好，也不能说它很好。

就像我刚才说的，实际上也有正反两个方面，我们作为一个生活在社会生活中的个体，应该习惯喧嚣。我们要具备习惯喧嚣跟发现正能量的能力，我们也要具备从喧嚣中发现邪恶的清醒，要清醒地认识到，喧嚣就是社会生活的一个方面，而使我们社会真正能够保持稳定进步的是真实。

因为工人不能只喧嚣不做工，农民不能只喧嚣不种地，教师不能只喧嚣不讲课，学生不能只喧嚣不上课。也就是说，我们这个社会生活中的大多数人还是要脚踏实地的、实事求是的，老老实实地做人、踏踏实实地做事，否则只喧嚣没饭吃，社会就会被喧嚣瓦解。

第二十一章　孔德之容

孔德之容[①]，惟道是从。道之为物，惟恍为惚[②]。惚兮恍兮，其中有象[③]；恍兮惚兮，其中有物；窈兮冥兮[④]，其中有精[⑤]；其精甚真[⑥]，其中有信[⑦]。自古及今，其名不去，以阅众甫[⑧]。吾何以知众甫之状哉？以此[⑨]。

☞ **注释**

①孔德之容：大德(之人)的内涵。孔：大也，甚也。“孔德”就是“大德”。

②惟恍惟惚：似有若无，不可确指。恍惚：是指心性光明的境界。“道之为物”，帛本作“道之物”。

③象：形象，境界。兮：古代南方楚国的语气助词，没有实在的含义。今天读作“西”，其性质类似现在唱歌时常用的“啊”字或“呀”字。

④窈(yǎo)兮冥(míng)兮：深远又暗昧。窈：深远。冥：暗昧。

⑤精：活力、精神。《增韵》：“凡物之纯至者皆曰精”。精，音晶，择也，熟也，细也，专一也。又密也。又灵也，真气也。日为阳精，月为阴精，五星者五行之精。又正也，善也，明也。精从米从青，青，东方色也，生也。像物之生时色也。英译是“Essence”(精力)；同时还有“intelligence”(智力)、“spirit”(精神)、“life-force”(生命力)的含义。

⑥真：真实。

⑦信：真实、征信。

⑧以阅众甫：来认识和观察人生。“众甫”就是众人。“甫”也作“父”解，代表男性。一说“甫”是开始，“众甫”是“万物的本源”的意思。

⑨以此：因为这个(道)。

☞ **今译**

一个真正有道德修养人的内涵，只有一个东西——道。“道”这个东西，通明灵光、飘然自在、活活泼泼。在毫无边际、活活泼泼的一片光明中，有一个境像，也确实有这么一个无可名状、光明无际的东西。它深远细微到不可测知，到达无穷高远的境地。其中有不可测量、不可捉摸的活力和精神。它是绝对真实、无始无终、不生不灭的。从身心上真修实证，到时便自然有一步一步地征信和效验。

它是参天地之造化之机、不生不灭、永恒存在的。它的名称虽然千差万别，但它的内在却是不会改变、永不磨灭的。

证得了大道之后，便能无障无碍地观察众生了。我为什么能够了解一切人的禀赋和根性及思想行为呢？——就因为这个“道”。

☞ 引述

本章利用互文的表现方式，使用了“恍惚”、“象”、“精”、“信”等带有特殊内涵的词汇，来形容“道”的境界。

本章可细分为三个层次。开头提出为人处世的大原则，也是说明修道人的态度是“唯道是从”。紧接着一气呵成，使用互文和排比句式，利用五个精要词汇点明道境的非心非物、心物一元、若实若虚、若存若亡。最后指出证悟这个叫做“道”的东西之后，就具备入世间和出世间的智慧了。《庄子》引广成子教黄帝曰：“至道之精，窈窈冥冥；至道之极，昏昏默默。无视无听，抱神以静，形将自正。必清必静，无劳汝形，无摇汝精，无思虑营营，乃可以长生。”可与本文参照发明。

“孔德”是大德之意。“容”，则指内涵的包容作用。一个真正有道德修养的人，他的内涵，只有一个东西——“道”。“惟道是从”，二六时中，随时随地，每分每秒，都在要求自己合于道的原则，起心动念、一言一行，无有稍微违反道业。这是本章开头提出做人的大原则，也是说明修道人出世的态度，以及道是如何修法。

“道之为物，惟恍惟惚。”“道”这个东西，等于佛家说的有一个不可思议的“自性光明”、西方人崇高无比的“上帝”，又好比禅宗祖师们称呼的“这个”。“道之为物，惟恍惟惚”，勉强来描述“道”，是说它有这么一个不可思议的光明洒脱境界。

“惚兮恍兮，其中有象”。在毫无边际、活活泼泼的一片光明境里，就有这么一个境界。“象”者，境界也。而且在这个光明的境界里，似乎确有这么一个东西。等于佛家所说：“即空即有，即有即空”。这个“其中有物”既非唯心，亦非唯物，而是心物一元的那个东西。修道人可以到达这种莫可名状、光明无际、“荒兮其未央哉”的灵活自在、若虚若实的境界。

“窈兮冥兮，其中有精”，“窈”是形容其深远，“冥”是形容其高大。“窈”、“冥”可以用太空的现象作比喻。如“飞入清冥”，代表远远到达无穷高、无穷尽的太空中去，甚至还遗忘了太空的观念。一个人的修养如果达到这种程度，便可了解这中间确是“其中有精”。

提到“精”，不可以物质观念来解释这个精。而且，不是如后世的旁门左道所指的精虫卵子之精，它是包含“精灵”、“精华”之意，指不可测量、不可捉摸的精神之精。如果在人身上而言，可以包括各种荷尔蒙——内分泌等，但不仅止于此，很难细说。精神是无法以言词作具体形容的，但毫无疑问可感觉到人身却具有这股活力的作用。

然后，老子又形容精神之重要：“其精甚真，其中有信。”此处之“精”在用法上，几乎已到达佛家所说“不生不灭”的境界。佛经名典《楞严经》亦云：“心精圆明，含裹十方。”修身养性到此等地步，可以盖天盖地，包容整个宇宙。因此，老子说：“其精甚真”，它是个绝对真实的东西，无始无终，不生不灭的。“其中有信”，确是实有其事，确有这个消息，只要你从身心上真修实证，到时便自然有一步一步地征信效验。

因此便说，形而上的“道”，“自古及今，其名不去。”它是参天地的造化之机，不生不灭，永恒存在。从古至今，真理只有一个，无二亦无三。但是世界上表达“不二法门”的道之名称，可有千差万别。这个东西永远不会改变，永远不可磨灭，横竖三际，遍弥十方。我们的传统文化，便名它是“道”。

如实悟了大道之后，“以阅众甫，吾何以知众甫之状哉？以此。”证得了真理，那么你便能无所障碍地观察一切众生相，了知一切众生的根性。“众甫”就是众人。老子说，我为什么能够了解一切人的根性，一切人的心理思想呢？就是“以此”而来——因为得了道，由这个至高无上、恍恍惚惚的道，通达变化无穷的宇宙万物，照见无涯无际的生命现象，所以才能无所不知。

☞ 诗歌

一千零一面镜子①

我越是逃离
却越是靠近你
我越是背过脸
却越是看见你

我是一座孤岛
处在相思之水中
四面八方
隔绝我通向你

一千零一面镜子
转映着你的容颜

我从你开始
我在你结束

① 出自[伊朗]埃姆朗·萨罗希，载于《意林》，2014年8月26日。

第二十二章 曲则全

曲则全[①]，枉则直[②]，洼则盈[③]，敝[④]则新，少则得，多则惑。是以圣人抱一为天下式[⑤]。不自见故明[⑥]，不自是故彰[⑦]，不自伐故有功[⑧]，不自矜故长[⑨]。夫唯不争，故天下莫[⑩]能与之争。古之所谓“曲则全”者，岂虚言[⑪]哉？诚全[⑫]而归之。

☞ 注释

①曲则全：委曲反而圆满。曲：不直，意思为变通。

②枉则直：枉，屈也，弯曲。直：正也。

③洼：《说文》：“深池也。从水圭声。”泛指凹陷的地方。盈：满。

④敝：凋敝、破旧。

⑤抱一为天下式：守道以为天下范式。式：法式、范式。

⑥不自见故明：不自我表现，所以显明。“见”音“现”，表现。“明”即“彰明”。

⑦不自是故彰：不自以为是，所以彰显。

⑧不自伐故有功：不自以为有功，所以有功劳。伐：夸耀。

⑨不自矜(jīn)故长(cháng)：不自满骄傲，所以能进步。矜：矜持、高傲。长：《说文》：“久远也，从兀从匕。”引申为生长、首长。

⑩莫：否定副词，没有人。

⑪虚言：空话。

⑫全：完全，整个儿地，副词。

☞ 今译

变通反而得到圆满，弯曲反而能够伸直，低洼反而容易装满，破旧反而能够常新，少取反而多得，贪多求全反而招致迷惑。因此圣人固守着道作为天下事理的范式。

不自我表现，反而有名气；不自以为是，反而有口碑；不自我表扬，反而有功劳；不自我矜持，反而能长久。

正因为他已经什么都不争，所以天下没有谁再能和他相争。那句老话“曲则全”，怎么会是一句空话呢？的的确确应该全心全意地执行它。

☞ 引述

道家的思想有“体”有“用”，可以出世亦能入世。本章老子由前面的讲“道体”而转到由体起“用”。

本章就讲了三个字：“曲则全”。“曲”是弯曲、委曲、转弯、变通之意。换句话说，如果在直来直去效果不好的情况下，转换一下思路、变换一种方式或调换一下角色、改换一下位置——“曲”一下，事情就能圆满成功，达到各方面都满意的效果。“少取”就是知足常乐的意思；“抱一”指固守着道，意即保有本有的朴实德性。

文章先从“曲则全”下笔，铺陈排列出“曲全”、“枉直”、“洼盈”、“敝新”、“少得”、“多惑”六原则。(同样的句型，我们可以模拟老子类似的句子造无数个：“雅则俗”、“贵则贱”、“慢则快”……道理其实就是阴阳哲学的实际应用。本经第 2 章“善恶相成”、“有无相生”，“对立面相互转化”、“物极必反”、“否极泰来”都是此类思想的贯通使用。)

换个角度来讲，本章讲物极必反、否极泰来、祸福相生的道理，及由此推出的成功准则。

常人所觅只是事物的表象，看不到事物的里层。老子认为：其一，事物常在对待关系中产生，我们必须对于事物的两端都能加以观察；其二，我们必须从正面去透视负面的意义，对于负面意义的把握，更能凸显出正面的内涵；其三，所谓正面与负面，并不是两种截然不同的东西，它们经常是一种依存的关系，甚至经常是表面与根底的关系。

常人对于事物的执取，往往急功近利，贪多求全，老子则晓谕人们要伸展视野，欣赏枝叶繁盛的同时，也应注视根底的牢固。既观察表面，又观察内在。不去相争表面(一时一地)的是非得失，反而能得到大保全、成就大功业。一味追逐事物的表象，求全、求盈、自矜自伐，反而引起无数纷争。所以孔子也说：“勿欲速，勿见小利。欲速则不达，见小利则大事不成。”

既然明白了这个道理，那么凡是人为的对自我不切实际的表扬、肯定、尊重、赞美都会在效果上适得其反；反之，一个不自我张扬、不自我炫耀、不自以为是的人反而会活得更明白、更自在，更真实，也更能干。因为你已经全都放下了。

另外，“曲则全”应用的方面无处不在：

(1)自然界中：“河以逶迤故能广，山因陵迟故能高”；

(2)文学、艺术方面：在技巧上讲究“文似看山不喜平”；在内容上讲究“形象大于思想”(意境)——意在言外；

(3)军事上：收回拳头再出击会更有力；

(4)人事应用上：人际交往非以直言直语为最稳当(直话人有难接受者)；

(5)现实应用上：高速公路非以平坦笔直为标准；铁路非以直线为利益最大；

总之，“两点之间直线最短”，那只是普通物理学和初级数学，在高等物理、高等数学，以及在人生历练和社会发展进程中，最短的距离往往是曲线的。同一种事情从不同的角度探讨和发掘，往往比只从一个角度出发得到的结果更全面、更完整、更真实、客观。

☞ 案例故事

曲 则 全

立身不求无患，身无患则贪欲必生；处世不求无难，世无难则骄奢必起；行道不求无魔，道无魔则誓愿不坚；谋事不求易成，事易成则志存轻慢；交情不求益吾，交益吾则亏折道义；于人不求顺适，人顺适则心必自矜；施德不求望报，德望报则意有所图；被抑不求急明，抑急明则怨恨滋生。①

对自我的贬低、贬损之类举动反倒成“笑点”。尤其表现在今天的娱乐节目中，“自贱”、“自嘲”、“拿自己开涮”、“装疯”、“卖傻”……往往成笑点，这与老子的“曲则全”异曲同工。

① 占坤、陈眉公著：《呻吟语　小窗幽记》，宗教文化出版社 2002 年版。

第二十三章　希言自然

希言自然[①]。故飘风不终朝[②]，骤雨不终日[③]。孰为此者？天地。天地尚不能久，而况于人乎？故从事于道者[④]，道者同[⑤]于道，德者同于德，失[⑥]者同于失。同于道者，道亦乐得之。同于德者，德亦乐得之。同于失者，失亦乐得之。信不足焉，有不信焉。

☞ 注释

①希言自然：最高的道理境界，是原来如此的。“大音希声”、“听之不闻曰希”。“稀客”是少见的尊客，“希言”即平常较少用的名言。这里还有“无言之言、不说之说、不可说”之意。“希言”也可解释成“妙言妙语”；还可以解释成“少说话”。“自然”不是“自然科学”的“自然”，而是一个词组，“原来如此”、“自己本来就是这样”的意思。《周易·文言》：“同声相应，同气相求；水流湿，火就燥；云从龙，风从虎。圣人作而万物睹，本乎天者亲上，本乎地者亲下，则各从其类也。”此谓“希言自然”也。

②飘风不终朝(zhāo)：狂风吹不了一个早上。飘风：飓风、台风、狂风。《尔雅》：“回风曰飘。”终，极也、穷也，尽也。朝，早晨，“朝思暮想”；又一日、一天，“今朝有酒今朝醉”。

③骤雨不终日：暴雨下不到一整天。

④从事于道者：从事于修道的人。

⑤同：齐也，合也。

⑥失：“得”的反义词。纵也、爱也、舍也，又指过错。

☞ 今译

无言之教是本来如此、不可言说的。狂风刮不到一早晨，暴雨下不了一整天。谁造成狂风暴雨的呢？天地。天地造成的狂风暴雨都不能长久，而更何况于人呢？因此狂风骤雨式的做法是不能持续长久的。

所以从事于修道的人，同他志同道合的人也是修道者；从事于修德的人，同他心心相印的人也是修德者；失道败德的人，同他臭味相投的人也是失道败德者。同声相应、同气相求，达到不言而喻的地步。

和大道保持一致的人，大道也乐意得到他；和美德保持一致的人，美德也乐意得到他；和错误保持一致的人，错误(倒霉)也乐意得到他。这是自然而然的道理。

信心不充分坚定，因为有怀疑的心态。倘若能真心诚意，自然会言无不信、豁然开悟了！

☞ 引述

自然界中的疾风骤雨持续时间不会很长，个人修行、社会运动、历史变革也同样如此。

每个人的个性倾向和心理特征不同，根性不同，因缘不同，所以人生道路及追求、际遇都是个个不同。自然总是恰如其分地给予他应得的，而带走他不该有的。这一切看似偶然现象，其实也是“同声相应、同气相求”的感应之道，是自人本性所显发的实至名归的必然。在道法修行中，“大音希声”，相信的人当下明白，怀疑的人依然糊涂。分说如下：

其一，暴利(力)可以有，但不可以久。暴雨、暴敛、暴跳如雷……自然界的气象变化中，狂风暴雨不能持久。性情上，一个暴跳如雷的人，也不会坚持太久。政治治理上也是如此。以暴政号令天下，以宪法禁令统治天下，以严刑峻法的高压政策压制民众等同于狂风骤雨一样，是不能持久的。人际关系中情感的“暴雨不终朝”则表现为：爆发的感情常常难以善终。所以人们常说，最好的爱情总是转化成亲情，否则爱情就“死无葬身之地”，所谓“君子之交淡如水，小人之交甜如蜜。”生理活动亦同样，《孟子·告子上》：“不得于心，勿求于气；不得于气，无求于言”——语言和心灵要和谐，不能勉强。

其二，“暴雨不终朝”的反面，就是“一年树谷，百年树德”的润物细无声。有道者应行无言的教化，如春风化雨，令人如沐春风。

也就是说，一言一行、一举一动、乃至施于政治和管理的效果，有如俗话说的“水流湿，火就燥”、“同声相应，同气相求”。统治者清静无为，则社会就平和安宁；统治者恣肆横行，则人民就会背戾抗拒；统治者诚信不足，则百姓就不会信任他。

其三，换句话说，“故从事于道者，道者同于道，同于道者，道亦乐得之”就是《周易》上讲的“积善之家，必有余庆；积不善之家，必有余殃”，祸福无不自己为之。也就是心物一元、相由心生、境由心转的道理。德国大作家歌德的一首情诗：“我是因为愚蠢而爱上你？还是因为爱上你而变得愚蠢？”可比喻“从事于道者，道亦乐得之。”

总之，本章由飘风、骤雨开始，把自然现象的因果律，用比喻来反复说明，告诉我们一切都在无常变化中，需要认识人间世事的现象，以及人与事，没有一分一秒不在变。它是随时随地都在变，既不是你的力量可以把握住它，而且也无须要去把握它。只有一个超越现实，是我们生命所本有的，就是那个自然本有的东西。这一功能，能变、所变、受变的，却是天人合一、变而不变的那个东西。但那个东西又怎么可以体会它呢？只有从“道者同于道，德者同于德，失者同于失”去体认它，才能自然证得。但是有的人虽然相信这个道理，并不能真肯实信，所以便又说：“信不足焉！”此外，大多数人，就根本不相信形而上者有一个自然之道的存在，同时也不相信现象界中的自然因果定律。所以说："有不信焉！"

☞ **案例故事**

相信与信任的区别①

有一个走钢丝的人，技术超群，他能在两幢20层高的大楼间，手持一根平衡杆，在钢丝上自由行走。成千上万的人被他令人窒息的壮举吸引。只见他走过钢丝后，让其助手骑在他肩上，准备再走一遍，观赏的人们报以热烈持久的掌声，他示意人们停止鼓掌，然后大声问："你们相信我和我的助手能走过去吗？"

"是的，我们相信！"人群狂热地大喊。

他停了停，然后大声问："谁愿意骑在我的肩上？"

人群死一般寂静。

① 摘自《相信与信任的区别》，载于《天津日报》，2015年3月1日。

第二十四章　企者不立

企[①]者不立，跨[②]者不行，自见[③]者不明，自是者不彰，自伐者无功，自矜者不长。其在道也，曰余食赘行[④]。物或恶之[⑤]，故有道者不处[⑥]。

☞ 注释

①企：同“跂”，踮起脚跟、脚尖着地。
②跨：跨步也。意为大步走。“企”和“跨”这里形容“企望”、“企盼”、急切和好高骛远的样子。
③自见、自是、自伐、自矜：见第22章注释⑥~⑨。
④余食赘(zhuì)行：剩下的饭菜、多余的附件。这里形容画蛇添足之举。赘，肉瘤子。
⑤物或恶之：惹人嫌弃。或，有。
⑥处：居。

☞ 今译

踮起脚跟想要变高，反而站不牢靠；跨开大步想要快走，反而走不长远。自我显示的，反而得不到明显；自以为是的，反而得不到表彰；自我夸耀的，反而得不到功效；自高自傲的，反而得不到长久。这些行为从道的角度来说，是剩饭赘瘤，都是多余无用的附件，自然会有人厌恶它，所以有道的人不这样。

☞ 引述

“企”(踮脚尖)和“跨”(跨大步)都是比喻，用来代指人的自以为是和自我表现、自高自大的心理——这些都是好高骛远、画蛇添足、拔苗助长的做法。最后老子再用多余的饭菜和身体病态的肉瘤重新比喻这种自高自大的做法，指出有道的人上善若水、谦虚不争。“企”用佛学名词说就是“我慢”。荷兰著名哲学家斯宾诺莎也说：“好名是追求名誉没有节制的欲望”；“由于爱自己而将自己看得太高就是骄傲”。

俗话说：“贪走者蹶，贪食者噎”。企而立者，不可以久立；跨而行者，不可以长行。盖违自然者，必至求得反失。《黄帝内经》上讲修道者要“独立守神”、“肌肉若一”。譬如果实累累的树枝都是低下头的，而直挺的树枝挂不住果。所以练太极拳也讲究“含胸拔背”的姿势。有种广告商品叫“××佳”，宣传说人要挺胸直背。其实，针对腰背有相应病症的人才能用，而普通人“挺身而出”是错误的。挺胸是奉献，含胸是养生。中国人形容“含胸”的词是“虚怀若谷”，这种人，他的脚跟的气脉是充沛的，气机自然发动。

“企”，女性穿高跟鞋这种束身而立的样子——摘苹果够不着，踮起脚跟——一种追求的状态。老是处于这样一种姿态，那么你的心情是什么样？心如止水？所谓：“需要的不多，想要的很多。”中医上讲女性21岁之前不要穿高跟鞋，影响冲脉畅行。

老子在这里再三说明，一个人有了“自见”、“自是”、“自伐”、“自矜”的心病，一定要能反省，知道自加改正才好。但从道理法则上讲，这些心理的行为，却是“余食赘行”。“余食”是多余吃的。等于一个人饭已吃饱了，再吞一口都吞不下去，再吃一个大面包，非得胃病不可，甚至还要去看医生，或者是要开刀呢！“物或恶之”，任何一样东西，都有自然的定型，变体都是不正常的，即使是植物，过分地长出来一个多余的附件，不但自己增加负担，而且令人讨厌，何况一个平常的人呢！假使你这个人已经很高明，高明就高明，又何必一定要别人加说一句“你太高明”来做广告呢？

本章可与第22章中“不自见故明、不自是故彰、不自伐故有功、不自矜故长”互相发明。前一章是正说，这一章是反说，主旨相同。

☞ 案例故事

自我与世界①

一个富人去请教一位哲学家，为什么自己有钱以后很多人不喜欢他了。哲学家将他带到窗前，说：“向外看，你看到了什么？”富人说：“我看到外面有很多人。”哲学家又将他带到镜子前，问：“现在你又看到了什么？”富人回答：“我自己。”哲学家一笑，说：“窗子和镜子都是玻璃做的，区别只在于镜子多了一层薄薄的白银。但就是因为这一点银子，便叫你只看到自己而看不到别人了”。

一个人面对外面的世界时，需要的是窗子，一个人面对自我时，需要的是镜子。通过窗子才能看见世界的明亮，使用镜子才能看见自己的污点。

其实，窗子或镜子并不重要，重要的是，心明亮，世界就明亮。心若如窗，就看见了外在世界；心若如镜，就观照了内在自我。

---

① 林清玄：《窗子和镜子》，《林清玄散文精选》，浙江文艺出版社2004年版。标题为编者所加。

第二十五章 有物混成

有物混成①，先天地生②。寂兮寥兮③，独立而不改④，周行而不殆⑤，可以为天下母⑥。吾不知其名，字⑦之曰道，强为之名曰大⑧。大曰逝⑨，逝曰远⑩，远曰反⑪。故道大，天大，地大，王亦大。域中⑫有四大，而王居其一焉。人法⑬地，地法天，天法道，道法自然⑭。

☞ 注释

①有物混成：道是浑然天成的。物，本义是指大牛，这里代指"道"。南朝梁代禅宗著名尊宿傅大士悟道偈："有物先天地，无形本寂寥。能为万象主，不逐四时凋。"

②先天地生：先于天地而出生、出现。第4章："吾不知谁之子，象帝之先。"

③寂兮寥(liáo)兮：清虚寂静，广阔无边。寂，寂静无声；寥，空虚无形。

④独立而不改：独立不更改。独立守神、抱一守元的样子。毛泽东："独立寒秋"。改：更也。《论语》："过而不改"。

⑤周行而不殆：周遍环绕、永不停息。形容无穷无尽、无所不在。

⑥母：喻万物的根本。

⑦字：取名。

⑧大：无边无际、不可限量。

⑨逝：川流不息，形容向内向外四面八方无限延伸和发展扩张的样子。《论语》："逝者如斯夫"。"逝"，往也，秦晋方言。

⑩远：无远弗届、四通八达。

⑪反：相反对立，循环往复。"反"是多义词。钱锺书认为："'反'有两义。一者，正反之反，违反也；二、往反(返)之反，回反(返)也('回'也有逆与还两义，常作还义。)《老子》之'反'融贯两义，即正、反而合。"。

⑫域中：宇宙。

⑬法：效法、学习。

⑭道法自然：道自己本身原来就是如此的。法，像也，效法也。自，人称代词，自身、本身。然，副词，如此、这样。

☞ 今译

有个东西浑然天成，在天地产生之前出生。清虚寂静！广阔无边！超越于万有，悄然自立而不更改，普遍运行而不停息，无穷无尽、遍一切处。这个东西是一切宇宙万物的根本，我不知道该用什么世间语言称呼它，勉强给它取名叫做“道”；它无量无边，勉强叫做“大”；大就是“往”，往四面八方无限延伸扩张；“往”就是“远”，四通八达、无远弗届；“远”就是“反”，往返回复、周而复始。所以道是超越名相的，是无上无外、无与伦比的。天、地、人也同样如此。宇宙有四大，而人居其中之一。人效法地，地效法天，天效法道，而道本身，原本就是如此这样的。

☞ 引述

究竟“道”是什么？什么是“道”呢？这是最根本的哲学问题。在《老子》本书中，已处处以各式各样别出心裁的语言文字，要人们从各个不同的角度去认识它，并且它已用或显或隐的文字言语来表达，透露了个中消息，本不需要后人画蛇添足，多加注解。《老子》第一章一开头便直截了当地说：“道可道，非常道”。现在本章从一个新的角度说明“道”体用合一的道理。

“道”是浑然天成的，它先于天地万物而存在，广大无边又无所不在，运动不息又悄无声息，没有形象可以捕捉，没有言辞可以形容，“远在天边，近在眼前”。

本章指出“道”的另外几个别号：“大”、“逝”、“远”、“反”。然后指出天、地、人与道一样具有这些特性。俗话说，“人为万物之灵”，人能师天法地，参赞天地之化育，达到天人合一，也就与道合一了。(第 34 章意思相同。)

本章对于道的体用有几个重要的叙说①：

其一，“有物混成”说明道是混混朴朴的。道并不是不同分子或各个部位简单排列组合而成，它是圆满自足的和谐体，对于现象界的杂多而言，它是无限的完满和完整。“有物混成”的“物”字，并不同于现代的“物质”观念的物字，古代“物”字的含义，等于现在一般口语中的“有一个东西”，这个“东西”，可指非物质的存在状况，例如精神、心理或者“力”、“能”等，也可代表物质之“物”。此处的“物”，是“道”的同义字，这个道的内涵，包括了物质与非物质，是“心物一元”混合而成的。

其二，道是个绝对体，它绝于对待。现象界的一切事物都是相对待而言的(详细参见本书专题部分“摆脱参照物的束缚”一节)，而道则是独一无二的，而且“独立不改”。道川流不息(“逝”)地运转着，但它本身不会随着运转变动而消失。

其三，道是无声无形的(“寂兮寥兮”)。王弼说：“名以定形，混成无形，不可得而定。”事实上无法立名的，只能勉强立名。

其四，道不仅在时序上先于天地而存在，而且天下万物也是道所产生的(“先天地生”；“为天下母”)。南朝梁武帝时，有一位禅宗大师傅大士，他的悟道偈就说：“有物先天地，无形本寂寥，能为万象主，不逐四时凋”。“有物先天地”，它本无形象，先于天地的存在，宇宙万物的本来就是它。一切万象的种种变化，生起与消灭，那只是两种不同的现象而已，虽然与这超越一切事物的“道”有密不可分的关系，但却无法影响它

① 出自陈鼓应：《老子今注今译》，商务印书馆 2003 年版。有删改。

的本质——等于我们日常所熟悉的光明与黑暗一样，明来暗去，暗来明去，明暗二者的交互转换，只是两种不同现象的轮替，那个能作明作暗的本身，并不随着明暗的变化而生灭；但是它的功能妙用，就表现在日夜明暗的来来往往之间。所谓形而上的道、本体，其实已经彻底地、无所隐藏地显现在它所创造的万象万境中，本体与现象的关系是一而二，二而一的。

"寂兮寥兮，独立而不改，周行而不殆。""寂"是绝对的清虚，清静到极点，毫无一点声色形象。"寥"是形容广大，类同佛学的"无量无边"。"寂兮寥兮"，清虚寂静，广阔无边，没有形象声色可寻，永远看不见、摸不着。"独立而不改"，超越于一切万有之外，悄然自立，不动声色，不因现象界的物理变化而变化，不因物理世界的生灭而生灭。

其五，道是循环运行的。终则有始，始则更新。("远曰反。")

最后，文章用"大"来勉强形容道("强为之名曰大")。这个"大"指幅度或广度上的无限延展。宇宙有四大，除道之外，加上了天、地、人。这四大的可贵处就在于体自然而行。什么叫"道法自然"呢？道的本性就是自然——自然如此的——它是无所效法的。

街头谈爱情的流行歌曲喜欢用诸如"爱到不能爱"、"爱到尽头"的表达——爱的边际在哪里？《红楼梦》中叙述宝玉出生在"大荒山、无稽崖、青埂峰下"，其实这里有个秘密："青埂"——"情根"，情感的根本在哪里？"离恨天"在哪里？第七回"太虚幻境"："无为有时有亦无，假作真时真应假"，不但说尽了男女情怀的根本，同样对我们理解若存若亡的道有帮助。

还有人问："永远有多远？""远方在哪里？"引用电视剧《武林外传》上面的开篇词："江湖在哪里？有人的地方，就有江湖。"同理，道"大曰远"，那么"远"在哪里？《红楼梦》上说："山万重，水万重，入我门来一笑逢。"

另外，有天文学者认为老子这段是在讲日月星辰的运行规律："大曰逝，逝曰远，远曰反"就是描述天体无限广大，恒星运行到辽远的地方，似乎消逝了，但它们从辽远处又回到原来的地方。这也是一种有趣的解释。

☞ 案例故事

活着的每一天都是特别的日子①

多年前我跟一位同学谈话。那时他太太刚去世不久，他告诉我说，他在整理他太太的东西的时候，发现了一条丝质的围巾，那是他们去外地旅游时，在一家名牌店买的。那是一条雅致、漂亮的名牌围巾，高昂的价格卷标还挂在上面，他太太一直舍不得用，她想等一个特殊的日子才用。讲到这里，他停住了，我也没接话，好一会儿后他说："再也不要把好东西留到特别的日子才用，你活着的每一天都是特别的日子。"

"将来"，也许永远不来；"过去"，或许根本过不去；当下，就是最好的时光。

① 文章阅读网 http://www.duwenzhang.com/wenzhang/shenghuosuibi/shenghuoganwu/20081016/21462.html，2008年10月16日。

第二十六章　重为轻根

重为轻根，静为躁君[①]。是以圣人终日行而不离辎重[②]，虽有荣观[③]，燕处超然[④]。奈何万乘之主[⑤]，而以身轻天下[⑥]？轻则失本，躁则失君[⑦]。

☞ 注释

①重为轻根，静为躁君：重是轻的根源，静是躁的主宰。根，本也。君，尊也。躁动，指不安静。《释名》："躁，(干)燥也，物燥乃动而飞扬也。"

②辎(zī)重：指后勤供应、重军设备等，这里取其安然宁静貌。载辎重卧其中之车，为辎车。

③荣观(guàn)：荣誉、荣盛。

④燕处超然：超然物外，安于淡泊。燕，通"晏"，安静的意思。

⑤万乘(shèng)之主：大国君主。乘，兵车，一车四马为一乘。乘同时也是古代的赋税制度，指能供给这一乘兵车的田地和人丁。

⑥以身轻天下：不知自重，轻慢天下。轻，本义是轻车，引申为轻重的轻。《左传·桓十二年》："绞小而轻，轻则寡谋。"又："秦师轻而无礼。"

⑦本：根也。君，主也。"本"字，王弼本作"本"，它本作"根"。根、本可互释。

☞ 今译

重是轻的根源，静是躁的主宰。因此有道德的人就像出行随身带着行李一样一直恬淡宁静。虽然身处于荣华富贵之中，依然燕然安处于超然物外的境界，而不以富贵或贫贱妨碍自己。身为大国的君主，怎么能够因为不知自重自爱而轻慢天下呢？轻慢就会丧失根本，躁动就会丧失主宰。

☞ 引述

"轻重"和"动静"本来是物理和运动现象，这里用来隐喻人类社会学、伦理学的哲理思想。轻就是轻率、轻慢；躁就是急躁、躁动不安，病态的叫"狂躁"。老子的意思是倾向于"重"和"静"的，意指坚守恬淡虚无、天真本色的定力。

本章末句和首句在文学手法上是前呼后应的关系。这两句话在修辞上都是互文的手法，翻译成白话文就是："重、静是轻、躁的根源和主宰，轻、躁则会丧失重、静"。

引申到人生与做事的态度，就是要持重、沉着、不失本色。

最后特别指出，越是位高权重、大红大紫的“万乘之主”，越是面临的诱惑更多，所以更加要知道修身涵养的重要性，否则轻用其身，以身殉欲，天下也会跟着遭殃。

圣人之道，应该有为世人与众生，挑负起一切痛苦重担的心愿，不可一日或离了这种负重致远的责任心。尤其是身负国家社会人民所期望者的君主——领导人和官吏们，更当有如此这般的存心，才是合道的明君或良臣。因此，如果真正有道之士，虽然处在“荣观”之中，仍然恬淡虚无，不改本来的素朴；虽然燕然安处在荣华富贵之中，依然有超然物外，不受功成名遂、富贵荣华而自累其心，这才是有道者的自处之道。

本章疑是老子面对现实发的感慨，“奈何万乘之主而以身轻天下”的“奈何……”是少见的老子带有强烈感情色彩的句子。而且句式是少有的语气严厉，流露出心忧天下又无可奈何的沉重。从头到尾都可以理解为告诫为政者要懂得自尊自重而后尊重天下。

☞ 案例故事

领导力的8堂课①

纳尔逊·曼德拉大概是这个世界上最接近“圣徒”的人，作为一个政治家，他徒步走得更远。他推翻了种族隔离制度并建立了一个没有种族歧视的民主南非共和国，他知道在什么时机、用什么方式，使自己的角色在战士、烈士、外交官、政治家之间巧妙地转换。他是个高明的策略家，也是一个成功的领导者。

第一堂课：勇者有畏——但是别让周围人发现

曼德拉深知自己是其他人的榜样，他的恐惧会很容易影响到身边人，他的无畏会大大鼓舞他人。他说：“我不能装作自己勇敢非凡、好像能打败全世界的样子。但作为一个领导人，至少，我不能让人们知道我的恐惧”。

第二堂课：冲锋在前——但是不忘推动群众

囚牢生活让他目光长远，他不是将目光放到几天之后、几个星期之后，而是几十年之后。他知道历史是站在他这一边的，结果总是毋庸置疑，只是时间和方式的问题。

第三堂课：从后领导——让群众相信他们在前

曼德拉说：“领导的秘诀是在自己领导别人的同时，也让自己被别人领导”。

第四堂课：知己知彼——了解对手的强项

20世纪60年代，曼德拉开始在狱中学习南非白人的公用荷兰语。这是南非种族隔离政策下的产物，南非黑人对此深恶痛绝。而他却认为，掌握这一语言不仅可以理解南非白人的世界观，在日后的斗争或谈判中也会有帮助。

第五堂课：化敌为友——和朋友保持亲近，和敌人甚至更要亲近

很多被邀请到曼德拉家中做客的客人，其实并不是他完全信任的人，但曼德拉

① 摘自《曼德拉：领导力的8堂课》，载于《商学院》，2008年第8期。

能和他们一起进餐，向他们咨询意见。曼德拉浑身散发着魅力——他总能凭借这种魅力去影响他的敌人，而不仅仅是朋友。

第六堂课：仪表堂堂——还要保持微笑

体型和力量经常能带来更多的领导力。曼德拉清楚自己如何增加个人魅力，我们总能看到他打扮得大方得体。曼德拉的微笑极具感染力。

第七堂课：没有绝对——没有绝对的黑色或绝对的白色

曼德拉认为矛盾是理所当然的事。作为一个政治家，他是一个实用主义者，他看到了这个世界的无限微妙，这从来就不是只有"黑"或"白"的世界。

第八堂课：懂得放弃——放弃也是最重要的

能够做到急流勇退的领导人屈指可数，曼德拉希望能够给后人树立这样一个榜样。曾任南非国会秘书长的罗摩弗萨说："他的职责是制定航线，而不是亲自掌舵。他知道自己该去做什么，不做什么"。

这段话也是后面第66章"江海之所以能为百谷王"最好的注解。

第二十七章　善行无辙迹

善行无辙迹[①]，善言无瑕谪[②]，善数[③]不用筹策[④]，善闭[⑤]无关楗[⑥]而不可开，善结无绳约[⑦]而不可解。是以圣人常善救人，故无弃人[⑧]；常善救物，故无弃物。是谓袭明[⑨]。故善人者，不善人之师；不善人者，善人之资[⑩]。不贵其师，不爱其资。虽智大迷，是谓要妙[⑪]。

☞ 注释

①善行无辙(zhé)迹：善于行走的，不留痕迹。“善”有二解，一是副词，表示善于、擅长；第二是形容词，高明的。“善”在文中译为“善于”，同时还可以译成“最善”，类似于“上善若水”的“上善”，意为最高明的境界。老子认为最高明的境界，言行举止既达到目的，又不着痕迹，无迹可求。行，本义是步行，这里可以引申为行动、行事。辙，车迹，指车轮辗压路面留下的印迹。迹，本义是脚印。北宋王安石《无动》：“无动行善行，无明流有流。种种生住灭，念念闻思修。终不与法缚，亦不着僧裘。”

②善言无瑕谪：完善的话语没有瑕疵。瑕谪(xiá zhé)：毛病、过失。“瑕，玉病也”，指玉上的瑕疵；谪，罚也，责也、过也、咎也。“善言”类似于“微言”，或曰“春秋笔法”。[①]

③数：计数。

④筹(chóu)策：古代计数的器具，如竹片、算盘之类。

⑤闭：关闭。

⑥关楗(jiàn)：门闩和门限。关，门闩，指用横木锁门。楗，门限也，即今天的门槛。董思靖说：“楗，拒门柀。横曰‘关’，竖曰‘楗’。”

⑦绳约：用绳索缠缚。约，缠束也，又合同、合约、盟约。

⑧无弃人：没有他嫌弃的人。弃，捐也，扔掉、抛弃。如“弃之若草芥”、“弃之不顾”。

⑨袭明：承袭光明。袭，因袭、沿袭、承袭、袭位。

---

① 孔子编写《春秋》，在记述历史时暗含褒贬，行文中虽然不直接阐述对人物和事件的看法，但是却通过细节描写、修辞手法(例如词汇的选取)和材料的筛选，委婉而微妙地表达作者主观看法。“微言”是在表面上看起来不太相干的字，不太要紧的话，如果以文学的眼光来看，可以增删；但在《春秋》的精神上看，则一个字都不能移动；因为它每个字中都有大义，有很深奥的意义包含在里面。这种做法被称为微言大义，或者春秋笔法。当然，老子此处形容道，比“微言大义”还要微妙、高明。

⑩善人者，不善人之师；不善人者，善人之资：本句话有两种解释。一，善人不好为人师。此“不善”不作恶讲。二，善人是不善人的老师，不善人是善人的资本。“不善”作恶讲。今从二。资，资本、财富。又货也，货财也，本义是盘缠。
⑪要妙：要旨。要，本义是“腰”，身上的枢纽，引申为重要、要点、纲要、纪要。

☞ 今译

善于行走的，没有车印，不着痕迹；善于言谈的，没有瑕疵，无可挑剔；善于计算的，不用筹策，而算无遗策。算于关闭的，不用门锁，而无法开启；善于打结的，不用绳索捆绑，而无法解开。

有道的人领悟到这种微妙的道理。因此永远善于救度世人，因为根本没有他嫌弃的人；永远善于救度万物，因为根本没有他嫌弃的东西。

所以善人是不善人的老师，不善人是善人的资本。不贵爱老师，也不贪爱资本。虽然有智慧，看起来却似无知，这是道德修养的紧要所在。

☞ 引述

人能不动心就是对世界最大的贡献。本处“善行”、“善言”、“善数”、“善闭”、“善结”这五善，是意义相同的比喻句，修辞上形成排比句式，同时也是互文用法。顺应自然、无作无为、不着痕迹……这和前文中“大象无形”、“大方无隅”、“大器晚成”、“大音希声”、“大白若辱”、“不言之教”、“无为之治”……是同样的意思。而且我们还可以仿造此句式造出无数的句子出来——以及仿“不×而×”造句：不言而言、不行而行、不讲而讲、不争而争、不闭之闭……最终回到首章“道可道，非常道；名可名，非常名”的意思里去。

药品并不是好东西，好和坏要看针对谁而言。世界上再好再贵重的药品对于一个健康人来说都是无用的，甚至是有毒害的。同样，知识、科学、理性，甚至于“民主”、“人权”、“自由”等无数“亮瞎你双眼”的闪光词汇，都是人类社会的药品。药可以治病，但不能过分，否则会产生药物依赖，进而药物中毒。“虽智，大迷”的意思就是虽然有知识，但不执著于知识，这才是真正的有知识，才是“善知识”。有道的人领悟到这种微妙的境界，所以“不贵其师”、“不爱其资”，用佛学里的语言表达就是“无相布施”的“无相”——不着相。

五善句的反面就是：虽然宣传得惊天动地、做出了很大的牺牲、绞尽脑汁、动用了各方力量、缔结了无数盟约，到头来却是不明不白、无功而返而且饱受指责。用在政治上，好比个别官员好大喜功，草菅人命，最后弄出一个什么形象工程，花费甚巨，而又不了了之，祸国殃民。所以能够建立事功而不留痕迹，就是圣人的境界。

换句话说，在善——恶、美——丑、真——假对立的二元世界里，我们当然呼吁和提倡美德、真诚和善良，但是如果我们根据第 2 章“天下皆知善之为善斯恶矣”的原理，就知道对美德的提倡就说明人的内心已经不再淳朴了。所以与其说是老子反对理智、轻视知识、抵抗科学发明，毋宁说是老子更提倡返璞归真、自然本色的生活。（“不爱其师、不贵其资”。）

道是既能出世又能入世的，成语说“入乎其内、出乎其外”，如此才能了解道的非有非无、即有即空、方死方生的玄妙，如此才能度人度己，才能尽万物之性而常自然。

道家的方法，不抓全面抓关键、不抓表面抓内涵、不重表现看实在、不重强勉而重因势利导。《庄子·养生主》上面的庖丁解牛寓言中，庖丁“目无全牛”、“乘虚而入”、“技进乎道”，在牛身结构的关键点上轻轻一点，整个牛就解体了。而普通的厨师不懂窍门，横冲直撞、乱杀乱砍，结果刀锋很快砍缺了，一年之内要换好几把刀。而庖丁的刀用了三十年了，今天还像刚从磨刀石上拿下来一样，崭新且锋利无比。这把刀不仅可以用来杀牛，用它屠龙也是可以的啊。

善医者不用药，善说服人者不用言辞，善赚钱者不用本钱，善帮人者不着痕迹，善杀人者不见血，善胜利者不战争……故圣人跳出束缚，而对各种相互对立而存在的事物能泯其界限、混其差异、相融相合、了然无迹、混然无名，不会在对立的森林中丧失本性、迷失方向。这就是窍门、诀窍，就是要诀、死穴、气门、关键、机关……

反之，有迹，非至善之行也；有瑕，非至善言也；有绳，非善结也。这好比“同心锁”的梦想。我们在寺庙和旅游景点常见到大量的“同心锁”——“永结同心”是美好的愿望罢了，锁真有作用？结是心结，不锁而牢、无绳而固，绳、锁只是形式罢了。真正起作用的不是形式，而是内容，是个人能担当、负责任的品德。

万事万物都是在对待中相互依存而显现，泯灭界限，不画地为牢、不自欺欺人，不抑此而扬彼，则英雄与平民、白天与黑夜、贵客与常主都酸碱中和了、阴阳相遇了、正数负数相加了。

有警察，有便衣警察；有名，有化名；有相，有变相；有道，有变道。故不可执著迷信于表相。

☞ 案例故事

都江堰水利工程“以水治水”①

公元前256年秦昭襄王在位期间，蜀郡郡守李冰率领蜀地人民创建了这项千古不朽的水利工程。都江堰水利工程不用水泥和钢筋，以水治水，至今两千多年，仍然造福成都平原。它充分利用当地西北高、东南低的地理条件，根据江河出山口处特殊的地形、水脉、水势，乘势利导，无坝引水，自流灌溉，使堤防、分水、泄洪、排沙、控流相互依存，共为体系，保证了防洪、灌溉、水运和社会用水综合效益的充分发挥。建堰两千多年来经久不衰，灌溉了成都平原。

① 改编自《都江堰水利工程》，百度百科，http://baike. baidu. com/link? url = 1xZna2Iapi4-RWKsx7DhxdVq7wXzZ8TW5_jbxVxZnGhKhNpiEfT2J_7WwVuzRjQz.

武当宫殿，镶嵌结构，不用铁钉。日本的木质建筑物，柱子坏了可以随意拆换、结构虽然复杂但是也很整洁、非常抗震，房子可以像积木一样可以随意改造。

这几个建筑学的案例说明了“善行无辙迹”的大道的特性。

第二十八章　知其雄，守其雌

知其雄，守其雌①，为天下溪②。为天下溪，常德不离③，复归于婴儿④。知其白，守其黑⑤，为天下式⑥。为天下式，常德不忒⑦，复归于无极⑧。知其荣，守其辱，为天下谷⑨。为天下谷，常德乃足，复归于朴。朴散⑩则为器⑪，圣人用之，则为官长⑫。故大制⑬不割⑭。

☞ **注释**

①知其雄，守其雌：知道雄阳，守护雌柔。

②溪：小溪。形容天下所归往之处。

③常德不离：与恒常之德不相分离。离，散也。近曰离，远曰别。

④婴儿：人性未离为婴儿，木质未散为朴。

⑤知其白，守其黑：白、黑即荣、辱，即清白与污垢。此句疑为后人所窜入。

⑥式：范式、法式、模式、楷式。参见第22章“抱一为天下式”。又可以根据上下文，“为天下溪”、“为天下谷”都是指卑下而具体的东西，那么“式”可解释为“栻”，古代占卜用的器具。

⑦常德不忒(tè)：常德不改移。忒，更也，差也。凡人有过失改常谓之“忒”。即“失常”。

⑧无极：没有极点，泛指无过不及。此处用来形容道的混沌状态，后来成为道家最重要的哲学概念。“极”的本义是栋梁、屋脊的最高处。引申为高和程度深。指终极、尽头、极限。如“太极”、“登峰造极”。

⑨谷：山谷。

⑩散：布也，放也。《易·说卦》：“风以散之”。

⑪器：皿也，古代食器的总称。《易·系辞》：“形而下者谓之器”。注：成形曰器。又指才能、才器。这里指具体的才器或万物。“朴”的本义是没有经过雕琢的原始木头，比喻道的原初朴素的状态。真朴解散了、破散了、被割裂开来，就形成“器”。“器”字有三层含义：本义、比喻义、哲学义。一种作为普通名词“器皿”、“器具”，然后引申到人文科学里形成第二种含义，指器量、才器、才能，乃至于一种社会身份(格局)。《论语》：“及其使人也，器之”。孔子又说“君子不器”，就是指有修养的人不被某一种才能、身份、器量所限制住了，而变得度量狭窄。孔子见了老子，也无法形容他：“老子其犹龙乎”，因为是无法限量的。第三种解释指万物，相当于哲学上的

“万有”。《周易·系辞》：“形而上者谓之道，形而下者谓之器”，这里“器”代指具体的万物，是形而上的道的对应物，“万事万物”的意思。此处根据上下文联系，“知其雄，守其雌”、“知其白，守其黑”，老子是主张返璞归真，不主张支离破碎的，此处应该是反对“朴散则为器”的。所以才器说、万物说均通。

⑫官长：官吏、师长，在这里泛指一种政治制度。官：吏事君也。又职位。《周礼》：“设官分职”。

⑬大制：最完善的法制。制：本义是裁衣。又成法曰制。《左传》：“今京不度，非制也。”

⑭割：剥也，残破之也，裂也，以刀裂之也。《左传·襄公三十一年》：“未能操刀，而使割也。”参见本书第58章“方而不割”。

☞ 今译

虽然深知雄阳，却仍然抱守着雌阴，就会成为天下的沟溪。成为天下的沟溪，与恒常之德不相分离，回归到婴儿般的天真。

虽然深知清白，却仍然抱守着污浊，就会成为天下的标准，恒常之德不会改移，回归到无极的混沌。

虽然深知光荣，却仍然抱守着羞耻，就会成为天下的山谷，回归到最原始朴素的本色。

大道散布开来，则成为具体的器用。圣人懂得了这个道理，根据它们才器不同的设置成为不同的官吏和师长——这都还是属于道散布开来之后的状态。因此，法令制度完善到极点，是没有割裂的。因为人人守法，已经不需要法制和官长来约束了。

☞ 引述

本章可分为四个小段落、两层意思。前三句是第一层意思。用排比构成互文，而且借用“溪”、“谷”、“式”比喻有道者的虚静谦下，又用“婴儿”、“无极”、“归朴”比喻道的境界。后一段是第二层意思，由前文得出结论，提出“朴散则为器”与“大制不割”两种相对立却又相辅相成的治理之道。在对立中体会各自的妙用，从相对中体会最高的清虚境界。

在阴阳、雌雄、荣辱二元对立的世界，普通人总是倾向于光荣，但很少人能够坚守光荣背后的不为人知的默默付出。普通人总是喜欢永远进步，却很少人能体会特殊时刻退一步海阔天空的意味。很多人都喜欢勇敢果断，很少人能在勇敢中知道畏惧。有道德修养的人才善于从正面看到反面、从阴面看到阳面、从无中看出有来。

“朴散则为器”：天地有大美而不言，人能师天法地，也可分有这种德性。《金刚经》上讲，一切圣贤，皆以无为法而有差别。显现了差别的这个东西，万事万物分有的这个德性，就叫做“器”，而那个“无为法”、那个“有大美而不言”的本体，就是“朴”。道体和道用的辩证关系用“随方就圆”可以形容；佛家的“常、无常义”辨析得也非常精妙。

“大制不割”是指真正一个伟大的制度，是没有制度，没有法律，也没有道德。但人人都自然守法，并不要法律来约束；人人不必讲道德，自然合于道德的标准。所以，“道法自然”，那个社会，本身就是道德。

☞ 案例故事

为将当有怯弱时

夏侯渊作战勇猛，与其兄夏侯惇一样性格刚烈，但对于动脑子比较忽视。曹操常告诫他：“为将当有怯弱时，不可但恃勇也。将当以勇为本，行之以智计；但知任勇，一匹夫敌耳”。①

但夏侯渊没有改变，最后战死沙场。

① 出自(晋)陈寿:《三国志·魏书》，中华书局1992年版，第272页。

第二十九章　将欲取天下而为之

将欲取天下而为之①，吾见其不得已②。天下神器③，不可为也④。为者败之⑤，执者失之⑥。故物或行或随⑦，或歔或吹⑧，或强或羸⑨，或挫或隳⑩。是以圣人去甚、去奢、去泰⑪。

☞ **注释**

①将欲取天下而为之：想要获取天下而有心作为。“将欲”有二义。一是“以欲望、私欲”；二是“想要、将要”。“取”本义是捕取。《周礼》：“获者取左耳。”“天下”，狭义指后来的“国家”；广义指今天所称“全世界”。也可代指比国家更小的行政管理机构。

②不得已：不能达到(目的)罢了。不得，不能达到(目的)；已，语气助词，罢了。后世“不得已”指身不由己、无可奈何。

③神器：神妙不可思议的东西、神奇的东西。后世专指“天下”。

④不可为也：不可勉强而为。“天下神器，不可为也”是指天下根本不能去占有并治理，还是指天下根本不能以私心去占有然后用私人的意志去治理？应是后者。国家和政权当然是神妙不可思议的东西，但这个东西不是说绝对碰不得。在《老子》第 11 章“三十辐共一毂，当其无，有车之用”一文中，老子就指出，为天下者当虚心涵物，汇集众力而成大力，然后能“为而不恃，长而不宰”(第 10 章)，最后“功成、事遂、身退”，如此，则“百姓乐推而不厌”。所以此处“不可为也”、“不可执也”的意思是针对将天下据为私有、独断专行的行为而发的议论。

⑤为者败之：有为者就会毁坏。败，毁也，溃也，坏也，破也，损也。《书·大禹谟》：“反道败德”。“为者败之，执者失之”重见于第 64 章。

⑥执者失之：执取者反倒丧失。失，得之反也，本义是纵、舍，引申为过失、错失。

⑦或行或随：有的前行，有的跟随。

⑧或嘘(xū)或吹：有的嘘气，有的吹气。吹嘘，《玉篇》引《声类》云：“出气急曰吹，缓曰嘘。”此“吹”、“嘘”之别也。普通解释是，“嘘”是把气吸进来，“吹”是把气呼出去，一说也。《晋书·石勒载记》：“成败之数，有似呼吸，吹之即寒，嘘之即温。”晚近用“吹、嘘”表示“吹牛”。

⑨或强或羸(léi)：有的强壮，有的羸弱。

⑩或挫或隳(huī)：有的小挫，有的全毁。以上“夫物，或行或随”句中的“行——随”、“嘘——吹”是对立面的两极还是指同一性质的一组事物只是在程度上有差别呢？南怀

瑾先生解释为对立面的两极变化。而根据文字的解释和经验世界的常识，这里似乎后一种更合理，是指同一性质类似的事物程度上各有深浅的不同，故不可过分强求一致而强力执为。（类似“五十步”与“一百步”，及《庄子·齐物论》“吹万不同”的境界。）

⑪去甚、去奢、去泰：去掉过分的行为。甚，本义是尤安乐也。殊胜的安乐，指沉溺于男欢女爱。引申为凡是太过分都叫“甚”，如“欺人太甚”。奢：张也，施弓弦也，引申为放纵。泰，本义是滑。引申为通泰、纵泰、侈泰。《论语》：“泰而不骄”。老子：“持盈保泰”。“甚”、“奢”、“泰”这三个词同义复指，都表示事物超过限度，将要丧失本性。圣人能保持本色，适可而止。

☞ 今译

以欲望想要获取天下而有心作为，我断定他不能达到目的。天下是神妙不可思议的东西，不能勉强作为。勉强作为反倒会毁坏它，强力执取反倒会丧失它。

因为天下万物，有的前行、有的跟随，有的性急、有的性缓，有的强壮、有的羸弱，有的小挫、有的全败，总之是富有差异和变化的。所以圣人去掉志得意满、奢侈骄泰等画蛇添足的做法，凡事随顺自然，适可而止。

☞ 引述

本章和第26、28章及后面接连的两三章，都是说明“道”的用，涉及中国传统的政治哲学和军事哲学思想。体会“道”，就会观察万物，就善于择取为人处世、治军治国应秉持的正道。这个“正道”在文中多处以不同面貌出现。

本章可细分为三个层次。首句提出“天下，神器也，不可执取作为”的观点。中间描述万物纷纭、各具本性的差异化状况。末句指出这种情形下圣人应秉持“保持本色、适可而止”的方针，而不自以为是、弄巧成拙。

☞ 案例故事

天下神器，不可为也

“我只改变了北京附近的一些地方。”①

“文化大革命”惊天动地，而1972年毛泽东同尼克松谈话，尼克松说毛主席的著作感动了全国，改变了世界。毛泽东不无伤感地作出这样的回答。

① 摘自毛泽东的外孙女孔东梅《改变世界的日子——与王海容谈毛泽东外交往事》，中央文献出版社2006年版。孔东梅是毛泽东的外孙女。王海容当年为外交部部长助理，见证了美国总统尼克松访华的外交事件。

第三十章　以道佐人主者

以道佐①人主者，不以兵强②天下。其事好还③。师④之所处，荆棘⑤生焉。大军之后，必有凶年⑥。善有果⑦而已，不敢以取强。果而勿矜⑧，果而勿伐，果而勿骄，果而不得已⑨，果而勿强。物壮⑩则老⑪，是谓不道，不道早已⑫。

☞ **注释**

①佐：辅佐。
②强：逞强。“强”是多义词。强，蚚也，米中的小黑虫。假借为强弱之强。又通“疆”，刚强。又强，健也，不病而死。“早老曰强”，盖强者，壮也，壮健而死，是非时先老。又上声，勉强。
③还(huán)：因果循环。报应。
④师：天子之军称师。
⑤荆棘(jí)：带刺的小灌木，酸枣之类。这里指地方上因战争遭到破坏，民不聊生，土地荒芜，长满野草。
⑥凶年：荒年、灾年。凶，象形字，本义是指地上的陷阱。引申为恶也、不吉利。
⑦果：获胜。果是多义词。本义是木实也，像果形在木之上。又可表示结局、结果，与“因”相对。又胜也，克也。又验也。又决也。
⑧果而勿矜：达到了目的不要骄矜(自大)。后面的“伐”是自我表扬，“骄”是指骄傲，三个字意思相同。
⑨不得已：不得已而为之。
⑩壮：大也。古代三十曰壮。周易有《大壮》卦。俗语“人怕出名猪怕壮”。
⑪老：本义是年老，七十曰老，引申为衰老。这里隐含着“到达极限”之意，“招式用老”之“老”。
⑫早已：早完，迅速了事。已，止也，毕也，讫也，成也。

☞ **今译**

用道来辅佐人君，不以兵逞强于天下。用兵常会得到报应。战争发生的地方，长满荆棘；大战之后，必有凶年。

善用兵的人是心怀仁慈的，战争只是为了达到战胜邪恶和维护和平的目的而已，绝不是以自己强盛壮大的武力去侵略和威胁别人。目的达到了，也并不认为自己了不起，也不自我表扬，也没有骄矜傲人的心理。武力是不得已而为之，并不是为逞强好胜。

盛极一时，就会盛极而衰。这就叫不合于道，不合于道，就会迅速完蛋。

☞ 引述

老子不是反对战争和军事，只是反对拿武力逞强斗狠——物极必反的道理。

战祸是东西方人类文明共同的伤痕。中国古代诗文中有“一将功成万骨枯”的句子。新中国成立，毛泽东为人民英雄纪念碑撰写碑文：“三年以来，在人民解放战争和人民革命中牺牲的人民英雄们永垂不朽！三十年以来，在人民解放战争和人民革命中牺牲的人民英雄们永垂不朽！由此上溯到一千八百四十年，从那时起，为了反对内外敌人，争取民族独立和人民自由幸福，在历次斗争中牺牲的人民英雄们永垂不朽！”笔法沉雄，文意苍茫。战败者可悲，战胜者亦未必可喜。古希腊诗：“未亲经者，闻战而喜；曾身历者，闻战而戚”。英国将军威灵顿说：“战败最惨，而战胜仅次之。”①

日常生活，言语、行为、心理也免不了杀伐和屠戮。所谓“口诛笔伐”，所以“心兵”最难平。学道的人，都想健康长寿，就要知道如何保养壮大，“弱者道之用也”，这样才能使它到达完美。

☞ 案例故事

军神的悲悯

刘伯承是中共元老，在第一批授衔的元帅中排名第五，有“军神”之称。但他不愿看战争片。据媒体报道，晚年赋闲在家的刘帅一见电视屏幕上出现战争场景，就会关掉电视或更换频道。为什么呢？刘伯承对身边人说：“我们牺牲一位战士，他的全家都要悲伤，这给那个家庭带来多大的损失！同样，一个国民党士兵死了，也会殃及整个家庭。他们都是农民的子弟，一场战争要损伤多少家庭啊！就是因为这个，每在战前我们连觉都睡不好。现在战争结束了，我就不愿看、怕看战争的场面……我至今仍看到无数同胞为我们铺设的一条血肉模糊的路，我们是踏着他们的尸体走向胜利的。敌人也一样，他们也是我们的同胞啊！”

又据报道，刘伯承的子女曾问父亲：“淮海战役打得那么漂亮，怎么从未听您在我们面前提起过呢？”刘帅不堪回首地说，那场战役结束后，他梦见千百万年轻寡妇找他要丈夫，无数白发老人找他要孩子，他心里不安，所以根本不愿去想、更

① Wellington：Next Dreadful Thing to a Battle Lost is a Battle Won.

不会去谈起那场战役了。①

什么是普世价值？刘伯承对待死难同胞的这种态度就是一种普世价值。

和平时代，日常生活，我们也应少一点口诛笔伐、怨天尤人，多一点和光同尘、和平共处。

① 出自马佳：《晚年刘伯承：拒看战争片，不提淮海战役》，载于《羊城晚报》，2010 年 6 月 9 日。有删改。

第三十一章　夫兵者，不祥之器

夫兵者①，不祥②之器，物或恶③之，故有道者不处。君子④居则贵左，用兵则贵右⑤。兵者，不祥之器，非君子之器，不得已而用之，恬淡⑥为上。胜而不美⑦，而美之者，是乐杀人。夫乐杀人者，则不可以得志于天下矣。吉事尚左，凶事尚右⑧。偏将军居左，上将军⑨居右，言以丧礼处之⑩。杀人之众⑪，以悲哀莅之⑫。战胜，以丧礼处之。

☞ **注释**

①夫兵者：今本作“夫佳兵者”，帛书甲、乙本同作“夫兵者”。兵，战争。

②不祥：不吉祥。

③恶（wù）：厌恶、恐惧。

④君子：有道德修养的人。

⑤左、右：左为阳，右为阴；阳为光明，阴为阴谋；阳为尊，阴为卑；阳生而阳杀。下文所谓“贵左”、“贵右”；“居左”、“居右”；“尚左”、“尚右”都是古时候的礼仪。

⑥恬淡：安静、淡然。恬，安也，静也。《庄子·缮性篇》：“以恬养志。”淡，薄味也。又甘甜的反义词。《庄子》：“君子之交淡如水，小人之交甜如醴。”诸葛亮：“淡泊以明志，宁静以致远。”

⑦美：喜欢。

⑧吉事尚左，凶事尚右：吉庆的事崇尚左方，凶丧的事崇尚右方。《逸周书·武顺解》第32：“天道尚左，日月西移；地道尚右，水道东流。人道尚中，耳目役心。心有四佐，不和曰废。地有五行，不通曰恶。天有四时，不时曰凶。天道曰祥，地道曰义，人道曰礼。知祥则寿，知义则立，知礼则行。礼义顺祥曰吉。吉礼左还，顺天以利本。武礼右还，顺地以利兵。将居中军，顺人以利阵。”

⑨偏将军、上将军：犹今天的“总司令”、“副总司令”的称呼。

⑩以丧礼处之：怀着丧事一样的心情来处理它。古代遣将，设明衣，凿凶门而出，以示必死，故预以丧礼自处。

⑪众：多。

⑫以悲哀莅（lín）之：以悲悯的心态对待它。悲，痛也。从心，非声。有声无泪曰悲。哀，闵也。从口，哀声。《玉篇》：“哀伤也。”又怜也，爱也。莅：临也，视也，对

待。《礼·曲礼》：“临诸侯，畛于鬼神。”《疏》：“以尊适卑曰临。”

☞ 今译

战争是不祥的东西，大家都厌恶和惧怕它，所以有道的人不轻易发动。

平时治国以左方为上方，用兵打仗以右方为上方。战争是不祥的东西，不是君子的东西。迫不得已而用之，最好淡然处之。纵然打胜了也不值得颂扬，而得意于“战胜之美”，就是喜欢杀人。喜欢杀人的人是不可以得志于天下的。

吉庆的事以左方为上方，凶丧的事以右方为上方。偏将军在左边，上将军在右边，这是说应该怀着丧事一样的悲痛心情去处理战争。对死伤的敌人，也要有悲悯之情。即使战胜了也不应该骄矜得意，还是要怀着丧礼的心情来善后。

☞ 引述

老子继上章之后再引申军事哲学思想，即“道之用”——道用之于军事、政治方面的大道理。从中我们可以看到中国文化的仁政之道是主张用道德、善心、仁慈来感化人，迫不得已，动用武力，见好就收。

“君子居则贵左，用兵则贵右”，这是中国古代的礼仪和军事制度。“君子”是道德修养高明的人。以正治国，喜欢在左边；用兵的时候，喜欢在右边。“左、右”是两个代号，右则属阴，用兵的时候，非用阴谋不可，敌人如何准备来打你，你准备如何去打敌人，不使用阴谋诡诈不足以取胜。

“兵者不祥之器，非君子之器，不得已而用之。”这句话重复的讲，是老子书中少见的情形，表示老子语重心长，提醒大家特别注意。“恬淡为上”，一个大军统帅的修养，以恬淡为上。诸葛亮有句名言：“淡泊以明志，宁静以致远。”修道的人，在中国历史上，除了诸葛亮以外，很少看到有这样修养的人。

“吉事尚左，凶事尚右”，“偏将军居左，上将军居右”，拿现代的军事组织来说，总司令在右边，副总司令在左边。因为，当一个作战命令颁下以后，打起仗来，成千上万的生命就会牺牲，这是凶事。“言以丧礼处之”，应该怀着丧失一样的悲痛心理去处理。“杀人之众，以悲哀莅之”，即使战胜了，也不应该骄矜得意，还是要怀着丧礼悲痛的心情，来处理战后的一切。

儒家的两位圣贤的说法与老子本文可谓异口同声：《论语·卫灵公第十五》：“卫灵公问陈于孔子。孔子对曰：‘俎豆之事，则尝闻之矣；军旅之事，未之学也。’明日遂行。”孟子也说：“争地之战，杀人盈野；争城之战，杀人盈城，此所谓率土地而食人肉，罪不容于死。”墨家也同样主张“非攻”。所以杜甫《前出塞》中写道：“苟能制侵陵，岂在多杀伤？”

☞ 案例故事

楚庄王不为京观①

楚重至于邲，遂次于衡雍。潘党曰："君盍筑武军，而收晋尸以为京观。臣闻克敌必示子孙，以无忘武功。"楚子曰："非尔所知也。夫文，止戈为武……夫武，禁暴、戢兵、保大、定功、安民、和众、丰财者也。故使子孙无忘其章。今我使二国暴骨，暴矣；观兵以威诸侯，兵不戢矣。暴而不戢，安能保大？犹有晋在，焉得定功？所违民欲犹多，民何安焉？无德而强争诸侯，何以和众？利人之几，而安人之乱，以为己荣，何以丰财？武有七德，我无一焉，何以示子孙？其为先君宫，告成事而已。武非吾功也。古者明王伐不敬，取其鲸鲵而封之，以为大戮，于是乎有京观，以惩淫慝。今罪无所，而民皆尽忠以死君命，又可以为京观乎？"祀于河，作先君宫，告成事而还。

① 出自(春秋)左丘明：《左传·宣公十三年》，岳麓书社 1988 年版，第 134 页。

第三十二章　道常无名

道常无名。朴①虽小，天下莫能②臣③也。侯王若能守之，万物将自宾④。天地相合⑤，以降甘露⑥，民莫之令而自均。始制有名⑦，名亦既有，夫亦将知止，知止可以不殆⑧。譬⑨道之在天下，犹川谷之于江海。

☞ **注释**

①朴：本义是未凿之木，这里是老子的专有名词，代表道的最原始、最初的、最细微的应用。

②莫能：没有人能够。

③臣：动词，降服、使之臣服。本义是“事君也”，象屈服之形。《广韵》：“伏也”。仕于公曰臣，仕于家曰仆。陈鼓应本“臣”之后无“也”字。

④自宾：不请自至，指自动、自然地归附、依从。宾，所敬也。又客也，服也。又君为主，臣为宾。

⑤合：合口也。又同也，配也，会也，聚也。

⑥以降甘露：降下甘露。降，自上而下。又落也。甘露，及时雨，又叫“甘霖”。甘，美也，甜也，从口含一。露，本义是润泽。

⑦始制有名：开始有了名称和各种制度、观念。泛指一切知识理论。这里代表了道的变化。高亨注：“道本无名，及化成万物，乃始有名。功成名遂，各安于无事，故云知止。所谓‘功成不居，生而不有’也。守常道，天下归之，犹百川归大海也。”

⑧殆：危险。

⑨譬：打比方。

☞ **今译**

道是无名的。“朴”虽然小，天下却没有人能做它的主人。王侯若能守得住“朴”，万物将自然宾服。天地相合，降下甘露，没有人命令而自然均匀。由无名的道的演化开始产生了名称、观念等一切的万有，万有既然已经产生，又要知道适可而止，知道适可而止就可以避免危险。可名的万有的终极，仍是无名的道。天下归向于道，正好比河流归向大海。

☞ 引述

本章讲道体和道用间的循环往复演化，内容和首章“有名天地之始，无名万物之母”异曲而同工。

本章利用上天降雨的自然平均作比喻，形容道和万物之间不可割舍的关系。道产生一切，一切都在道中。万物归向道，就像江河归向大海；道产生万物，则又如海水成云，云成雨，雨均匀地润泽万物。如此循环往复，“归根曰根，静曰复命。”详细解释如下。

道讲的是变，也就是佛家讲的“无常”，它不是永恒固定的，而是随时都在变。天地间的事物没有不变的，所以“道常无名”，没有一个永远不变的形态，没有一个永远不变的应用。“朴虽小，天下莫能臣”，“朴”代表道的原始应用，最初的、最细微的运用。“朴”看起来很小，但天下没有可降服它的，“臣”字则是降服的意思。

“侯王若能守之，万物将自宾”，如果真懂得“朴”的应用，才能作一个帝王，或作一个领袖；以现代观念而言，一个家庭中有一大堆子孙，责任人就是领袖，也是个侯王。这个侯王就要懂得“守朴”，最基本的一点朴实无华要守得住。能抓得住基本、那一点原始的运用，“万物将自宾”，宾者客也，那万物就由你做主，都向你归依而来了。

“天地相合，以降甘露，民莫之令而自均。”天地相合，阴阳交会，也就是地气上升，碰到高空的冷空气，凝结成雨，降落到地面。干旱时降下的雨叫“甘露”。“民莫之令而自均”，上天下雨是平均的、公平的，没有办法因个人的意愿而获得。因为天地是自然对待万物的。

“始制有名”，“名”就是刑名，代表法令、制度；换句话说，“名”代表人类文化观念的成立。人类有了教育、有了文化，接着一大堆的方法、理论就出来了。“夫亦将知止”，理论越多，社会越乱，要适可而止。“知止可以不殆”，人类越进入文明，社会的思想就越混乱，于是就会盲从，不晓得如何是好。所以，老子道家的思想，认为文明的发展要适可而止，过分的发展，会变成尖锐，尖锐了就会出毛病。

所以，道的作用，“譬道之在天下，犹川谷之于江海”，“道”在宇宙的作用好比“川谷之于江海”：下雨时山上的水流到溪谷中去，溪谷中水满了，就流到河川，最后一切归之于大海。也就是说，天下不论什么事物，皆要归之于“道”。“道”从形而下的作用，又回到形而上的道体。

☞ 案例故事

滴水和尚①

寒冬腊月，一个和尚去天龙寺拜见仪山禅师。外面下着很大的雪，可是仪山禅师却不让他进门。那个和尚就在门外一直跪着，这一跪就是三天。仪山的弟子看他

① 出自(宋)普济著，禅宗公案集《五灯会元》，中华书局1984年版。

可怜，纷纷为他求情，可是仪山说："我这里不是收容所，不收留那些没有住所的人!"弟子们没有办法，只好纷纷走开。到了第四天的时候，那个和尚身上皴裂的地方开始流血，他一次次地倒下又重新起来，但他依然跪在那里。仪山下令弟子："谁也不准开门，否则就将他逐出门外!"七天后，那个和尚支撑不住，倒了下去。仪山出来试了一下他的鼻子，尚且有一丝呼吸，于是便吩咐将他扶了进去。这个和尚终于进了仪山禅师门下参学。

有一天，这个和尚向仪山禅师问道："'无'字，与般若有什么分别?"话刚说完，仪山一拳打了过来，大吼："这个问题岂是你能问的? 滚出去!"和尚被仪山的拳头打得头晕目眩，耳朵里只有仪山的吼声，忽然间，他想通了："有与无都是自己的肤浅意识，你看我有，我看我无。"

有一次，仪山禅师入浴，因水太热遣人加冷水，这个和尚匆匆地提了一桶冷水来加，然后将剩下的水随手倒掉了，仪山禅师不悦地指责道："因地修行，阴德第一，你怎么如此不惜福? 虽是一滴水，给树，树也欢喜；给草，草也欢喜；水也不失其价值，为什么如此不惜物呢?"这个训诫使和尚将滴水铭刻于心，遂将自己的法名改为"滴水"。

滴水和尚后来弘法传道，有人问他："请问世间什么功德最大?""滴水!"

"虚空包容万物，什么可包容虚空?""滴水!"

滴水和尚从此把心和滴水融在一起，心包太虚，一滴水也有无尽的时空。

第三十三章　知人者智

知人者智[1]，自知者明。胜人者有力，自胜者强[2]。知足者富[3]。强行[4]者有志。不失其所[5]者久。死而不亡[6]者寿。

☞ 注释

①智：识也，有时通作“知”。《荀子·正名篇》：“知而有所合谓之智。”
②强：强大。“strong”，“powerful”。
③富：备也，福也。富有，指钱财很充足。《庄子·天地》：“有万不同之谓富。”
④强行：勤勉力行。
⑤不失其所：不丧失他的本分。所，本色、本位、本分、本性。
⑥死而不亡：身没而道犹存(王弼注)。“死而不亡”有两种解释：第一种是儒家“立德、立功、立言”三不朽之说。指人虽然已经不在了，精神却留在人间，永垂不朽；第二种解释是道家“长生不老”之说。真正学道的人修正到自己的肉体生命含藏有一个不生不灭生命的本能，身体虽然死去，而此本能永远存在。此处指第二种解释。

☞ 今译

认识别人叫做智慧；认识自己叫做明白。战胜别人叫做有力；战胜自己叫做强大；知足的人富有；勉强力行的人有意志。不失本位的人长久，身死而不朽的人长寿。

☞ 引述

本章好似格言联璧：“知人之智、自知之明、自胜者强、知足者富、不失其所、死而不亡……”本文出现的成语至今鲜活地在日常生活中使用，所以意思很容易理解，但真正做到的却没有几个人。

“知人者智”讲政治哲学的最高点。一个人能够看清楚别人，能够把任何人都认识清楚，就是一个很有智慧的人，所以说。古代成大功立大业的人，如汉高祖、唐太宗、蜀主刘备等，都是有知人的智慧。刘备就晓得非找诸葛亮不可；等于现在工商界巨子，非要请一个好伙计——总经理来做帮手不可。但是那个找来的人好或不好，自己要有知人之智。历史上一个好的领袖，都能“知人善任”——能认识这个人，了解他可以负担什么任务，然后才能交代事情给他做。“知人善任”最难，只要能做到这一点，就是一个好的领袖人物了。

“知人者智”还是第一步，第二步是“自知者明”。能够自知才是一个明白人，但是天下明白人很少，除了成道的人之外。佛家讲成佛的人才能有自知之明，一般人都不明白自己。但奇怪的是，世界上的人都觉得自己最明白自己，都觉得别人不了解自己，可见“自知之明”很难。刘备有自知之明，晓得自己要领兵作战，必须要找一个好的参谋长、好的军师，才能克敌制胜。而刘备还算不得圣人的自知之明，圣人的自知之明，就是大彻大悟了。

“胜人者有力，自胜者强”，“胜人”是与人打架打赢了。力气大的人有蛮力，与人打架能够获胜，这不算什么；要能战胜自己的人，才称得上一个强人。要想战胜自己，克服自己，那是很难的。修道成功的人就是自胜，能战胜自己的欲望，战胜自己的烦恼妄念，所以，一个真正坚强的人才能修道、才能成佛。可是，要战胜自己，只有圣人才能做到啊！英雄能够征服天下，不能征服自己；征服天下易，征服自己难。甚至有些英雄，把自己烦恼痛苦，建立在别人的头上，而他却认为自己很了不起。圣人是不想把自己的烦恼和痛苦放在任何一个人的身上，他是把天下人的烦恼和痛苦都担起来，这是圣人与英雄的区别。

“知足者富”，真正的财富，是“知足者富”，懂得知足才是真正的财富。不知足就永远跟着欲望跑，而欲望是永无止境的，所以人永远生活在痛苦之中。

“强行者有志”，能把做不到的事情做到了，这才叫有志气。也就是佛家说菩萨道的两句话：“行人所不能行，忍人所不能忍”，这就叫“有道之士”，梵文叫做“菩萨”。

“不失其所者久”，《中庸》：“素其位而行，不愿乎其外。素富贵行乎富贵，素贫贱行乎贫贱”，成语说：“我行我素”，人要守住本分，要认清自己，也就是“自知者明”。能认清自己，就晓得我应该做些什么事情，负些什么责任，不失自己的本位，才可以长久。

“死而不亡者寿”就是长生不死。佛家讲“涅槃”，意思是不生不死；道家则讲形的变去，可是精神永远不死；以世俗的观念而言，就是虽然死了，有功业留在人间，有学术思想影响后世。但真正学道的人，修正自己的肉体生命含藏有一个不生不灭的生命本能，肉体虽然死去，而此本能永远存在。这就是“死而不亡者寿”的真正含义了。

本章的文章都是对等的，好像格言一样，因为这个“朴”讲的是中道观。“知人者智，自知者明”是对等的。“胜人者有力，自胜者强”是对等的。“知足者富”与“强行者有志”也是对等的，这就是中庸的道理。

☞ 案例故事

大作家多寿①

相比影视圈而言，自古文坛多寿星：孔子享年73岁，荀子74岁，庄子83岁，

① 出自《文人与长寿——引言：杰出文人寿星多》，360个人图书馆，http://www.360doc.com/content/14/0810/19/410279_400855393.shtml。

孟子84岁，墨子92岁；近代蜚声文坛的寿星中，享年九十岁不少见，逾百岁也不稀少：马寅初101岁，巴金101岁，刘海粟99岁，冰心99岁，赵时纲98岁，邓白98岁，齐白石97岁，陶博吾96岁，夏衍95岁，叶圣陶94岁，吴大猷93岁，黄宾虹91岁。

老子说："不失其所者久，死而不亡者寿"。第35章又说："执大象，天下往。往而不害，安、平、泰。"

第三十四章　大道汜兮

大道汜①兮，其可左右②。万物恃③之以生而不辞，功成而不名④有，衣⑤养万物而不为主。常无欲，可名于小⑥。万物归⑦焉而不为主，可名为大。以其终不自为大，故能成其大。

☞ 注释

①汜：同“泛”。泛滥，水漫延也，普博也。
②其可左右：好像就在我们的左右。意指随时随地、无所不在。
③恃：依也，赖也；负也。《诗·小雅》：“无母何恃”。
④名：一说“名”字为衍字，应作“功成而不有。”
⑤衣：覆载。衣者，所以蔽体者也。上曰衣，下曰裳，象覆二人之形。
⑥衣养万物而不为主。常无欲，可名于小。万物归焉而不为主，可名为大：此句有两种断句方式，其一如本书，将“衣养万物而不为主”与前两句并，而以“常无欲”句与“可名于小”并。其二陈鼓应本作“衣养万物而不为主，可名于小；万物归焉而不为主，可名为大。”
⑦归：本义是女子出嫁，这里是归依、归附、回归之义。

☞ 今译

大道广泛流行，无所不在。万物依赖它生长而不推辞，功成而不占有。覆载养育万物而不自以为主宰，从来不求回报，可以称是渺小；万物归附于他而不自以为主宰，可以称是伟大——由于它不自以为大，所以才成其为大。

☞ 引述

本章对道的体用和成效进一步加以说明。

沧海横流的道覆载和养育万物，使万物各得其所、各适其性，而道无欲无求，不为主宰。大道如虚空，无所不包；大道如镜，来者不拒，往者不留；大道广博，无所不宜。浑朴隐约，因此称为“小”；万物所宗，因此称为“大”。因为他不自以为伟大，所以能成为伟大，才是真正的伟大。

所谓“大道泛兮”，是说“道”是到处存在、无所不在的，“其可左右”，好像在我们的左右。虽然也看不见、摸不着，但是随时在我们目前，又像在我们胸中一样。

“万物恃之以生而不辞”，宇宙万物都是它生的，宇宙万物的现象都是它的相，宇宙万物的用就是它的用。万物靠它而生，但对它没有回报，可是它不辞劳苦，永远生生不息。“功成而名不就”，它滋生万物而不表功，也没有拿什么东西标榜自己。

“衣养万物而不为主”，“衣养”就像佛学的名词“加庇”，是保护，盖覆，像穿衣服一样。它庇护万物，但是它并不做万物的主人。虽生万物，是自然而生；万物最后自然归于毁灭，回到它的本来。一切都是自然的，它并不做万物之主。“常无欲，可名于小”，它本身没有一点欲望，对万物没有任何要求，因此可以随便为之定名，讲它很小。对于老子所说的“小”，庄子后来加了一个观念，小到多么小呢？说“小而无内”，小而无内也就是大。

“万物归焉而不为主，可名为大”，万物最后又回到它那里。所以它包容了万物，这也可以叫它为大。换一句话说，大也好，小也好，讲它“空”也好，“有”也好，都是一个人为的观念，它本身没有一个什么观念。因为道这个东西，它不像人，也不像其他的现象，但是，人和一切万有现象，都是它所生。“以其终不自为大，故能成其大”，而它没有自高、自大、自满、自足，所以能成为伟大，这才是真正的伟大。

我们明了了“道”的本体和作用，就知道我们本身的生命也是“道”所生，死亡也是回归到“道”的怀抱里去，那么我们就对于生死往来的现象无所谓了。这个就是出世。

☞ 案例故事

无名的微妙能量①

那些有智慧的人看起来平淡无奇，
看似心地纯朴、头脑简单，
其实他们是那些洞悉绝对真理模式的人。
明白那些模式是一种微妙的能量，
而正是这一无名的微妙能量推动了整个世界！

① 出自[美]大卫·R. 霍金斯著，李楠译：《意念力》，中国城市出版社2012年版。标题为编者所加。

第三十五章　执大象，天下往

执大象①，天下往②。往而不害③，安、平、太④。乐与饵⑤，过客止⑥。道之出口，淡⑦乎其无味。视之不足见⑧，听之不足闻，用之不足既⑨。

☞ 注释

①执大象：守持着大道。执，本义是捕罪人也。又守也，持也。

②往：归往。“往”字的两种解释：一是指去。《说文》：“之也，从彳。之，出也，象草过彻，枝茎渐益大，有所之也，一者地也。”引申为“往”。《玉篇》：“行也，去也”。《易·履卦》：“素履，往无咎”。《礼·曲礼》：“礼尚往来。往而不来，非礼也；来而不往，亦非礼也”。二是指归向。《集韵》：“往，于放切，去声，归向也”。《史记·孔子世家赞》：“虽不能至，心向往之”。天下归来于道，还是道归去于天下？南怀瑾先生释“执大象天下往”为：“人要懂得天地万有的大现象法则，则天下都可去得，而无往不利”。释“往”为往去。陈鼓应先生释此句为：“执守大道，天下人都来归往”，释“往”为来。“往”的意思是“去”和“来”的正反合体。

③害：伤也，从言从家，言害从家起也。《增韵》：“利，害之对也。”又残也，祸也。又妨也，忌也。

④安、平、太：安宁、平和、通泰，这三者都是解释前文“不害”的含义。“太”字通“泰”。

⑤乐与饵：音乐和美食。“乐与饵，过客止”指乐于奉献，过客止步。比如：有优惠政策，投资者聚，民亦乐居。

⑥止：停留。本义是下基也，象草木出而有址，引申为人的脚趾，又引申为停止、停留。

⑦淡：滋味清淡，这里形容道的淡泊。详见第 31 章注释⑥。

⑧不足见：不可见的意思。

⑨既：《广雅·释诂》：“尽也”。

☞ 今译

执守大道，天下归往。归往而不相伤害，安乐、平和、通泰。音乐和美食，过客止步。道的样子，淡而无味，视之不见、听之不闻、用之不尽。

☞ 引述

大道无形、道隐无名，而无形的大道却正是我们应该执守的“大象”——根本规律。

有道的人，天下都会归往，归往而不相妨害，安乐、平和、平等、公正。“乐与饵，过客止”：有道之士的牺牲和奉献，让归往的人好像都有所得的样子。好比地方的投资环境和政策好，吸引投资者前往投资一样。又如同佛教里的“西天极乐世界”显现的境界，或类似于《圣经》中的“伊甸园”。

而这就是这个看起来可怜兮兮的道，说出来是淡而无味的，看起来也看不到它，用它也用不上它。《菜根谭》：“浓肥辛甘非真味，真味只是淡；神奇卓异非至人，至人只是常。”

☞ 案例故事

水自流，瓢自漂

《红楼梦》中有这样一段宝黛对话。(宝玉)忽然大笑道：“任凭弱水三千，我只取一瓢饮。”黛玉道：“瓢之漂水奈何?”宝玉道：“非瓢漂水，水自流，瓢自漂耳!”黛玉道：“水止珠沉，奈何?”宝玉道：“禅心已作沾泥絮，莫向春风舞鹧鸪。”①

风行其所不得不行，止其所不得不止。花知道顺应风势，使花粉落在柱头上，花粉就长出一根管子来，进行传宗接代。风是博大的，并不为传播花粉而吹。② 花也是没有机巧、没有有谋算的。双方虽然有施有受，共存共荣，却都是不经意的。

飘之漂和水之流，并没有直接关系。风和花的关系也一样。六祖曰：“仁者心动。”天和人的关系，天心难知，而人自求多福。风的境界高，吹遍二十四番花信，一无所取，浑然俱忘。

---

① 选自曹雪芹著：《红楼梦》第 91 回“纵淫心宝蟾工设计　布疑阵宝玉妄谈禅”，人民文学出版社 1996 年版。

② 出自王鼎钧著：《风·蝴蝶》，《广州日报》，2013 年 10 月 9 日，有删改。

第三十六章　将欲歙之

将欲歙之①，必固②张之。将欲弱之，必固强之。将欲废之，必固兴③之。将欲夺之，必固与之。是谓微明④。柔弱⑤胜刚强⑥。鱼不可脱于渊，国之利器⑦，不可以示人⑧。

☞ **注释**

①歙(xī)之：收敛的、吸进的。翕，本义是缩鼻也，就是往内吸鼻子。“之”字有两种解释：代词和虚词。“之”，普通解释成代词“它”，那么这句话的意思就是：“将要收敛(拾)它，必先扩张它。”好像耍手腕的意思。其实“之”解释成“者”，语气助词，无实在意义，相当于今天的“的”，那么本段话就没有针对具体事物，而纯粹是对事物一般变化特征的描述而已。

②固：暂且。一说“必然”、“一定”。固，本义是四塞也，就是四面阻碍严实。又坚也、坚固。

③兴：举。

④微明：微妙的光明(智慧)，又引申为几先的征兆。

⑤柔弱：柔软、软弱。柔：木曲直也，从木，矛声，形容植物初生而嫩。又“刚”的反义词，指软。弱，尫劣，即力气小。又懦弱、衰弱、弯曲。此处“柔弱”是中性词。第40章：“弱者道之用”。

⑥刚强：强断也。又坚也、硬也。刚：从冈从人。冈是山脊的意思。

⑦利器：邦国里“刚强”的一面，包括了权道、仁智、武器等。即凡是违反了“柔弱”标准的国家机器的总称。“利器”的字面义是有效的武器。此外又有多种说法：一指权道(河上公说)；二指赏罚(韩非说)；三指圣智、仁义、巧利(范应元说)；四指权柄、兵力(陈鼓应说)。

⑧示人：示现给人。示，从二，三垂，日月星也。《周易·系辞》：“天垂象，见吉凶，所以示人也。”古文“二”是古文“上”字，三竖代表日月星。“示”作为汉字的一个部首，其义多与祭祀、礼仪有关。本读“奇”音，本义是地神，引申义是显示、表现。《玉篇》：“示者，语也。以事告人曰示也。”

☞ **今译**

将欲收敛的，必先张开；将欲削弱的，必先增强；将欲废弃的，必先兴举；将欲收取的，必先给予。这就是微妙的光明。柔弱胜过刚强。鱼不可脱离深渊，国家刚强的东西，不可示现于人。

☞ 引述

本章很多人都误认为老子讲阴谋，实际上这是老子观察自然和社会的一般规律的总结。要想吃粮食就得先种庄稼，要想收获必须先付出，这是自然的道理。欲取先予、欲抑先扬、物极必反、势强必弱是千古不易的道理。又比如，中医治疗一种脓疮的方法，是让它先长熟，然后一下子连根拔除，没有后患，也不会留下疤痕。反之倘若在它未成熟之前动手，就会事倍功半，而且可能会在皮肤表面留下疤痕。

展开来说：

首先，“将要合起来，必先张开来”是天道的自然。比如在事物发展的过程中，张开、强盛是闭合、衰落的一种征兆。花朵怒放是即将凋谢的征兆，月亮圆满是即将亏缺的征兆。“祸兮福之所倚，福兮祸之所伏(第58章)”；“失败是成功之母”，“成功是失败是父”。

其次，顺应天道，就能以柔胜刚、以弱胜强。由于看似柔弱的东西含藏内敛，往往较富韧性；而看似刚强的东西，由于它的彰显外溢，往往暴露而不能持久。所谓“满瓶不响、半瓶咣当”。

再次，懂得了善恶同轨、福祸同根、吉凶同门的道理，就能把握事物变化的先机，就叫做“微明。”《周易·系辞》：“知几其神乎！几者，动之微，吉之先见者也。”“魔鬼定律”：“没有比禁止更好的鼓励。”

再次，如果要消除某个事情，先把它引向深入，发展到极端，使它达到物极必反的状态，就会自动走向自己的反面。

最后，明白了柔弱和刚强的辩证，就明白圣人和圣法都是“坚强”一类的东西，不可以用来耀示人民。好比在人类社会生活中，“棋圣”、“书圣”、“乐圣”、“球王”、“拳王”、“歌后”、“超级宝贝”、“超级明星”、“超级男生”等，也都是“国之利器”之类的东西，它们的彰显是一面双刃剑，常常会妨碍本行业的健康发展。

换个角度来说，在世人眼中最昂贵的东西，比如珠宝、奢侈品等，在自然看来，却是无用的。而这个世界上最珍贵的东西，却都是免费的。比如阳光、空气、爱情、亲情、友情、梦想、信念……都是不要钱的。但是，打着“免费”口号的商品却是最贵的：比如“义演”、“义诊”、“免费旅游”。

所以，最强大的东西是柔弱的，比如一个学说、一个政治组织。基督教发展初期，正是兼容并蓄的宽容态度和非暴力主义，使它发展成普世性的宗教。而一旦它坚硬起来，发动“圣战”，就是衰落的表现。老子始终主张用柔用弱，所以说“柔弱胜刚强”。我们做人处世要懂得柔软，像练武功的太极拳一样，柔能克刚。

天下最柔软的莫过于水，它柔软得没有骨头，无丝毫之力，可是，水滴石穿。这就是柔弱胜刚强，刚强的东西没有刚强可加以对抗，只有柔软可以制服。英雄虽然征服了天下，但美人的温柔就能征服英雄。

老子主张用阴、用柔、用弱，不是叫人做坏事。所谓柔弱，在做人的道德行为上就是谦退礼让，也就是吃亏；吃亏并不是笨，多吃一点亏没有关系，让别人多占一点便宜。吃亏是福，“柔弱胜刚强”。老子这些主张也就是后世所讲的帝王术，被人认为是权术谋略的最高原理。

“国之利器，不可以示人”，“国之利器”就是国家中属于“刚强”一类的东西，比如“军队”、“法令”之类的东西。一旦必须启动起来，就说明已经出问题了。像“鱼不可脱于渊”，鱼一旦离开水就完了。所以人、国家都要懂得自处之道，像鱼不离开水一样，保持柔弱的那种刚强。

☞ 案例故事

南风法则

南风和北风比威力，看谁能把行人身上的大衣脱掉。北风凛冽刺骨，结果行人把大衣裹得紧紧的。南风徐徐吹动，风和日丽，行人觉得春意融融，始而解开纽扣，继而脱掉大衣，因而，南风获得了胜利。

人际关系中，如果开展批评就板起面孔、不讲面子、态度严峻、说话尖锐，似乎只有这样狠狠地训一顿，才能使对方接受教训、改正错误。其实，恰恰相反，这样往往不能使对方接受，还有可能增加对立情绪，结果事与愿违。

企业在制定制度时也是一样，不能只是管束、严惩，员工也需要成长和理解，因此制度更应该体现的是教导和尊重以及适当的人情味。温馨的工作环境更能激发员工工作的热情和积极性。

想要得到，就先要付出；将要合起来，必先张开来，这就是得与失、是与非，乃至万事万物的变化之道。

第三十七章　道常无为而无不为

道常无为，而无不为。侯王若能守①之，万物将自化②。化而欲作③，吾将镇④之以无名之朴⑤。无名之朴，夫亦将不欲。不欲以静⑥，天下将自定⑦。

☞ 注释

①守：守官也。本义是官吏的职责、职守，这里是动词，表示遵守、奉行。又信守、保守、看守。

②化：生化。化从匕从人。匕，匙也。《说文》："教行也"。《增韵》："凡以道业诲人谓之教；躬行于上，风动于下谓之化。"又以德化民曰化。又泛言改易，亦曰变化。又《韵会》："天地阴阳运行，自有自无，自无而有，万物生息，则为化。"如"造化"、"大化"。

③作：兴起的意思。从人，乍声，起也，为也，始也，生也。《易·乾卦》："圣人作而万物睹。"

④镇：博压也。从金，真声。引申为重也、安也、压也。

⑤无名之朴：指道原始的、最初的、最细微的运用。"道"，老子也叫做"无名"，也叫做"朴"。连起来叫做"无名之朴"。老子认为道是不可名状的，又是万物的根源。

⑥不欲以静：可以做两种解释。第一种解释是没有欲望自然安静。完全无欲，自然静定，则"天下将自定"。第二种解释是因为安静所以没有欲望。必须先做到"静"，才能真做到"无欲"。这两种解释都说得通。

⑦定：又静也、正也、凝也、决也。

☞ 今译

道体本身常是无为的，它的作用却无处不在。王侯若能遵守奉行，万物将自生自化。生化而欲兴起，我将用无名的真朴来镇定它。无名的真朴也无欲无求。清静无为，天下便自然安定。

☞ 引述

本章是《道经》最后一章，讲修道的微妙心法和关节，包括每一阶段的境界状况以及法门。治国的道理和治身的道理没有两样。“侯王”及做大事业的人要是能够懂得、把握住这些道理，“天下将自定”，不用别求解决之道了。本章列出的关节笔者画蛇添足地把它分为七种法门：

一、“守”法：守住“无为而无不为”的道；

二、“化”法：“万物将自化”；

三、“作”法：“化而欲作”；

四、“镇”法：“镇之以无名之朴”；

五、“清”法：“无名之朴亦将无欲”；

六、“静”法：“不欲以静”；

七、“定”法：“天下将自定”。

这与第 16 章“致虚极、守静笃，万物并作，吾以观复。夫物芸芸，各复归其根，归根曰静，静曰复命”一样。最后的“天下自定”也就是“知常容、容乃公、公乃王、王乃天、天乃道”的境界。

儒家其实也有类似心法。如《论语》：“回也，其心三月不违仁，其余则日月至焉而已矣。”子曰：“知及之，仁不能守之；虽得之，必失之；知及之，仁能守之，不庄以莅之，则民不敬；知及之，仁能守之，庄以莅之，动之不以礼，未善也。”同样是体道的过程，所用的名词和方法不同。

第 36 章“鱼不脱于渊”就是“柔弱”，“柔弱”就是第 37 章的“无为”，“无为”就是第 38 章的“上德不德”。“无为”方能刚强、“柔弱”方能“无不为”。

“道常无为”，“道”的本身是无为的，真无为也就是道了，也就是“涅槃”，也就是“菩萨”。

老子说道体永远是“无为”，它的用则是“无所不为”，意思是无所不起作用、处处起作用。有人解释道家的“无为”时，主张“万事不管”。其实“道常无为而无不为”，这正是样样都要管。“道常无为而无不为”的“常无为”，是讲“道”的体；“无不为”是讲“道”的用。宇宙万物就是“道”的用，所以它无所不为。到了最后归于静，归于空，所以是“无为”。所以，道家的真正“无为之治”是“无所不为”的。

“侯王若能守之，万物将自化，”做大事业的人，能够懂得这个道理，并把握住这个道理，“万物将自化”，不但功业能够成就，进而守之，这个道理还可以用之修道。

换句话说，真做到了无为，许多不想要的偏偏会来。真放下了，你不要的它偏来；你所希望的，它也归到无为里去了，那个就是万物的自化。

“化而欲作，吾将镇之以无名之朴”，人能够守住这个道，万物将自化，万物万事都进入你的境界了。“化而欲作”，如果在这个清静无为之中，想起作用，想要取之不尽、用之不竭，就要“镇之以无名之朴”，永远保持原始的状态。否则用久了之后，现象也变了，那就完了。

“无名之朴，夫亦将无欲”，“无名之朴”就是自己没有欲望，无欲无依，所以，佛家叫做“空”，无所求，没有任何的欲望，无所依，一切都空了。

最后，做到“不欲以静”的话，先是自己清静无为，那么“天下将自定”。做人、做事、创业，也是同样的道理。柔弱胜刚强，做事情能够勤劳，一念万年，细水长流，无所求，无所图，亦不放弃努力，最后一定是成功的。

☞ 案例故事

两忘而化其道

李小龙说过，一般人最大的通病便是太自满，一味以为自己了不起，于是便缺乏上进心了。另一种人则太不知足，贪得无厌，毫无自律可言，更谈不上自我警惕。贪婪的人无法掩盖他自己丑恶的面目，他的身体是透光的，他生活在戏剧化的人生里，结果使自己陷于不能自拔的深渊。①

而认为自己消除了自满，往往会因此产生新的优越感。故不如两忘而化其道。

① 摘自《李小龙名言》，新学网，http://www.newxue.com/mingrenmingyanmingju/134458860815449.html.

第三十八章　上德不德

上德[①]不德，是以有德；下德不失德，是以无德。上德无为而无以为；下德为之而有以为。上仁为之而无以为；上义为之而有以为；上礼为之而莫之应[②]，则攘臂[③]而扔[④]之。故失道而后德[⑤]，失德而后仁，失仁而后义，失义而后礼。夫礼者，忠信之薄，而乱之首。前识[⑥]者，道之华[⑦]，而愚之始。是以大丈夫处其厚[⑧]不居其薄[⑨]，处其实不居其华。故去彼取此。

☞ 注释

①上德：上品的道德。也可指具有最高道德的人。此处及以下几句中的“上”、“下”仅是一种相对的划分，没有实在意义。德者，得也。德是道的属性，是良好行为的成果。“道”与“德”不可分离，但又有不同。“道”是无形无迹的体，德代表道之用。即本体之不可名状之虚曰道，显现于物或作用于物是为德。秦汉以上的思想、学术中，道与德两个字往往是各自分开的。道、德两个字合起来做一个名词用是秦汉以后的事。

②莫之应：没有得到回应、回报。

③攘(rǎng)臂：揎袖出臂。俗话“卷起袖子上”。

④仍(rēng)：扔也，引也，强牵也。

⑤失道而后德：丧失了道才出现德。意思是说，大道的缺乏，才需要德。下文“仁”、“义”、“礼”的出现也同样如此。

⑥前识：指预设的种种礼仪、知识、规范等，类似于《庄子》说的“成心”、“成见”。《韩非子·解老篇》：“先物行、先理动之谓前识。”

⑦华：花。草谓之荣，木谓之华。此处有光荣、荣华、虚华、假象的意思。又医学上指轻浮柔软如花的脉象叫“华脉”。《黄帝内经·素问·大奇论》：“脉至如华者令人善恐，不欲坐卧，行立常听，是小肠气予不足也。”王冰注：“脉至如华，谓似华虚弱，不可正取也。”华通花。

⑧厚：不薄也、重也。本义指山陵厚重。

⑨薄：浅薄、淡薄、单薄、刻薄。

☞ 今译

上品的道德没有道德，反而有道德；下品的道德执著于呆板的道德，反而丧失道德。上品的道德顺其自然，而无心作为；下品的道德顺其自然，而有心作为。上品的仁爱有所作为，而出于无心；上品的正义有所作为，而出于有意。上品的礼仪有所作为，而得不到回应，就伸出手臂来使人强从。

所以失去了道而后才有德，失去了德而后才有仁，失去了仁而后才有义，失去了义而后才有礼。礼是忠信的衰减、祸乱的开始。预先的知识是道的虚华、是愚昧的开始。

所以大丈夫自处于厚重的朴实，而不处于轻薄的浮华。因此远离虚华，返璞归真。

☞ 引述

自第 38 章开始是《老子》下篇，又名“下经”。整个连起来，上经讲“道”，勉强给它一个范围，是讲“道之体”，讲“道”的根本。下经讲“德”，“德”是讲“道之用”。道即自然，合于道即为德。道是体；德是用。道是“无为而无不为”的，“德”是道的属性和外在表现。凡是符合道的行为就是“有德”，反之就是“无德”，或曰“失德”，或曰“缺德”。

老子将“德”分为上下两种，“上德”是无心的流露，“下德”则有了居心。“仁义”是从“下德”产生的，属于有心的作为，已经不是自然地流露了。到了“礼”，就注入勉强的成分。

高明说：“此章主要讲论老子以道观察德、仁、义、礼四者之不同层次，而以德为上，其次为仁，再次为义，最次为礼。德、仁、义、礼不仅递相差次，每况愈下，而且相继而生。……德、仁、义、礼之间各自差距如何？老子用‘无为’作为衡量四者的标准，以‘无为而无以为’最上，‘为之而无以为’其次，‘为之而有以为’再次，‘为之前莫之应，则攘臂而扔之’最次。”

所以说，人在道中，不觉得有修道的必要；人失于道，则需德来维持道；而人失于德，则更需仁以维持德……由此而每况愈下。反之，礼成而后义立，义立而后仁爱，仁爱而后德全，德全而后道真。如此则礼、义、仁、德、道交相为用矣。

所以，老子说“是以大丈夫处其厚，不居其薄，处其实，不居其华，故去彼取此。”真正的大丈夫，走实在的路子，只有修道。就是把所有的知识，一切统统丢开了，聪明智慧都丢掉，回归到朴实无华。“去彼取此”，去掉那些外表的华丽知识，找回自己生命本来的朴实。就是“专气致柔能婴儿乎？”回归到在妈妈怀抱时期的那个状态，回归到什么都无分别的那个朴实的身心状态。

☞ 案例故事

警察和小偷

最上者社会不需有警察，因为人人洁身自好；
其次社会有警察，而人人畏惧；
其次社会有警察，而犹不足以维持社会安定，要求人人填写“诚信书”；

其次“诚信书”也没有用，到处安装摄像头，全程监控；

其次“全程监控”也没有用，各种法规推出，实施严刑重罚。

故曰：“上德不德，是以有德。下德不失德，是以无德。”

第三十九章　昔之得一者

昔之得一①者，天得一以清②，地得一以宁③，神得一以灵④，谷得一以盈，万物得一以生，侯王得一以为天下正⑤，其致之也⑥。天无以清将恐裂⑦，地无以宁将恐废⑧，神无以灵将恐歇⑨，谷无以盈将恐竭⑩，万物无以生将恐灭⑪，侯王无以贵高将恐蹶⑫。故贵以贱为本⑬，高以下为基⑭。是以侯王自称孤、寡、不谷⑮。此非以贱为本邪？非乎⑯？故至誉无誉⑰。不欲琭琭如玉，珞珞如石⑱。

☞ **注释**

①得一：得道。“一”即无为、清静，借指道。第42章：“道生一”。

②清：清明。“天得一以清”，《庄子·至乐》：“天无为以之清，地无为以之宁，故两无为相合，万物皆化。”

③宁：安宁、平安。

④灵：神灵。神之精明者称灵。《大戴礼记》：“阳之精气曰神，阴之精气曰灵。”又巫也。

⑤正：中正、平正。《说文》：“是也，从止，一以止。”徐锴曰：“守一以止也。”又官长也。又正直。“正”，一本作“贞”，二字通。

⑥致：招致。“其致之也”有三种不同的解释：一指以上所论都是能得一的效果(任本)；二接侯王句，意为他(侯王)做到了、成功了(南本)；三作为下句话的开篇，“推而言之”(陈本)。今从一。

⑦裂：指裁剪剩余的破布，引申为分散残余的意思。又破也。

⑧废：崩圮也，即地倾、地陷。王弼本“废”字作“发”。发，发动、震动。刘师培：“‘发’是‘废’的省形，读为‘废’”。

⑨歇：息也。本义是指鼻子呼吸，引申为休息。此处是指精气漏泄，精神崩溃。与下文的“竭”意思相同。

⑩竭：尽也；涸也。又败也。《左传·庄十年》：“一鼓作气，再而衰，三而竭。”

⑪灭：尽也。灭亡、灭尽、毁灭、覆灭。

⑫蹶(juě)：跌倒、倒下；失脚。引申为失败、挫折。

⑬本：根本。原义是指草木的根。

⑭基：本义是墙开始的地方，引申为凡物之开始。

⑮孤、寡、不谷：孤德、寡德、不善。指自认德行不够。翻译成现代语就是“我太浅薄了，我差劲，我自己德行不好。”这三个词汇原本是过去王侯的谦称，本义是提醒自己不要忘记了根本，后来变成只能给皇帝用。如“孤家”、“哀家”、“寡人”，所谓“称孤道寡”。

⑯非乎：不是吗？表反问。

⑰至誉无誉：有两种解释：第一种是“最高的荣誉是无须夸誉的”（见陈本），将“至”译为副词“最”；第二种是“追求荣誉就没有荣誉”（见任本），将“至”译为“致（追求）”。由《庄子・至乐篇》引证，今从第一种解释。又此处文本有的将“誉”作“舆”，亦从《庄子》改。誉，称美也。

⑱不欲琭琭（lù）如玉，珞珞（luò）如石：不愿做华丽高贵的美玉，也不愿做落落难合的顽石。另有一种解释“不愿像玉的华丽，宁可如石块般的坚实”（见陈本）；“不想做高贵的美玉，宁做普通的顽石”（见任本）。

☞ 今译

从来凡是得一的：天得一而清明，地得一而安宁，神得一而灵明，谷得一而充盈，万物得一而滋生，侯王得一而中正——他们都是能得一的。

天不得清明就会破裂，地不得安宁就会崩塌，神不得灵明就会漏泄，山谷不得充盈就会枯竭，万物不得生长就会灭绝，侯王不得中正就会颠蹶。

所以贵以贱为根本、高以下为基础。因此侯王自称为“孤”、“寡”、“不谷”，这不正是贵以贱为根本吗？所以最高的荣誉是没有荣誉。因此不愿做高贵的美玉，也不做落落难合的顽石，而紧守着朴素的大道。

☞ 引述

上天、大地、神灵、山谷、万物、侯王……本章从这六个方面来举例说明“得一”的重要性，然后反面论证“失一”的后果，最后提出抱守清虚的主张。

“一”是个指代性名词，因为真正的专一是无处所的。佛家讲修定，定在哪里？定在专一；道家讲的是静，静在哪里？静在专一。“一”在哪里？“一”在零那里，那个零就是“一”；零又是空的，清静无为，那才是“一”，有个“一”可守的话，那就是“二”。

“抱元守一”并不是抱守一个不变的教条或境界，而是善于在万变中体会不变，在不变中运用万变。用禅宗六祖的话说就是“若欲觅不动，动上有不动。”

天下没有免费的午餐。好比说，上学的大学生自己不挣钱而能花天酒地是建立在父母的无偿奉献基础上的；社会发展中，城市的高速发展是建立在乡村的萎靡荒废基础上的；社会阶层中，富人是建立在穷人的基础上的；各种竞赛中，少数冠亚季军的荣光是建立在多数失败者的默默无闻基础上的。所以老子说“贵必以贱为本，高以下为基。”天地本是浑圆一体的，一划分天地之后，城市与乡村、现代与传统、文明与蒙昧等就形成对立，对立的同时，又都互为基础。贵—贱、高—下、荣—辱的二元对立中，一方是另一方存在和发展的条件，所谓“贵以贱为本，高以下为基”，所以人在任何时候，都不能忘记根本，得意忘形。否则，根基不牢，地动山摇。

天下没有免费的午餐，有人得到，就有人失去。换言之，有付出就有回报。换言之，有获得就有失去。明白了这个道理，就能知足常乐了，“能收手时便收手，能回头时且回头。”世界首富都会做慈善，因为这个钱财是从社会中来的，“取之于民、用之于民”，适时地将名誉、财富拿出来照顾自己的基础，反而生存得会更长久。这样才算平衡，才算圆满，才算有道。否则一味贪多务得，使贫富差距悬殊，最后平衡关系破裂，就会来一个天翻地覆的大变化。

再延伸点儿说，看一个酒店的干净程度，就看它的厕所；那么看一个国家的文明程度，就看最下层人的生活。所以设立“最低生活保障制度”、“最低工资标准”之类的做法，都是合乎人性的、合于道的。过去皇帝自称“孤、寡、不谷”，不就是不忘根本吗？现在的政府如果能够体会“孤、寡、不谷”名词背后的道理，不忘记“民为邦本”的法则，百姓的日子就好过了。

当然，看一个人物，不能只看到他倒霉的时候，还要看到他辉煌的时刻。“鹰虽然有时候飞得比鸡还要低，但鸡永远飞不到鹰那么高的天空。”观察一个国家、民族也是如此。

总之，我们看到事物的表面，也要看到事物的里面；看到事物的正面，也要看到事物的反面。不走极端、不太过分、不片面、孤立、静止、形而上地看问题，而是系统、动态、全面、变化、完整地看待万物。换句话说，就是善于持平守衡、中正庸和，自然宁静致远。

☞ 案例故事

鲜花与牛粪

从古至今，荷花已被画了上千年了，很多流派都表现出荷花那种清高、出世的感觉。然而，黄永玉笔下的荷花并不孤傲，而是着重表现一种很绚丽、很灿烂的气质。他在《湘荷在水》跋中说道：“对于周敦颐《爱莲说》，余弱冠即有异见，唯慑于权威思想，转侧难见端倪……”他认为，荷花是圣洁的象征，但污泥涔水之地，万物赖其休养生息，荷花亦为吸吮污泥长成，为何长大后反咬一口，诬污泥为烂账，若非忘恩负义，又作如何解释？①

国画传统讲究“计白当黑”，黄永玉偏偏来个“以黑显白”，这种反向继承不但使画面看上去主体突出，色彩斑斓，而且显得非常厚重，有力度。

明白了黑白、荣辱、得失乃至生死的道理，就叫“得一”。

---

① 出自段慧群《质疑荷花》，载于《武汉晚报》，2014 年 1 月 1 日。有删改。

第四十章　反者道之动

反[①]者道之动[②]，弱[③]者道之用[④]。天下万物生于有，有生于无。

☞ 注释

①反：详见本书第25章注释⑪。
②动：发动。
③弱：柔弱。
④用：作用。

☞ 今译

反是道的发动，弱是道的作用。天下万物生于有，有生于无。

☞ 引述

做工夫，有时快要进一步发动的时候，反而会有相反的状况。做事也一样，做生意也一样。所以做生意稍稍失败，就要熬得住，熬得过去，下一步就会成功赚钱了。这也就是天地物理相对的一面，有去就有回，有动就有静。这个道理，生活中要多多体会才能领悟。做领导的人更要懂得"反者道之动"的原理，根本不怕别人有反对的意见，相反的意见正是"道之动"。换句话说，有反对才有新的启发，才有进步。反对原来是支持，退步原来是向前。毛泽东说："有批评是好事嘛。"子路闻过则喜。不仅如此，有的时候还要主动追求这个"逆反"；甚至于去"造"一个"反"出来。

"弱者道之用"，"弱"当然不是懦弱，而是柔弱，是进步的象征。

"天下万物生于有，有生于无。"天下万物，生生不息，一代代的生都是生于"有"，"有"生于那个"无"，是从"空"来的，"空"能生万有，这与佛家的"缘起性空"同一道理。

本段是第1章"此二者同出而异名"、第2章"有无相生"最清楚明白的注解。展开来说如下。

"生活没有彩排，永远是现场直播。"我们无法为生活做准备，因为做准备本身就是一种生活状态。同理，我们在生活中拼命地"拒绝承认"、"拒绝接受"、"强烈排斥"、"眼不见为净"的东西可能正是生命中真实的东西，只是自欺欺人地采用鸵鸟政策对它视而不见而已。空虚产生实有，“意义”诞生于“无意义”，“有价值”诞生于“无价值”。所以“既然痛苦是快乐的源泉，那又何必因痛苦而伤心？”那么就不会在对立的二元世界中迷惑、丧失本性，而能在应接万事万物的纷纭变化时不起差别心、没有憎爱心。“是法平等，无有高下”。这样就好比《庄子》中的“井底之蛙”跳出了井口，看到天地之大，体会到道德的广崇，给自己以正确的定位，从而达到庖丁解牛的逍遥状态了。

☞ 案例故事

恩生于害、欲扬先抑

张居正，1525—1582 年，出生湖广荆州府江陵县(今湖北省荆州市)，他一岁时就能够说话，成为远近闻名的神童。五岁时候进入私塾学习，读书天赋极高，过目不忘，下笔成文，没过几年，老师告诉他父亲这个孩子他教不了，应该带去考学。十二岁的张居正秀才考试排名全荆州第一，全城轰动，当时考官李士翱反复翻阅张居正考卷之后，只是不断地重复一个词：“国器！国器！”①

担任湖广巡抚的顾璘在此之前就认识了张居正，第一次见面时就对他不凡的谈吐感到惊讶，以致“许以国士，呼为小友”，也就是放下了巡抚和长辈的双重架子，与张居正结为“忘年交”。后来他又专门请张居正到家里做客，而且拿成人的礼节来对待。他还把自己的儿子叫出来，指着张居正说：“这位就是荆州张秀才，以后他当了中枢大要，你可以去见他，他一定会顾念到你是老朋友的儿子的。”

果然，张居正虽然是考生中年龄最小的，但考卷却答得相当漂亮。然而正当考官准备将他录取时，却被顾璘阻止了。原来张居正在考试之前曾写了一首《题竹》，其中写道：“绿遍潇湘外，疏林玉露寒。凤毛丛劲节，直上尽头竿。”他把自己比为凤毛麟角，要就此直上青云。这一方面展现了一种自信与抱负，另一方面也透露着那么一点自负和高傲。这应该是才子们的通病，才气大了，难免眼光高了，气也浮了，古代许多神童的折戟沉沙，也都缘于此。

顾璘把朝廷派来监督招生工作的赵御史请来，对他说：“张居正不是一般的人才，将来一定会对国家作出重大贡献。但是 13 岁就让他中举，这么早入了官场，将来不过是多一个官场上风花雪月、舞文弄墨的文人，对国家其实是一种损失。不如趁他现在年龄小，给他一个挫折，让他多经历一些。”

乡试结果公布，呼声最高的“江陵才子”落榜，一时成为轰动的新闻。这对于此前早就习惯了顺风顺水、到处都是鲜花和掌声的张居正来说，由此带来的打击可想而知，他为此愤愤不平，很是不服气。顾璘也没瞒着这件事，他找到张居正说：“是我坚持不录取你。”虽然没有更多的解释，但年少的张居正听懂了。

3 年后，16 岁的张居正再次参加了乡试，并考中了举人。恰巧这年顾璘在安陆

---

① 结合当年明月著：《明朝那些事儿》(典藏本，第六部)，中国海关出版社 2009 年版，第 36 页和《南京日报》2014 年 6 月 26 日副刊编辑而成。

督工，张居正前来拜见，顾璘很高兴，对他说："古人都说大器晚成，这是作为中材的说法罢了，当然你不是一个中材。上次耽误了你3年时间，这是我的错误。但是，我希望你有大的抱负，要做伊尹，做颜渊，不要做少年成名的秀才。"说完，解下了自己犀牛皮的腰带送给他，说："你将来是要系玉带的，我的这一条配不上你，只能暂时委屈你了。"

顾璘是一代才子，历史上说他"有知人鉴"。他关照张居正的方法不是提拔奖掖，而是让他落榜。顾璘没有看走眼，张居正的确没有辜负顾璘的一片苦心，日后正是他主持了明代历史上最重要的改革，成为历史名相。

所以，老子说："正言若反。"

第四十一章　上士闻道

上士闻道，勤[①]而行之；中士闻道，若存若亡[②]；下士闻道，大笑[③]之。不笑，不足以为道。故建言[④]有之：明道若昧[⑤]，进道若退，夷道若颣[⑥]，上德若谷，大白[⑦]若辱[⑧]，广德若不足，建德若偷[⑨]，质真若渝[⑩]，大方无隅[⑪]，大器晚[⑫]成，大音希声，大象无形，道隐[⑬]无名。夫唯道，善贷[⑭]且成。

☞ 注释

①勤：劳也，这里指积极。

②若存若亡：若有若无，这里指将信将疑。

③笑：讥笑、嘲笑。

④建言：古代的格言。

⑤昧：暗昧。

⑥夷(yí)道若颣(lèi)：平坦的道好似崎岖不平。颣，节也、疵也。《说文》："类，丝节也。"丝有节则不平，引申为不平之名。

⑦白：清白。如"不白之冤"。

⑧辱：耻也。《仪礼注》曰："以白造缁曰辱。"缁，帛黑色。这里形容修道者忍辱含垢的样子。

⑨建德若偷：懈怠、懒惰。刚健之德，反若偷惰。还有一种解释是：建立德行好似偷奸耍滑。"偷"解释为"偷工减料"、"耍奸取巧"，于文意亦通。"广德若不足"即"大成若缺"之意。

⑩渝(yú)：变污也。

⑪隅(yú)：墙角也，这里指方向。

⑫晚：疑作"免"。意为大器不需要加工，自然而成。通行本皆作"晚"，指不能一下子成功。

⑬隐：隐蔽、避匿、逃藏。又微小而不可见。《易·乾卦》："龙德而隐者也。"

⑭贷：施予、帮助。有的传本作"善始且善成"，就是说，"道"使万物善始善终。又有人直接将贷解释成放贷，比喻修道要善于付出才有收获。

☞ 今译

上士闻道，勤力奉行；中士闻道，将信将疑；下士闻道，哈哈大笑——不被嘲笑，那就不足以为道了！

所以，古代的格言说道：光明的道好似暗昧，前进的道好似后退，平坦的道好似崎岖。崇高的德好似山谷，清白的德好似含垢，广博的德好似不足，刚健的德好似怠惰，质地纯真好似变节。

最大的方向是没有方向，最大的器物免于晚成，最大的声音不能听见，最大的现象没有形象。道体是幽隐而没有名相的。

只有道，善于辅助万物并完善万物。

☞ 引述

“正言若反”、“反者道之动”，道的前进有时候表现为后退、道的纯洁有时候表现为肮脏、道的广博有时候看起来好像欠缺……正因为道的隐蔽和没有名相，所以我们要跳出日常生活的二元对立的思维，摆脱名相的束缚。

本文可分为两段。先谈上士、中士和下士对道的态度；次言道和德的表象和内在的二律背反；尾句赞美大道。前三句言“道”，次五句言“德”(道的属性)；次“五大”言“道隐无名”的状态。透过现象看本质，意思和首章“名可名，非常名”相连贯。

首先，“人不可貌相，海水不可斗量”。大道也是如此。生活中有很多现实案例，比如陈寅恪没有大学文凭，却被梁启超推荐到北大任教；著名文献学家张舜徽也没有文凭；唐代李白也没中进士……凡名士大多非高官(高官厚禄是名士风流的人历史上少见)。可见表面的文凭和知识不足以显示人物的真正水平。

同理，真正“为人民服务”的人并不一定就是党员、官员；真正相互爱得深切的人不一定非要结婚、生子；真正文学水平高的人并不以文学见长。如毛泽东、曹操、李世民、孔子、老子等圣贤和英雄，文学水平超一流，但并没有“文学家”的称号。

同样的道理，真正明白的人不一定非用词句来表达意思；真正幸福来敲门了，不一定显得令人喜欢。故“明道若昧、夷道若颣、进道若退……混兮其若浊”。所以当代大作家二月河说：“我是一条混浊的河流。”

反之，玲珑剔透、口若悬河、斤斤计较、咬文嚼字、花言巧语、察察之明的做法，如果没有实在内容作支撑，那只如《卖柑者言》上讲的“金玉其外，败絮其中”罢了。

其次，“上士闻道”句，孔子也说过：“知之者，不如好之者；好之者，不如乐之者。中人以上，可以语上也；中人以下，不可以语上也。”禅宗说：“上士一决一切了”；“学道须是铁汉，抓住心头便判。”耶稣说：“手扶犁耙往后瞧的人，不配进天国的门。”所以圣贤之教，因人而异、因材施教。而我们既然想学老子，一定想做上士，就要懂得“明道若昧、进道若退、夷道若颣……大音希声、大象无形”的原则，在做人做事上去体会，在很平实的人生中体会，这样才真能体会到形而上不可知、不可见的“道”，那就修成功了。

☞ 案例故事

大智若愚①

孔子曾经拜访过老子，向他请教礼。老子告诉孔子说：一个聪明而富于洞察力的人身上经常隐藏着危险，那是因为他喜欢批评别人。雄辩而学识渊博的人也会遭遇不好的命运，那是因为他暴露了别人的缺点。因此，一个人还是节制为好，不可处处占上风，而应采取谨慎的态度。我听说，善于经商的人把货物隐藏起来，好像什么东西也没有；君子具有高尚的品德，他的容貌谦虚得像愚钝的人。抛弃您的骄傲和过多的欲望，抛弃您的情态神色和过大的志向，这些对于您自身都是没有好处的。孔子回去后，对学生说："老聃，真像龙一样啊！"

真正才华横溢的人，外表上看上去和笨拙的普通人并没有差别。

① [中国台湾] 蔡志忠：《老子说》，三联书店1990年版，第16页。

第四十二章　道　生　一

道生一，一生二，二生三，三生万物①。万物负阴而抱阳②，冲气以为和③。人之所恶，唯孤、寡、不谷，而王公以为称。故物或损之而益④，或益之而损。人之所教，我亦教之。强梁⑤者不得其死，吾将以为教父⑥。

☞ 注释

①道生一，一生二，二生三，三生万物：道是浑然一体的，其中蕴涵着阴阳两面，阴阳调和产生了万事万物。详见本章引论部分，及前文专题论述之四。
②负阴而抱阳：(后)背负着阴，(前)怀抱着阳。
③冲气以为和：阴阳相互调和(而生万物)。和，相应和也。“冲气”这里指有形和无形的能量和物质交换。
④损之而益：减损反倒增益。损，减也。又卦名。又伤也、贬也、失也。益，饶也。从水皿。加也，增也，进也。“满招损，谦受益”。后面第79章：“受国之垢，是谓社稷主；受国不祥，是为天下王。正言若反。”可与此句意思相参考。
⑤强梁：强壮、有力；强横、强暴。“木绝水曰梁、木负栋曰梁、取其力之强也，故曰强梁。”
⑥教父：最好的教育，即我们要效法的最高原则、最高指示。父，始也，本也。一说指教人的开始，“母主养，又主教，故言生则曰母，言教则曰父”。帛书甲本作“学文”。

☞ 今译

道是混元的太极，太极生阴阳，阴阳调和而生万物。万物背负着阴而怀抱着阳，阴阳调和而生生不息。

人们所厌恶的，就是“孤”、“寡”、“不谷”这类贬义的东西，而王公们却拿它作为自己的称呼。所以事物有的减损反而增益，有的增益反而减损。

人们所效法的天地自然道理，我也一样效法。“过分地强壮不得好死”，我将这作为效法的最高原则。

☞ 引述

此处“一”是道浑然一体的原始状态，也叫“无极”、“太极”，“二”也不是数目和顺序，而是指混沌的分化。（详细论述请见本书专题论述部分。）

“道生一，一生二，二生三，三生万物”，“道”即“一”，由一到三，然后八卦、五行、十天干、十二地支……都是从这个“一”衍化出来，而生万物的。但是“道”本身就是“一”，“一”就是“道”。而且提到“一”，本身就是两个，也就是正反两个。正反两个的代号就是阴阳；阴阳本身就在变，阴中有阳，阳中有阴，所以变成三个。“三生万物”，天地万物都是三个来的。

而且，万物的生命，“负阴而抱阳，冲气以为和”，“负”是背上背着，“抱”是前面怀中抱着。一个东西都分为阴阳两股力量，人也好，细胞也好，动物也好，植物也好，矿物也好，天地间任何一个东西，都是阴阳两股力量，这叫“负阴而抱阳”。另外还有一个东西，光是阴阳两股力量，没有两股力量中间相互调和的过程也是不行的，这个调和的力量叫做“冲气”，“冲”也就是所谓的中和。拿男女谈恋爱来说，有男有女，还要有相互的吸引、交流，否则阴阳没有交集，还是达不到生育的目的。“三”就是谈恋爱的过程。

再比如，“不冷不热，五谷不结”，庄稼要好吃，就要有天气的冷热变化。红薯为什么只在秋天里结霜后甜？因为白天温度高，夜晚温度低，糖分凝结。温棚蔬菜和水果有其形而无其味、有其名而无其香、有其像而无其神。植物花朵不受精，结出的种子就是瘪的。又如暖气团、冷气团，相遇形成台风。就“三生万物”了。太极拳也是典型的代表，调阴阳、理虚实。而且练功人站桩，讲究坐背朝南——顺应地球磁场方向——接通天地之能源，好比电池充电。

而且“万物负阴而抱阳”，任何一个人，本身就有阴阳。以道家的标准，是用阳来代表男人。其实男人全身都是阴，阴到了极点，只有一点点阳。女性的代表符号是阴，外表看来似阴，但是女性里头有一点阳，那才是真阳。男性是假阳，中间有至阴。

万物的本身就有阴阳，不需要向外求。每个人的生命自身也是“负阴而抱阳”。体会到生命的这项功能，把握冲气的发动，调和好阴阳，就到了不阴不阳的阶段，生命就可以自己把握住，永远不老、永远不死。对一个普通人而言，如果一个修成功得“道”的人，“跳出三界外，不在五行中”，那就是孔子在《易经系传》上说的：“阴阳不测之谓神”，这人是到了神化的境界了。

反之，如果达不到阴阳二气之和，则不能生生不已，就不能达到把自己的生命掌握在自己的手里的境界。

接下来老子转了方向，“人之所恶，唯孤寡不谷”。成为“孤寡不谷”，这是最低贱的事。但是，中国传统文化，天下第一人的皇帝，就自称“寡人”、“孤家”、“不谷”。这又是一个哲学道理：世界上最高明的，就是最平淡的；最平淡的，也就是最高明的。“故物或损之而益，或益之而损”。“损之”是利益之，使它成器。我们经常听到教育孩子的话——“溺爱他就是害他”，对孩子的严格管教，目前给孩子吃一点苦，将来他会感激你，他觉得爸爸是个好爸爸，妈妈是个好妈妈。不然孩子长大会怨恨你。又如人生了病，医生诊断非开刀不可，你不能说医生可恶，结果他在你身上开刀，你不但不控告他，还要谢谢他，这也是“损之而益”。

“益之而损”，这是相反的道理，人越要求好，反而样样做不好，做人要想做到面面都好，就完全错误了，世界上没有任何人可以面面都好，越是想做到面面都好，结果是面面都糟。一件事情的处理，往往顾了这一面，无法顾那一面，它是相对的，有因果的，所以要“冲气以为和”，使阴阳调和，损益适当，才能真正圆融无碍。

“人之所教，我亦教之”，人类效法什么呢？效法天地自然的物理和天理。以之把握自己的生命、培养自己的生命，不衰老，要长存，并且不随现象而变化。反之，“强梁者不得其死”，一个东西，不能过分的强壮，过分的强壮，不得其好死。于是，“吾将以为教父”。懂得了人生的道理，就是最好的教育，也就是我们要效法的最高原则。

☞ 案例故事

《金人铭》①

古之慎言人也，戒之哉！无多言，多言多败；无多事，多事多患。安乐以戒，无行所悔。勿谓何伤，其祸将长；勿谓何害，其祸将大；勿谓何残，其祸将然。勿谓莫闻，神将伺人。荧荧不灭，炎炎奈何；涓涓不壅，将成江河；绵绵不绝，将成网罗；青青不伐，将寻斧柯。诚能慎之，福之根也。口是何伤，祸之门也。强梁者不得其死，好胜者必遇其敌。盗憎主人，民怨其上。君子知天下之不可盖也，故后之下之，使人慕之。执雌持下，莫能与之争者。人皆趋彼，我独守此。人皆惑之，我独不从。内藏我知，不示人技。我虽尊高，人莫害我。夫江河长百谷者，以其卑下也。天道无亲，常与善人。戒之哉！戒之哉！

① 《汉书·艺文志》有《黄帝铭》六篇，今已亡。《金文铭》据学者考证，即为《黄帝铭》六篇之一（王应麟《〈汉书·艺文志〉考》）。《金文铭》载刘向《说苑·敬慎篇》：“孔子之周，观于太庙。左陛之前，有金人焉。三缄其口，而名其背曰”云云，《孔子家语·观周》所载与此大致相同，很可能就抄自《说苑》。道家向来被称为黄老之术，以《金人铭》对照《老子》，亦可知其为《老子》的思想源头。

第四十三章　天下之至柔

天下之至柔①，驰骋②天下之至坚③。无有入④无间⑤，吾是以知无为之有益。不言之教⑥，无为之益，天下希⑦及之。

☞ **注释**

①柔：柔弱。详见第36章注释⑤。如水、虚空。
②驰骋：形容马的奔跑，这里指驾驭。
③坚：固也，实也，劲也。指牢固、结实、坚硬、不可动摇。
④入：内也，自外而中也。进入、纳入、得到。
⑤无间：两种解释：一是指没有间隙的(坚固无比的)事物。《庄子·养生主》："无有入于有间"。间，通闲，空隙。二是"无有"的同义复指。《淮南子》："出于无有，入于无间。"今从一。
⑥不言之教：无言的教化、教导。指没有形象和语言的道理。
⑦希：稀少。

☞ **今译**

天下最柔弱的东西，克服了最坚固的东西。虚空入于无隙。无言的道理、无为的益处，天下很少有人能达到。

☞ **引述**

好比道路上，堵满了车子，马路变成停车场，司机成了"马怒一族"。——有，既不能进去，也不能出来；既进不去，也出不来——因为没有空间了。同理，人生要塞满什么内容？身体和生命要塞满什么内容？《庄子·养生主》"庖丁解牛"："彼节者有间，而刀刃者无厚；以无厚入有间，恢恢乎其于游刃必有余地矣，是以十九年而刀刃若新发于硎。"

天下最软的东西，克服了最坚固的东西，好比天下最软的就是水，滴水穿石，所以，"天下之至柔，驰骋天下之至坚"，像战场上的马匹一样，冲锋陷阵，冲破最坚韧的东西。我们中国对女性的教育是温柔、温和、缓慢，这样可以融化一切。所以不管多坚强的人，对温柔没有办法，只好投降。这就是"天下之至柔，驰骋天下之至坚"。

"无有入无间"，无有就是空，所以无有进入到任何地方，都没有间隔；没有间隔也就是空。虚空这东西，无坚而不摧。所以，佛家把空的修法，作为最高的修法，因为无坚而不摧。道家的观念，是用至柔之阴，也是无坚而不摧的道理。

由此原理，可以知道"无为之有益"，"一切有为法如梦幻泡影"，靠不住，真正的真空则无为，无往而不利。万物的道理、教育的道理也是这样。

☞ 案例故事

婴儿般的率真①

虚无立足于一切对立面之间，虚无即是所有。
它无所不涵盖，永远没有对立者。
虚无不受排斥，并不与万物相抗争。
虚无是极有生命力的，所有的有型之物皆从虚无中来。
任何领悟到虚无真谛的人都能感受到生命、力量以及万物之爱。

截拳道的技巧犹如圆，动也犹如未动，紧张也犹如松弛，能观察外物之生息，而又全然似不注意，无任何的目的，无任何有意识的算计，没有期盼没有预先——简言之，如婴儿般的率真，而又充满机谋与敏锐的智慧。

① 出自功夫皇帝李小龙截拳道方面的名言，企博网，http://www.bokee.net/bloggermodule/blog_viewblog.do? id=332196。

第四十四章　名与身孰亲

名与身孰亲[①]？身与货孰多[②]？得与亡孰病[③]？是故甚爱[④]必大费[⑤]，多藏[⑥]必厚亡[⑦]。知足不辱，知止不殆，可以长久。

☞ 注释

①亲：爱也，近也。
②多：重也。从重夕。夕者，相绎也，故为多。重夕为多，重日为叠。引申为尊重、重视。
③病：疾加也，指病情加重。又忧也、苦也。
④爱：惠也，怜也，吝惜也，好乐也，亲也，恩也。
⑤费：散财用也，指消费钱财。引申为损、耗、用。如“伤形费神”。
⑥藏(cáng)：匿也，蓄也。
⑦亡：失也。本义是逃离和出走，引申为丧失和灭亡、死亡。

☞ 今译

声名和身体比起来哪一样更亲切？货利和生命比起来哪一样更重要？贪爱名利必定伤形费神，越多藏匿必定越多亡失。

知道满足就会没有烦恼，适可而止就不会带来危险，这样就可以恒长持久。

☞ 引述

本章是“反者道之动”在得失间的运用。显示出老子重视内在精神生命的人生选择。美名、美貌、美德、美财……此所以养生、护体、保命也。而为了美名、美貌、美德，伤害了身体、摧残了生命，反倒求美而得丑、求生而得死了。

人生最重要的是什么？世界上的很多人，一生就是为了名与利。事实上，那个虚名浮利，与人本身毫不相干。连人的身体也是不相干的，人最后死的时候，身体也不会跟着走的。古人有两句名诗：“名利本为浮世重，世间能有几人抛。”名利在世界上是最严重的，世界上能有几个人抛去不顾呢？

“名与身孰亲”，老子要我们了解出名是假的，比起身体来，当然爱自己的身体，因为还是身体重要。“身与货孰多”，身体与物品比较，生命当然更重要。“得与亡孰病”，得与失哪一样是毛病？当然我们一定说，得到比较好。但是，一个人又有名，又有利，那就忙得非生病不可；你说穷了再生病，连看病都没有医药费怎么办？这就涉及空与有的问题了。

其实，老子对这些问题并没有讲哪个对哪个不对，两头都对也都不对。名固然是虚名，与身体没有关系，但是虚名有时候可以养身，没有虚名这个人还活不下去呢！虚名本身不能养身，是间接的养身。身与货、身与名，两个互相为用，得与失两个也是互相为用。

老子更进一步告诉我们，懂了这个道理——生命的重要，“是故甚爱必大费，多藏必厚亡”，人对一样东西爱得发疯了，最后人所爱的丢得更多，就是“爱别离苦”，这是佛说的“八苦”①之一。藏的东西不管怎么多，最后都是为别人所藏。

因此老子教我们了解一个人生的道理：把握现实就是“福气”。什么才是福气？“知足不辱”，真正的福气没有标准，福气只有一个自我的标准，自我的满足。要把握现实。现实的享受就是真享受，如果人在那里，脑子什么都不想，头脑很清醒，既无欢喜也无痛苦，就是定境，是最舒服的享受。

而“不知足”，是说人的欲望永远没有停止，不会满足，所以永远在烦恼痛苦中。老子所讲的“辱”，与佛家讲的“烦恼”是同一个意义。

所以，“知止不殆”，人生在恰到好处时，要晓得刹车止步，如果不刹车止步，车子滚下坡，整个完了。所以知止才不会有危险。

☞ 诗歌

十　不　足②

终日奔波只为饥，方才一饱便思衣。衣食两般皆俱足，又想娇容美貌妻。
娶得美妻生下子，恨无田地少根基。买到田园多广阔，出入无船少马骑。
槽头扣了骡和马，叹无官职被人欺。县丞主簿还嫌小，又要朝中挂紫衣。
做了皇帝求仙术，更想登天跨鹤飞。若要世人心里足，除是南柯一梦西。

---

① 八苦，《法苑珠林·八苦部》：生苦、老苦、病苦、死苦、怨憎会苦、爱别离苦、求不得苦及五取蕴苦。(唐)释道安撰，周叔迦，苏晋仁校注：《法苑珠林校注》，中华书局2003年版。

② 南怀瑾先生在《闲书里面有真言》一文中引用了古书《解人颐》中的一首白话诗，描写一些人贪婪的欲望。“做了皇帝求仙术，更想登天跨鹤飞”两句是南怀瑾先生自己凑上去的。详见《南怀瑾谈历史和人生》，复旦大学出版社1995年版，第258页。《山坡羊·十不足》是明代著名音乐家、文学家朱载堉的一首散曲。在民间流传很广，形容一些人在不具备条件的情况下欲壑难填、永不满足，最后落个不光彩的下场的做法，劝导人们面对现实，正视现实，戒除贪婪。本处借用“十不足”作为标题。

第四十五章　大成若缺

大成若缺[①]，其用不弊[②]；大盈若冲[③]，其用不穷。大直若屈，大巧若拙，大辩若讷[④]。躁胜寒，静胜热[⑤]。清静为天下正[⑥]。

☞ 注释

①大成若缺：大成功好像欠缺。成：就也。缺，本义是器破也，引申为毁缺、缺陷。
②弊：弊端、疲弊。弊，败也，坏也，恶也，又困也。又同“毙”，倒也。
③大盈若冲：大的充盈好像不足。盈：满。冲，训“虚”详见第4章注释①。
④讷(nè)：口才不好。
⑤躁胜寒，静胜热：字面含义是指运动生暖，暖胜寒；心静则凉，凉胜热。实际内涵是，老子引用这句话说明，以上这些都是相对的，都是两边的观念，只有能够真正清静，才能达到无为的境界(“清静为天下正”)。《黄帝内经·阴阳应象大论篇》：“寒胜热……燥胜寒”。此处“燥”作“躁”、“寒”作“静”。“躁”在《说文》中的解释是“快走”的意思。“燥”就是干的意思。“胜”的本义是“肉生也”，转为“克”、“任”、“能”的意思。“五行相克”就是“五行相胜”。《黄帝内经》中的“燥、寒、热、风、湿、暑”本为“六淫邪气”，依次相克。
⑥正：中正。又君也，长也。

☞ 今译

大成就好像欠缺，它的作用却永不凋敝；大圆满好像空虚，它的作用却永不穷歇。大的直线好像是曲线，大的精巧好像笨拙，大的辩才好像口拙。

干燥克服寒冷、安静克服暑热，这些都是相对待而言。唯有清静才是天下的中正。

☞ 引述

大圆满仿佛总有缺陷，大灵巧好像非常笨拙。“完美无缺”是绝无仅有的，花好月圆之后，就是月缺花残。真正的圆满是“负阴而抱阳”、是无为清静。

而完美主义者看问题一般都认为只有两面，因此有走极端的倾向。一旦他们认定了一个事实或者是下定了决心，他们就会对其他相反的意见变得相当的神经质。所以，接受不完美才是真正的大完美。

“躁胜寒，静胜热，清静为天下正。”“燥、寒、热、风、湿、暑”本为“六淫邪气”，依次相克。老子引用这个常识，主要在说明这些都是两边的观念，只有“清静为天下正”。能够真正清净，才能有无为的境界。反过来说，无为又是清净的原则、道的原则；无为达到的境界就变成清净，这就是“清静为天下正”的道理。

☞ **诗歌**

半　半　歌①

看破浮生过半，半之受用无边。半中岁月尽幽闲，半里乾坤宽展。
半郭半乡村舍，半山半水田园。半耕半读半经廛，半士半姻民眷。
半雅半粗器具，半华半实庭轩。衾裳半素半轻鲜，肴馔半丰半俭。
童仆半能半拙，妻儿半朴半贤。心情半佛半神仙，姓字半藏半显。
一半还之天地，让将一半人间。半思后代与沧田，半想阎罗怎见。
饮酒半酣正好，花开半时偏妍。半帆张扇免翻颠，马放半缰稳便。
半少却饶滋味，半多反厌纠缠。百年苦乐半相参，会占便宜只半。

① (清)李模(号密庵)作，又叫《半字歌》，28句，41个“半”字。半者，真全也。转引自林语堂《中庸的哲学：子思》一文，《人生的盛宴》，江苏文艺出版社2009年版。

第四十六章　天下有道

天下有道，却[①]走马以粪[②]。天下无道，戎马生于郊[③]。祸莫大于不知足，咎[④]莫大于欲得。故知足之足[⑤]，常[⑥]足矣。

☞ 注释

①却：动词，屏退。这里是退役的意思。又止也、不受也。“却之不恭”。

②走马以粪：用马来种田。粪，粪田也，这里指耕种。“走马”，一是指骑马疾走、驰逐。《诗·大雅·绵》：“古公亶父，来朝走马。”王先谦集疏：“《玉篇·走部》：‘趣，遽也。《诗》曰：‘来朝趣马’。言早且疾也”。二是指良马、善走的马。《尸子》：“买马不论足力，而以白黑为仪，必无走马矣。”古代良马多用作战马。此处为后一种意思。

③戎(róng)马生于郊：战马在杀场上生下来。指怀孕的母马被征用到前线，在战场上生下小马驹。郊，郊场、杀场、战场。

④咎：过失、罪过。

⑤足：本义是指脚，引申为满也，止也。

⑥常：恒也。

☞ 今译

天下有道，屏去战马来耕种。天下无道，连怀孕的母马也被征去打仗，在战场上生下小马。没有比不知足更大的祸患，也没有比贪婪更深的罪恶。所以只有知足的这种满足，才是最大的、最长久的满足。

☞ 引述

本节仍是阐释正反相成之义。先用天下有道和无道时战马的遭遇作对比，然后指出知足之足是为真足。否则贪得无厌，就会生出种种过患。决策者倘若不知道满足，发动战争，那么就会生灵涂炭。知足常乐，则刀枪入库，铸剑为犁，孩子们幸福生活，到处鲜花盛开。

新中国成立初的老电影《抓壮丁》反映战争时期抓人来当兵打仗的窘境。而“小轿车耕地”、“高速公路惊现宝马运猪车”等新闻，则反映和平的可贵。

身形上，有的人没有讨饭；心神上，却一直在讨饭。身形上，有的人没有坐牢；心神上却在坐牢。心造的监狱，不能自我赦免、减刑。一生逃不过，却不自知。贪心即我慢，即罪恶。《格言联璧》："要足何时足，知足便足；求闲不得闲，偷闲即闲。"

"祸莫大于不知足，咎莫大于欲得"，人类最大的罪恶就是想占有，英雄要占有天下，也就是占有权力；男人想占有女人，女人想占有男人；人想占有钱，钱反正不说话，随你们办，这就是"欲得"。

"故知足之足，常足矣"，要人类社会真正和平，必须人人反省，人人都能够知足。几千年来的圣人都在教化人应该知足，可是人就是不知足。

☞ 案例故事

"腐朽"弹壳化为神奇菜刀

在中国台湾的金门岛，提起"菜刀吴师傅"，几乎家喻户晓。他运用精巧的构思，将遗留下来的废弹壳，手工打造出菜刀，名声远扬。游客到工厂参观，不仅有锋利菜刀可买，吴师傅还会现场示范切割、加热打造、热处理、细磨、抛光等制作步骤。游人还可根据自己的要求，现场制作独特样式。①

又据德国《明镜周刊》(*Der Spiegel*)报道，整个 2011 年德国警察一共只发射了 85 发子弹，而且大部分不是冲着人的：49 发用来示警，只有 36 发才是瞄准嫌犯的。不过效率很高：这 36 发子弹伤到 15 人，杀死 6 人。②

---

① 出自《吴增栋：化"腐朽"弹壳为神奇菜刀》，新华社，http://news.cyol.com，2013 年 6 月 13 日。

② 出自《低"见警率"下的良好社会治安》，云南警方，http://www.ga.yn.gov.cn/zdjs/yunnanjingfang/201504/t20150428_313297.html。

第四十七章 不出户，知天下

不出户[①]，知天下；不窥[②]牖，见[③]天道[④]。其出[⑤]弥[⑥]远，其知弥少。是以圣人不行[⑦]而知，不见而明，不为而成。

☞ 注释

①户、牖(yǒu)：户是门户，牖是窗户。“不出户”、“不窥牖”这里都是比喻用法，形容不思不议的状态。

②窥(kuī)：从小孔隙里看。

③见：视也，看到、看见。

④天道：与“天下”是同义复指。也可以细分为“天下”指“天下之事”；“天道”指“天下之理”。此句互文。

⑤出：《说文》：“进也”。《广韵》：“见也，远也”。《增韵》：“出入也，吐也。又去也，自中而外也”。

⑥弥(mí)：更加。

⑦行：行走，道路。这里引申为外出、动作。

☞ 今译

不出门户，知道天下；不望窗外，见识天道。走得越远，知道越少。因此圣人不行走，就能知道；不看见，就能明白；不作为，就能成就。

☞ 引述

读无字书、行无轨路、奉不言教、做无事人。

神说苏格拉底是最有智慧的人，而苏格拉底说：“我知道我什么都不知道”，所以神说苏格拉底是最有智慧的人。仲尼曰：“得之身者得之民，失之身者失之民。不出户而知天下，不下堂而位四方，知反之于己者也。”信息化时代，能“不上网，知天下；不开机，见天道”吗？所以，在开机世界里，也要学会关机。关机时知道的东西可能会更多。

本章讲道的修为：“不出门而知天道。”接着下面第 48 章继续说明“不为而成”的道理。

“不出户，知天下；不窥牖，见天道”，也就是我们中国人经常说的一句老话，“秀才不出门，能知天下事”。所谓“秀才”，比喻绝顶聪明的人。能够知天下事，是有智慧的人，智慧到了最高处，就是真正的神通。神通并不是稀奇的事，而是真实智慧的成就。一个智慧真正成就了的人，不必出门，就会知道天下的事。“不出户”、“不窥牖”，这些都是用的形容词。

“其出弥远，其知弥少”，走得越远，就知道得越少了。这个“远”，并不是完全表示距离遥远。“出”字，也并不一定讲偶尔出远门，而是是指知识越多，越愚钝。换言之，知识学问越好，烦恼越深。因为普通的常识越多，真智慧反而被蒙蔽了。“出”是“付出去”——我们在精神生命上、在脑力上，付出得太多，真正的智慧当然就越来越低了。因此，圣人之道是做内省工夫的，“是以圣人不行而知，不见而明”。

“不为而成”并不是说，万事都不要做就成功，而是要真正做到无欲，没有任何的欲求。想修道也是有欲的，为什么要修道？因为想求长生不老，或者想求了脱生死，或者想求成佛，要求达到一个更高远的目标，因此放弃了世间的一切。看起来这个人好像清心寡欲，没有欲望，其实，他的欲望比平常人还要大，违反了老子所讲的“无为清净”之道。所以，接着下面第 48 章，再说明“不为而成”的道理。

本书专题论述之七部分对老子本章的知识论作了较长篇幅的引述。

☞ 案例故事

出门就有草①

庆诸在道吾宗智禅师法会中领悟道法之后，时值唐代晚业，社会混乱，他无心出世住持寺院，便隐居在长沙浏阳陶家坊，藏锥于囊，随俗避世，附近僧俗都不知道他的禅法造诣。

有一天，他正在庵舍闲坐，走进来一位行脚僧。交谈中，知道是从江西瑞州洞山来的，那里是著名禅师良价主持的法会。庆诸问：“洞山和尚最近有什么机缘语句？”行脚僧说：“解夏那天(夏安居结束)。和尚上堂道：‘夏末秋初，各位都要外出行脚，不论东去西去，都须向万里无寸草的地方去’。过了一会儿，和尚又问：‘万里无寸草的地方该怎样去？’”庆诸挺有兴趣地问：“有人应对吗？”

“何不说‘出门便是草’！”庆诸脱口而出。行脚僧回山后，便将此语告诉良价禅师，良价一听，大为震惊。

至此，隐居多年的庆诸锋芒始露，果熟香飘。后住持长沙石霜山禅院，世称“石霜和尚”。

石霜禅师一句“出门便是草”谓自心是佛，自家有宝，无须向外寻求，出门一步，便流于忘情俗念。

---

① 出自(宋)普济著，禅宗公案集《五灯会元》，中华书局 1984 年版。

许多人向外追求名利物欲；也有许多人向外追求所谓的道、仙、真理、上帝、神、真正的宇宙原理等，把心向身外去用功夫，去研究、考察、祈祷、思维。其实心向外找出路，就是牵挂、烦恼、分别、愚痴、障碍，就是“草”。反之，心中没有执著、没有自我、没有内外、没有你我、没有善恶、没有是非，就是无牵挂、就是“无寸草”。

《心经》讲“照见五蕴皆空”，这个“空”不是空洞、空虚、空无，其本义也就是老子的“不为而成”。

第四十八章　为学日益

为学[①]日益[②]，为道日损。损之又损，以至于无为。无为而无不为[③]。取[④]天下[⑤]常以无事[⑥]，及其有事，不足以取天下。

☞ 注释

①为学：求学问、知识。为道，修道。
②日益：一天天增益。日：副词，一天天、一点点。“损”是“益”的反面对应词，减损。
③无为而无不为：无作无为而无所不作、无所不为。“无为”在《老子》一书中有两种解释，一是“不作、不干”；二是表示道的无作无为状态，道的代名词，和“清静”意思相同。
④取：本义是捕取、收取、取得。此处可以翻译为“治理”。
⑤天下：一指国家。这里可以解释为修道者的大境界。
⑥事：本义是官职、职位。“无功而受事”。引申为政事、事务、战事。“大曰政，小曰事”。“事”还有事故、变故的意思。生活中有“出事了”的说法，“有事”是贬义词。

☞ 今译

求学者一点点地累积增加起来，求道者一点点地逐步减少下去。减少又减少，以至于无所作为。无所作为而无所不作为。取得天下常不用事功，而纯任功德成就，等到必须用事功，还不足以取得天下。

☞ 引述

天台师云：“研真穷妄，名之为学；真穷妄尽，名为无学”。求学问要善于做加法，修道求法要善于做减法。减到最后，无可减处，也要空掉。倘若达不到这种境界，就不合乎无为清静的法则，就不足以取天下。本节承接上节内容而延展开来。

“及其有事，不足以取天下”——等到他必须要做什么事才能达到一个目标的时候，说明事情已经严重了，天下已经乱了。好比说是“小病自己看，大病上医院”。一般人小毛病，感冒，发炎，自己到药店买几片小药一喝就好了，等你必须挂三甲医院的专家号，然后请全国、全世界最著名的医生为你主诊的时候——“你摊上事儿了”，“你摊上大事了！”

“取天下常以无事，及其有事，不足以取天下。”“无事”就是只要求自己行为的功德成就、道德的成就；不是以谋略、不是以手段、不是以有为的功业来取天下。所要求的，仅是自己内在的圣人之道。虽众望之所归，那是余事，不是“本事”；本事就是本分的事，就是学道，学习如何完成一个圣人之道。

所谓圣人之道，当然不是纯粹打坐的修道；打坐修道是修道的一种而已。而修圣人之道，则是道德行为内外的成就。而以力量功业打下来的天下，是有事取得的天下。

道家的历史哲学，认为秦汉以后的中国历史，都是有事取天下。而三代以上所谓的公天下，是以道德治天下，不是以战功取天下。秦汉以后必须有功在人间，尤其是战功，这也就是以武功取天下的。有事取得了天下，也是成功，当然也有了天下，但是老子为什么又说这样是“不足以取天下”呢？这是中国历史哲学的特点，正如孟子所提过的“以德服人者王，以力服人者霸”。秦汉以后，以战功而统一国家天下的，都不是以德取人，表面上以王道做号召，实际上是霸道，就是以战功使人不能不服从。所以，老子所讲的道理，加以引申，提出一个王道，就是道德政治的哲学，也就是政治道德。

☞ 案例故事

渐修和顿悟不可偏废

神秀偈曰：“身是菩提树，心如明镜台。时时勤拂拭，勿使惹尘埃。”五祖曰：“汝作此偈，未见本性，只到门外，未入门内。如此见解，觅无上菩提，了不可得；无上菩提，须得言下识自本心，见自本性，不生不灭。于一切时中，念念自见。万法无滞，一真一切真，万境自如如。如如之心，即是真实。若如是见，即是无上菩提之自性也。”

惠能偈曰：“菩提本无树，明镜亦非台。本来无一物，何处惹尘埃。”①

神秀大师是渐修，惠能大师是顿悟。渐修、顿悟相辅相成，不可偏废。

---

① 杨帆译注：《金刚经　六祖坛经》，安徽人民出版社 1997 年版。

第四十九章　圣人无常心

圣人无常心①，以百姓心为心。善者吾善之②，不善者吾亦善之，德善③。信者吾信之，不信者，吾亦信之，德信④。圣人在天下，歙歙⑤焉，为天下浑⑥其心。百姓皆注⑦其耳目⑧，圣人皆孩之⑨。

☞ 注释

①无常心：没有私心和成见。常，恒也。固定。帛书乙本作“常无心”。

②善者吾善之：好人我善待他。第一个善是形容词，“好”；第二个是动词，“善待”。善的本义是吉祥，意为“好”，“美”。

③德善：德性本来是慈善的。

④德信：德性本来是诚信的。

⑤歙歙：音“吸”，收敛的样子。一说是和谐、和顺的样子。这里指无所不包、包罗万象的样子。详见第36章注释①。

⑥浑：齐同、兼容、包容、包含的意思。“浑”的本义是指混流声。又浊也。又“浑，无圭角也”。如“浑然一体”。

⑦注：灌也。又引也。又意所向曰注。又记也。又聚也。

⑧耳目：本义是耳朵和眼睛。如“耳目一新”。《史记·五帝本纪》：“劳勤心力耳目，节用水火材物”。引申为视听、见闻、侦探。“百姓皆注其耳目”，帛书甲、乙本、王弼本都没有这一句，但王弼有对这一句的解释，河上公本有这一句。“注其耳目”句有三种解释，其一是将“圣人”作为众人的“耳目”，百姓都全神贯注于圣人(见任本)。其二是百姓都专注他们自己的耳目，代指百姓竞相用智，纷争巧夺。王弼注：“各用聪明”。“耳目”，韩愈《争臣论》：“圣贤者，时人之耳目也。”此处耳目有两义，一指感官；二指圣听，即兼收并蓄、“为天下浑其心”。第三种解释是将“孩”借为“阂”(闭)，则此句意为闭塞百姓耳目之聪明。今从第二种解释。

⑨圣人皆孩之：圣人看众人如小孩(永远爱护他们)。今从三。另一种解释如注释⑧，“孩”借为“阂”，闭也；还一种解释是：“圣人使百姓们都恢复到婴孩般的天真无邪的状态。”“孩”作动词，使动用法，使百姓保持婴孩状态。

☞ 今译

有道的人没有主观成见，以百姓的心为心。善良的人我善待他，不善良的人，我一样善待他——得道之人的行为道德是必然如此的，没有分别心。诚信的人我相信他，不诚信的人我也相信他——得道之人的德性本来就是诚信的。

圣人在世间，包罗万象、无所不容，混同善恶是非的界限。百姓都专注自己的心力耳目，圣人都把他们像婴儿一样地爱护。

☞ 引述

得道的圣人与天地合其德，与日月合其明，与鬼神合其吉凶，与百姓合其心。万法平等，无有高下，无所不包、虚涵万有，没有私欲和成见，也不以人之善恶是非而起心动念。《呻吟语》："天道以无常为常，以无为为为；圣人以无心为心，无事为事。"

"你信，还是不信，道总是在那里，不高不低；你来，还是不来，圣人总是在这儿，不冷也不热。"——"大道泛兮，其可左右"、"圣人不仁，以百姓为刍狗"，这些说的都是有道之人的真正平等和民主自由精神，以及解脱后的大自在。

圣心无意，故能显一切众生心意。如镜无尘，而能现万象森罗。圣贤乘愿，无缘大慈，同体大悲，随一切众生心想所欲，应其心量，示现接引，令其度化解脱。换言之，圣人善于换位思考，设身处地。"应以何身得度者，即现何身而为说法"。换句话说，就是大隐隐于市。

"善者吾善之"，善人有好的意见，令人特别的高兴，对好人会特别喜欢。"不善者，吾亦善之"，坏人所持反对的意见也是意见，只不过他这个意见与善人的意见相反而已。一个圣人，爱一切的善人，也爱一切的坏人，因为坏人更应该要救，更要帮助他。信我者得救，不信我者更要救，这是"德善"。一个得道的人，他在行为道德上必然是如此，做到至善的境界。

"信者吾信之，不信者吾亦信之，德信。"这个人有道德，相信道德，他当然是我所信的，会对他好；反对道德的那些坏人，我一样信他。信他什么呢？相信人性本善，有一天他会自己觉悟的，会走上道德这条路的。

所以，"圣人在天下，歙歙焉，为天下浑其心，圣人皆孩之。""歙歙"就是包含的意思，像一个东西合拢来。一个得道的人，始终是包容一切的。

"为天下浑其心"，"浑"同"混"，是好坏一切都包容；"浑"也就是阴阳浑厚、善恶是非平等。真正的圣人，他的道德修养就到这个境界，所以他能代表天地之心。这个天地生成万物，生了补药，同时也生了毒药；生了好看的花，也生了很难看的草；不论好坏，都是在他的涵容化育之中。所以人的道德修养，是要效法天地之心，才能够达到浑然、浑厚的境地。

结论是一句"圣人皆孩之"，从圣人境界的角度，看世界上一切众生都是小孩，圣人永远爱护着他们，永远教化他们，不会与他们对立。拿人道来比喻，圣人之道是以父母为心。等于他就是一切人的父母，他看天下一切人，如自己的子女一般，不论好坏，总是自己的子女，一样要教养他、感化他。

☞ 案例故事

没有灵魂的人①

文学的先进大师一直教我“入乎其中出乎其外”，把自己的心分裂成多块，分给你笔下的每一个人。佛法教人观照世界，冤亲平等。原告也好，被告也好，赢家也好，输家也好，都是因果循环生死流转的众生，需要救赎。作家和法师的分别是，法师无住生心，作家生心无住，一颠倒便是凡夫。我爱文学，我不做凡夫谁做凡夫？我有了这样的领悟，一下子就和大作家、大艺术家接轨。作家笔下的人物好比众生，作家就好比是佛菩萨，人物依照因果律纠缠沉迷，他们每一个人都有充分的理由那样做，他们都不得不那样做，他们害人，同时自己也是受害人。作家也像佛一样，他不能改变因果，但是可以安排救赎，救赎不为单方面设计，是为双方而设，他同情每一个人。

萧伯纳说，他和莎士比亚都是没有灵魂的人。就是没有立场，超越是非。好比看两个人下围棋，他为黑子设想，也为白子设想。这也是耶稣说的：上帝降雨在好人的田里，也降雨在坏人的田里。

① 出自王鼎钧：《上帝降雨》，载于《时代周报》，2014 年 3 月 16 日。有删改。

第五十章　出生入死

出生入死[①]。生之徒[②]十有三，死之徒亦十有三。人之生，动[③]之死地亦十有三。夫何故？以其生生之厚[④]。盖闻善摄生[⑤]者，陆行[⑥]不遇兕虎[⑦]，入军不被[⑧]甲兵。兕无所[⑨]投[⑩]其角，虎无所措[⑪]其爪，兵无所容[⑫]其刃。夫何故？以其无死地[⑬]。

☞ **注释**

①出生入死：原义是指从出生到老死的生命过程。后来形容冒着生命危险，不顾个人安危。这里是指“不是活着就是死”的意思(见任本)。就是说，从生的状态脱离出来就是死；从死的状态脱离出来就是生。王弼注：“出生地，入死地。”《韩非子·解老》：“人始于生，而卒于死。始谓之出，卒谓之入。故曰出生入死。”“出”指出外，自中而外；“入”指入内，自外而中。《周易·系辞》：“日新之谓盛德，生生之谓易”，“生生”和“日新”指生长、变化、更新、永不停息。

②生之徒：好好活着的一类。徒：本义是步行。这里指类也，属也，党也，众也。如“党徒”、“教徒”、“叛徒”，都指一类人或事。

③动：作也，起也，行动，发作。

④生生之厚：滋生生命过厚，指不善摄生。生生，第一个“生”是动词，滋生；第二个“生”字是名词，生命、生存。俗语“生生不息”。厚，厚实，厚生、厚大、丰厚。

⑤摄生：保护、保养身体和生命。摄，引持也，谓引进而持之也。凡云“摄”者皆整饰之意。如“统摄”、“调摄”、“摄心”、“勾魂摄魄”。

⑥陆行：野外行走。高平曰陆。

⑦兕(sì)虎：犀牛和老虎。甲兵：甲指铠甲，兵指武器。这里的兕、虎、甲、兵都是比喻对身体和生命能造成伤害的事物。

⑧被(pī)：遭遇、遭受。又及也，事也，加也。

⑨所：伐木声。假借为“处”，处所，地方。此处为助词，无实义。

⑩投：投掷、投弃。

⑪措：举措、措置，用也。

⑫容：容纳。

⑬死地：死处，意指死亡的机缘和条件。

☞ 今译

从生的状态中脱离就进入死的状态。世上能好好活着的人占十分之三，不能好好活着的人也占十分之三，本来能活得好好的，却因为不懂生命的道理自寻死路的人，也有十分之三。为什么呢？因为求生的奉养太过丰厚。

我曾听说真正善于把握生命的人，在陆地上行走不会遭遇犀牛和老虎的侵害，在战场上不会受到兵器的伤害。犀牛用不上它的角、老虎用不上它的爪、兵器用不上它的刃。为什么呢？因为他没有进入导致死亡的领域。

☞ 引述

《小窗幽记》："剖去胸中荆棘，以便人我来往，是天下第一快活世界"。本处兕、虎、兵用来比喻世路崎岖、人心险诈、私念丛生、欲望太多。《庄子·养生主》和《人间世》两篇文章做了详细的解说。"庖丁解牛"能以"无厚入有间，恢恢乎其于游刃必有余也"明乎养生之道。

《周易·系传》上说："原始反终，故知生死之说"，老子从另外一个角度说，"生死"就是通乎昼夜之道，等于说"生者寄也，死者归也"。"出"就是生，"入"就是死。等于演话剧，从后台到了前台，就在那里演起戏来，等他演完了这一幕进去了，台上还是空空的。其实人并没有死，不过是进去了而已，人生境界就是如此。"出生入死"，就是在一进一出之间，也是一增一减、一来一去，所以没有什么严重。

"生之徒十有三"，人活在这个世界上，有十分之三的把握是可以活下去的。"死之徒亦十有三"，从死这一面看世界上，有十分之三的机会是会死的。"人之生，动之死地亦十有三"，人的活动，常因为自己的知识聪明而乱动，反而使自己生命走到死之途了。拼命地向死路上去消耗，忘记了生命是可以自己把握的，而美其名为"人生的责任"。"夫何故"，什么缘由呢？"以其生生之厚"，因为求生的活动太过强烈。

"盖闻善摄生者"，"摄"字是自己把握住，说明修道的人，把握得住自己的生命，也做得了主。就是后世道家所讲的神仙境界，这些人修道能够修养身心性命，达到神仙的境界。

"陆行不遇兕虎，入军不被甲兵。兕无所投其角，虎无所措其爪，兵无所容其刃。"这就是说懂得摄生修道有成就的人，在山里走路，不怕猛兽。所谓"降龙伏虎"。像兕虎这些猛兽，角抵触不到他，利爪抓不到，打仗的时候，刀也砍不进，这就叫做神仙境界。人如何能做得到呢？人在死去之后，跟着死亡的只是生命本能的物质作用而已，而生命内在的本能并没有发动，所以一个人可以自己发动内在本能，再创生命的作用。这是道家所说的，在理论上是可以长生不死的，但是，只有善于摄生的人，才有这个本事。

最后老子做个结论："夫何故"——为什么人有这个修养，可以到达这个境界呢？"以其无死地"，也就是后来禅宗所讲"了了生死"。老子的理论认为，一个人可以把握自己生命的生机，把死的那个过程消除了，所以他生命存在的机会，就永远把握在手里了。

☞ **诗歌**

白居易《感兴二首》①

吉凶祸福有来由，但要深知不要忧；只见火光烧润屋，不闻风浪覆虚舟。
名为公器无多取，利是身灾合少求；虽异匏瓜谁不食？大多食足早宜休。

鱼能深入宁忧钓，鸟解高飞岂触罗。热处先争炙手去，悔时其奈噬脐何。
尊前诱得猩猩血，幕上偷安燕燕窠。我有一言君记取，世间自取苦人多。

① 出自(唐)白居易《白氏长庆集》，上海古籍出版社 1994 年版。

第五十一章　道　生　之

道生[1]之，德畜[2]之，物形[3]之，势[4]成之。是以万物莫不尊道而贵德[5]。道之尊，德之贵，夫莫之命[6]而常自然[7]。故道生之，德畜之。长[8]之育[9]之，亭[10]之毒[11]之，养[12]之覆[13]之。生而不有，为而不恃，长而不宰。是谓玄德[14]。

☞ 注释

①生：进也，起也，出也。像草木从地中出来的样子。

②蓄：养育、繁殖。

③形：象形、形容。“形容谓之形”，谓像似可见也。

④势：运势、势力、形势、情势。“势”的本义指权力大。这里借指机缘、环境、条件。常言道：“时势造英雄”。马王堆本作“器”。

⑤尊道而贵德：尊贵道德。

⑥命：封爵位、官号。“爵”的本义是酒杯，是一种礼器。“命”帛本作“爵”。

⑦自然：自身当然如此。

⑧长：滋长。

⑨育：教之使从善也。生育、抚育。

⑩亭：定也。

⑪毒：安也。又治也，治理、修理的意思。毒的本义是害人之草丛生的样子。

⑫养：供养。从食、羊声。又育也，蓄也，长也。

⑬覆：覆盖，保护、维护。

⑭玄德：“生而不有”这四句重见于第 10 章。详见第 10 章注释⑩和⑪。

☞ 今译

宇宙万物，大道生化它、厚德蓄养它、物质形成它、运势成就它。因此万物没有不尊重道而贵重德的。道的尊重和德的高贵，没有谁给它封官晋爵，而它本身是自然如此的。

所以宇宙万物，道生化它、德蓄养它、滋生它、抚育它、安定它、修治它、供养它、维护它。

生长万物，养育万物。创生而不占为已有，畜养而不自恃己能，生长万物而不主宰，这就是天地之间“最深远的德”。

☞引述

“道生之，德畜之，物形之，势成之”，这四个阶段，是宇宙万物生命的根本，万有生生不已的源泉。中国道家的思想文化，把这个生命的根本叫做道。在西方哲学上可以说是形而上的那个本体，宗教家叫它是上帝，或者是主宰，或叫做神，叫做如来、真如、佛……很多的代名词。中国文化中或者叫它天，还有一个用数理的代名叫做易，实际上都是同一个东西。

“道生之”，道为体，有体必有用，就是本身具备了这个生命的功能。但必须要加上“德”，“德”是用来保养它、培养它的，即所谓“德畜之”。有“道”没有“德”来保养，这个“道”就不可能修成。我们看佛家以及其他宗教的书，讲到“道”时，都要注重行为的道德；没有行为的道德，“道”是修不成功的。换句话说，我们一个人打坐修道，除了坐而言之、坐而定之，还要起而行之。所以道德行为是修道的基础。

“道生之，德畜之”。“道”便是生命“生”的力量，等于有了动力能源。但是这个能源，如果没有相当的工具去好好把握它，就会被浪费掉了。要想把这个能源用得适当，就是“德畜之”。“物形之，势成之”，宇宙万物的这些物质，是“道”与“德”形成的形象而已，有其第三种功用，所以有体有用，然后生出了万物的形象。形成万有形象以后，就构成了“势”——一股力量，形成了一种生命，完成一个生命的所需。比如一颗种子，种在泥土里，这是“道生之”，但是必须要得到日光、空气、水来培养他，这就是“德畜之”。慢慢这颗种子由泥土中抽芽，开花而结果，最后我们可以吃到果实如苹果、芒果等，是为“物形之”。但是今天种下一颗种子，不是明天就得到果实，必须要有一个力量形成，那就是“势成之”。慢慢地形成，慢慢地成长，所以在其用上，“势”有极重要的地位，最重要的就是时间与空间的力量。“道生、德畜、物形、势成”这四个程序，就是物理世界由幻有而形成的原则，也就是摄生之道，同时又是我们为人处世之道、成功事业之道。

“是以万物莫不尊道而贵德”，“尊道”是尊重它的体，“贵德”是注重它的用。“德”是由“道”发出来的用。“道之尊，德之贵，夫莫之命而常自然。”这个“道”是那么高远，那么伟大，那么了不起，又是那样的宝贵！这一切是谁做主的？“夫莫之命”，其中生命的根源，不可说不可明！不能用人世间功利思想的看法解释。那是自己本身的一个力量，是至善“而常自然”的。

再者，有没有道德和有没有职权是两个不一样的概念，二者没有正比例关系。名誉、货利并不一定能作用于有道有德之人。“富贵不能淫，贫贱不能移，威武不能屈。此之谓大丈夫。”古代有德者，如孔子、孟子、老子，他们不需要官位，有时反而能更好地发挥抱负、造福百姓。《孟子・告子上》：“仁义忠信，乐善不倦，此天爵也；公卿大夫，此人爵也。”周代召公惠民，人民歌咏《甘棠》；关羽神武，百姓奉之如神明。道的尊高和德的高贵，是“莫之命而常自然”的。

所以，观察宇宙万物的现状，“道生之”，就是一个生命，“德畜之”，其功能生生不息。“长之育之”，让它生长，好好养育它。“亭之毒之”，“亭”是个形容，站起来亭亭玉立，“毒之”，“毒”字就是“治”的意思，有治理、修理的意思，是自然而然地修理。“养之覆之”，保护他，养育他。天地万有生下来，自然蓄育了很多东西，一只鸟，一条虫，都自然地活下去，各有自己的生命功能。不是上帝帮忙，而是那么自然地活下去，也是自然的道理。

但是最后归到形而上的道体，道体“生而不有”，就是这个天地宇宙，生了万有，都没有将任何一样东西收为已有。一切自然地生起来，又全部交给天地。并不一定交给我们人类，不过人类自私把它占有了。人类自认为是万物之灵嘛。

“为而不恃”，这个伟大的天地，生长了万有，那么大的功劳，它自己没有自恃的心理，没有自傲的心理。

“长而不宰”，它只帮助万物的成长，不做万物中任何一物的主宰，它不出主意，而让你自己生，灭掉死掉也是自灭，它也没有害你。虽然你自生自灭，以后它又会再把你生出来，永远这样生生不息。

“是谓玄德”，就是说，要在这一生中，随时要了解自然物理“道”与“德”的功效，要时时刻刻自勉自励，处理自己的人生，同时要自己修身养性，自己的生命就可以把握得住了。

☞ 案例故事

一举冲天①

通之以道，畜之以惠，亲之以仁，养之以义，报之以德，结之以信，接之以礼，和之以乐，期之以事，攻之以官，发之以力，威之以诚。一举而上下得终，再举而民无不从，三举而地辟散成，四举而农佚粟十，五举而务轻金九，六举而絜知事变，七举而外内为用，八举而胜行威立，九举而帝事成形。

① 出自《管子》“幼官”，北京燕山出版社 1995 年版，第 45 页。标题为编者所加。

第五十二章　天下有始

天下有始①，以为天下母②。既得其母，以知其子；既知其子，复守其母，没身不殆③。塞其兑④，闭其门，终身不勤⑤；开⑥其兑，济⑦其事，终身不救⑧。见小⑨曰明，守柔曰强。用其光，复归其明⑩，无遗身殃⑪，是为习常⑫。

☞ **注释**

①始：本始、来源。

②母：根源、根本。

③没身不殆：终身不危险。此句重出，详见第16章注释⑭。

④塞其兑(duì)：填上缺口。塞，隔也。蔽塞、闭塞、填也、窒也、阻断。兑：说(喜悦)也，从口从八，象气之分散。《易经》："兑，为口，为泽，为上缺。"此句第56章重出，详见注释②。

⑤勤：劳力也，从力。力，筋也，象形，竦身作力，劲健之形。凡精神所及处皆曰力。又马叙伦曰："勤，借为堇。《说文》："病也"。

⑥开：马王堆本作"启"。

⑦济：救济、周济、救助、成就。"济"的本义是渡水。这里指用力补救。如成语"无济于事"。

⑧救：制止、禁止。指凡不好的事情的停止。

⑨见小：就是"守柔"，就是"守朴"。指第32章的"朴虽小，天下莫能臣"的"朴"，即道的初始状态。

⑩用其光，复归其明：运用它的光芒，复归它的本明。光：明意也，从火在人上。明：照也。第4、第56章"挫其锐，解其纷，和其光，同其尘"；第58章"直而不肆，光而不耀"。《管子·心术》："君子之处也若无知，言至虚也。其应物也若偶之，言时适也。若影之象形，响之应声也，故物至则应，过则舍矣。舍矣者，言复返于虚也。"此即"用其光复其明"的含义。用佛家表述方式就是"放下"：随缘不变，不变随缘。

⑪无遗身殃：不给自身带来灾殃。遗，与也。殃，咎也。一曰祸也，罚也，败也。这里有麻烦、痛苦的意思。"殃"的字义是剐肉后残剩的骨头，"央"是表音。本义是灾难，多与死亡、祸害、灾祸有关。

⑫习常：承袭常道。“习”通“袭”，承袭。详见第27章注释⑨。通行本作“习”，其他本均作“袭”。“习常”和“玄德”意义相同。“习常”也就是第16章的“复命曰常，知常曰明”。

☞ 今译

天下万物有个本始，以它作为天下万物的根源。既然得到万物的根源，就能认识万物的本质。如果认识万物本质，再又守持着万物的根源，终身都没有危险。闭塞住漏缺，关闭门户，终生不会劳碌；打开缺口，满足贪欲，终身无法救赎。

见识本性叫做明白，持守柔弱叫做强大。运用它的光明，复归它的本来常照。不要给自身带来任何伤害，这就是“承袭常道”。

☞ 引述

老子将道和物的关系比喻成家庭关系中的母子关系。也就是俗话说的“万变不离其宗”中的“万变”与“宗(祖，源)”的相互关系。换言之，就是我人生命与道的关系。

修道者如何在出世入世之间玄妙难言的境界上出神入化？老子的答案是：“食母”——生命本来的“母”，就是来源的意思，后来禅宗就叫本来面目。在佛法里也有关于佛母的说法，如“准提佛母”。所谓“母”，并不是说这位佛菩萨是女的，而是生命的根本，是指来源、根源，因为万物都是由母体而生。“食母”就可以长生不死。

“天下有始，以为天下母”，宇宙间，就有一个根源，万有本身最初的那个东西，就是形而上本体，本体发动了，就是“有始”，这个生命的根源，老子给它取一个名字叫做“天下母”，万有都是它所生出来的。“既得其母”，找到了根源，“以知其子”，就认识她的儿子了。换言之，先找到根本，就可以了解自己现有的生命，以及生命成长的这股力量，这也就是她的子。

后来道家所谓的炼精化气、炼气化神，就是由子而修到母；把后天的生命恢复到先天，修到神仙长生不死的境界。所以说“既得其子，复守其母”，回转来修到原始那个根源的地方。后代学道家的人有一句名言：“若要人不死，除非死个人”，是死掉自己。“未死先学死”，没有死以前先学会死；“有生即杀生”，有一点生机你要把他杀掉——死了后天的心念。要把现在自己活着时的心念死掉，连修道求道之心都清静下来，才可能找到生命的那个本来。

“塞其兑，闭其门，终身不勤”是一个修道的方法。“兑”是《易经》上的卦名，“兑上缺”，“兑为泽”是水，代表海洋，在人体是嘴巴，是有漏洞、有缺口的地方。人身上共有九个缺口、漏洞，所以全身都要把它严密关闭起来，就是不要漏气的意思。道家有句话：“开口神气散，意动火工寒”，一个道家的修行人，常沉默寡言，因为他要保守元气。“渗漏”的本义是指水的渗透滴漏。比喻各种漏洞、耗蚀。也可比喻文字、语言、品德、行为心理上的破绽、缺点。在佛法中表示不圆满的种种表现。此处的“塞其兑，闭其门”就是杜绝渗漏之意。反之，下文“开其兑、济其事”就指代各种渗漏。贪欲、嗔恨、傲慢之类的病态心理和言行都属于渗漏。

重庆市西北部大足石刻《缚心猿锁六耗图》，简称《锁六耗图》，顶刻《缚心猿锁六耗图》六个大字，左右两端分别竖刻“傅大士作”与“弥勒化身”。中刻弥勒化身像跏趺端坐在莲座之上。莲座下方以六条绳索系住犬、鸦、蛇、狐、鱼、马，代表眼、耳、鼻、舌、身、意，是为“锁六耗”。其意以猿猴喻心，以其他六种动物喻眼、耳、鼻、舌、身、意六种感官，它们是感应外界的“六个窗口”，总称“六窗一猿”。即所谓的“若能锁得六耗住，便是神仙大觉修”。

“终身不勤”，是形容一辈子不会忙忙碌碌，始终是从容不迫的。“开其兑”，一个人活着时，拼命消耗自己的生命，九窍漏洞统统地打开；“济其事”，整天忙忙碌碌，一辈子为人世间事务忙。这样一来这个人就“终身不救”，救不了啦！消耗到完了为止。“见小曰明，守柔曰强”，“见小”是如何减少耗用，“曰明”是保养得好，慢慢就变成了一个大的光明。“守柔曰强”，保持“守柔”的结果，一切柔软，脾气情绪都平复下去，达到所谓温柔的境界。“守柔”到极点就是坚强，这个生命就永远持续下去了。

“用其光，复归其明”，是要把这个光返照，回转来照到自己里头去。就是回光返照。比如眼睛看东西尽量少像探照灯一样直射出去，要收回来物的形象，把一切光芒的影像吸收到自己的眼神经里去，慢慢人的视力、脑力、聪明、智慧会恢复过来，这样才会“复归其明”。

“无遗身殃”，如果不晓得“用其光”，那是跟自己找麻烦，制造痛苦；如果“用其光”，不但眼神好了，还可以修炼长生不老之道，“是为习常”，复归那个永恒生命的本来。

☞ 案例故事

悟空与毛贼①

孙悟空被唐僧从五行山(两界山)下解救出来后，第二天，师徒走到路上，忽见路旁唿哨一声，闯出六个人来，各执长枪短剑，利刃强弓，说：“我等是剪径的大王，行好心的山主。大名久播，你量不知，早早的留下东西，放你过去；若道半个‘不’字，教你碎尸粉骨!”行者道：“我也是祖传的大王，积年的山主，却不曾闻得列位有甚大名。”你知是哪六人？原来是眼看喜、耳听怒、鼻嗅爱、舌尝思、意见欲和身本忧六个毛贼。悟空对六个毛贼说：“你却不认得我这出家人是你的主人公?”毫不留情，毛贼尽被打死。

小说写的六贼，就是人的六种欲望、六种需求。也就是眼要观，耳要听，鼻要闻，嘴要吃，舌要尝。佛教认为，六根中前五根为视觉、听觉、嗅觉、味觉和触觉的器官，而孙悟空是意根，即人意识心灵的象征，正是六贼的主人公。六根不净，总贪恋物质生活，追求物质生活的快乐，就会受外界物欲的引诱，不能一心修道。所以，当喜、怒、

① 出自《西游记》第14回，岳麓书社1988年版。

爱、思、欲、忧生起——即六贼入侵时，自然本心就被蒙蔽。打死六贼，寓意去除杂念，六根清净。

妙的是，行者打死了六个毛贼，为唐僧的西行扫除了障碍。可唐僧却还埋怨悟空打死了六贼，手段太残忍，做不得和尚："我这出家人，宁死绝不敢行凶。我就死，也只是一身，你却杀了他六人，如何理说？此事若告到官，就是你老子做官，也说不过去。孙悟空按不住心头火发，使一个性子，将身一纵，呼的一声，回东而去。"为什么悟空被赶走？因为毛贼本是自家人。所以老子说："塞其兑、闭其门"；又说："既得其母，以知其子；既知其子，复守其母，没身不殆。"

第五十三章　使我介然有知

使我介然①有知，行于大道，唯施是畏②。大道甚夷，而民好径③。朝甚除④，田甚芜⑤，仓甚虚，服文彩⑥，带利剑，厌⑦饮食，财货有余，是谓盗夸⑧。非道也哉。

☞ 注释

①介然：介立的样子。介立，卓异独立、确信的样子。《荀子·修身篇》："善在身，介然必以自好也。"介：象形字，像人身上穿上铠甲，如"介胄"。又划分、界限；又指节操、独特之行。《孟子》："柳下惠不以三公易其介"。又通"芥"，细微。如："一介不取"。

②唯施(xié)是畏：只怕走上邪路。"施"通"迤"，邪也。"施"的本义是旗，形容旗帜飘动的样子。徐锴《说文注》曰："旗之逶迤，一曰设也"。《诗·王风》："将其来施施"。《传》："施施，难进之意"。《笺》："施施，舒行伺闲，独来见己之貌"。《孟子》："施施从外来"。赵岐注："施施，犹扁扁，喜悦之貌"。又《玉篇》："张也"。《增韵》："用也，加也"。又音翅，恩惠、施与。结合上下文，此处"施"是指舒缓、喜悦，用来形容吊儿郎当、浑浑噩噩、背道而驰的一些行为。孔子曰："乡愿，德之贼"。和本句意思一致。"唯……是"句型表示"只……"的意思，如"唯利是图"。畏，恶也，忌也，惧也。

③夷、径：夷，平坦，平易。径，小路，捷径。

④朝甚除：朝政非常颓败。朝：宫室也，指朝廷。除，一种解释是"整齐、清洁"；第二种是"废弛、颓败"。今从二。《尚书·五子之歌》其二曰："训有之内作色荒，外作禽荒。甘酒嗜音，峻宇雕墙。有一于此，未或不亡。"《尚书·伊训》："敢有恒舞于宫、酣歌于室，时谓巫风；敢有殉于货色、恒于游畋，时谓淫风；敢有侮圣言、逆忠直、远耆德、比顽童，时谓乱风。"

⑤芜：长满杂草。

⑥服文彩：穿着华美的服饰。服，用也，又穿着。彩，五色具备的布料，犹今天的"花布"。文彩：艳丽而错杂的色彩。也可指华美的衣服。"服文彩"还可解释为使用雕花的衣物。

⑦厌：通"餍"。饱也，足也，满足、足够的意思。引申为因饱而厌食。

⑧盗夸：犹"盗魁"也，大盗、强盗的头子。河上公注曰："百姓不足而君有余者，是由

劫盗以致服饰，持行夸人，不知身死家破，亲戚并随也。”“盗夸”二字河上公本作“夸”，夸，炫也，逞也，“盗夸”意为强盗自夸。《韩非子·解老》作“盗竽”。“竽”也者，五声之长者也。故竽先，则钟瑟皆随；竽唱，则诸乐皆和。今大奸作败也。高享说：“夸”、“竽”同声系，古通用。

☞ 今译

使我确然有知，行于大道的，就是忌讳走上邪道。大道非常平坦，但是人们偏爱走捷径。朝政非常腐败、农田十分荒芜、仓库异常空虚，却还穿着华美的服饰，佩带锋利的宝剑，饱食精美的饮食，占有多余的钱财和货物，这就叫强盗头子。不合乎道啊！

☞ 引述

“墙上芦苇，头重脚轻根低浅；山中竹笋，嘴尖皮厚腹中空”，这副对联形象刻画了“金玉其外，败絮其中”的样子。《呻吟语》：“士鲜衣美食，浮淡怪说、玩日愒时，而以农工为村鄙；女傅粉簪花、冶容学态、袖手乐游，而以勤俭为羞辱；官盛从丰供、繁文缛节、奔逐世态，而以教养为迂腐。世道可为伤心矣。”正是本章最好的注解。本章解释成对当时统治者的批判也似无不可。但首句说明老子本义是走正道、避免走邪道。

现代名词“古惑仔”，本意是指狡猾精明，后来引申为对具有某类怪异行为的青少年的称谓。后来指代那些混混，干黑社会的年轻人。社会上一般称为“问题青少年”，在广州和香港等地则被称为“古惑仔”。他们的特点有：标新立异的生活方式；出人意表的行为举止；引人侧目的着装打扮；张扬出位的率直个性；游戏人生的享乐精神等。他们中的很多人抽烟、喝酒、打架、泡吧、蹦迪，成为让家长和学校都很头痛的一个群体。

还有外表光鲜的白领族：“白骨精”、“月光族”、“信用卡爆了好几张”、“文身了、真人 CS 了、减肥了、吃素了、巨额财产来历不明了——是谓“盗夸”(黑帮老大)——“虚火上升，智力下降”、“绣花枕头”、“背道而驰”。

“服文彩、带利剑”没有什么好处，所以第 3 章：“圣人之治，虚其心、实其腹、弱其志、强其骨”；第 12 章：“圣人为腹不为目”；第 19 章“此三者为文不足，故令有所属，见素抱朴，少私寡欲”。这些都是老子的诤言。

☞ 案例故事

我们这个时代的尴尬①

我们居住的房屋越来越宽敞，家庭却越来越小型化。可以享受的生活便利日益

① 出自徐向英：《英语阅读背诵工程·我们这个时代的尴尬(中英对照)》，中国书籍出版社 2008 年版。

增多，属于自己的时间却日趋减少。我们获得了一张又一张的学位证书，却愈加频繁地陷入了对常识的茫然中。我们广泛的涉猎各类知识，却越来越缺乏对于外界事物的准确把握和判断。专家越来越多，问题却也日渐增加。药物越吃越多，健康却每况愈下。

我们花钱太少，开车太快；笑容太少，发怒太急；熬夜太晚，起身太早；文章读得太少，电视看得太勤；祈祷做得太少。

我们不断聚敛物质财富，却逐渐失去了自身的价值。我们话语太多，真爱太少，谎言泛滥。我们掌握了谋生的手段，却不懂得生活的真谛。我们让年华付诸流水，却不曾将生命倾注其中。

我们的住房越来越好，脾气却越来越坏；我们行驶的道路越来宽阔，眼界却越来越狭隘。我们付出很多，可获得很少，我们购买了很多，从中得到的乐趣却很少。

我们能够往返于地球和月球之间，却不乐意穿过马路，向新邻居问好。我们可以征服外部空间，却慑于走近内心的世界。我们可以击破原子，却不能突破思想的偏见。我们写出很多，可学到的很少。计划很多，可完成的很少。

我们学会了追赶时间，却没学会耐心等待。我们生产更多的电脑，用于存储更多的信息和制造更多的拷贝，而相互的交流与沟通却越来越少。我们拥有的是数量，缺乏的是质量。这是一个快餐食品与消化迟缓相伴的时代。一个体格高大和性格病态并存的时代。一个追逐名利和人情冷漠相生的时代。

我们的休闲多了，乐趣却少了。食品种类多了，营养却少了。双薪家庭增多了，离婚率也激升了。居室的装修华丽了，家庭却残缺破损了。

第五十四章　善建者不拔

善建者不拔[①]，善抱[②]者不脱，子孙以祭祀不辍[③]。修之于身，其德乃真[④]。修之于家，其德乃余[⑤]。修之于乡[⑥]，其德乃长[⑦]。修之于国，其德乃丰[⑧]。修之于天下，其德乃普[⑨]。故以身观身，以家观家，以乡观乡，以国观国，以天下观天下。吾何以知天下然哉？以此。

☞ 注释

①善建者不拔：善于建立者不可拔除。建，立朝律也，今谓凡竖立为建。拔，擢也，用手抽。

②抱：怀也；持也。从手，包声。脱：离也；剥其皮也。

③祭祀不辍(chuò)：祭祀不断。祭祀，置备供品对神佛或祖先行礼，表示崇敬并祈求保佑。辍，停止、断绝。

④真：真实、真诚、充实。

⑤修之于家，其德乃余：修之于家族，德行乃有余。家，大夫的封邑。余，有余、节余。

⑥乡：乡里。“身”、“家”、“乡”、“国(邦)”、“天下”在这里是逐级升高的五级行政组织。“天下”相当于当时的“中国”、今天的“世界”。

⑦长：长远、长足。

⑧丰：丰盛、丰满、丰硕、丰收。

⑨普：博、大、遍也。“普”本义是日无光也，无光则万物一体，普照、普及、普渡、普天同庆。这几句的“真”、“余”、“长”、“丰”、“普”，字义虽然程度上有差别，道理都是一样，指道德修养的逐渐扩充。

☞ 今译

善于建立的不可动摇，善于抱持的不会脱离，后世子孙祭祀绵延不辍。修之于自身，德行就真实；修之于自家，德行就有余；修之于乡里，德行就长远；修之于邦国，德行就丰硕；修之于天下，德行就普遍。

因此以自身的道理来观察自身，以家庭的道理来观察家庭，以乡里的道理来观察乡里，以邦国的道理来观察邦国，以天下的道理来观察天下。我怎么知道天下的道理呢？

就是用这个方法。

☞ 引述

善建者不建，善抱者不抱，虽然不建立、不抱持，却永远不会丧失。因为它是每个生命本来具备的。六祖开悟诗云："何期自性本不动摇；何期自性本不生灭；何期自性本来清净；何期自性能生万法。"如此，可以建万世之功、立万代之业，千秋万代、永垂不朽。比如释迦牟尼，比如老子、观音、关公、孔子。当然还有妈祖、耶稣、道家的天师。

而德业的进步，就是内圣外王之道。勉强划分一个层次，就是以修身得其真、齐家得其余，而后逐步扩充，影响到乡里以及社会道德，影响到国家，使这个国家欣欣向荣，再以这个道德精神修之于天下，整个世界才可能进入普遍道德的和谐。

反之，整个世界的和谐乃基始于一个国家的和谐，国家的和谐基始于乡里和社会的良好风气，乡里社会的良好风气最终基始于个人的道德修养。有大胸襟的圣人然后有大和平的世界，否则大和平也难以企及。时势造英雄，英雄亦造时势。

总之，生命的本身就具备了无比的功能，无上的道；道不是向外求，而是在于你本身。孟子也说："万物皆备于我。反身而诚，善莫大焉。"这就是"吾何以知天下然哉"的内涵。

老子在前文提到"人法地、地法天、天法道、道法自然"，又说"域中有四大，人居一焉"，将人的地位提升到无比的高度，乃至和天地大道平行，实在是人本主义和人文主义的极限。

☞ 案例故事

善开门者

> 理查德·佐尔格是二战中最富有传奇色彩的人物，他是大名鼎鼎的二战谍王，被誉为"最有胆识的间谍"。佐尔格搞情报的手段非常厉害。他曾这样形容自己的传奇情报生涯：不撬保险柜，但文件却主动送上门来；不持枪闯入密室，但门却自动为他打开。①

此言虽小，可以喻大。不着痕迹的善行，才是最大的善行。道之于人，正是最大的善。

---

① 摘自《"二战谍王"命丧小小打火机》，《湖南工人报》2013 年 6 月 5 日第 7 版。理查德·佐尔格是德国人，于 1925 年加入苏联共产党，是大名鼎鼎的"二战谍王"。他开始其波诡云谲的间谍生涯是在 1933 年。这年 9 月，佐尔格受苏联情报机关之命来到日本东京。到东京后，机智聪明的他很快成为德国陆军武官奥特的私人秘书，并建立了自己的"拉姆扎"小组。佐尔格和他的间谍小组获得了大量极有价值的情报。在德军即将进攻苏联的前夕，佐尔格向苏联发出了战争警告："进攻将在 1941 年 6 月 22 日拂晓全面展开。"但是苏联领导人斯大林不予理会，结果苏军被打得措手不及，一溃千里。危急关头，佐尔格又向苏联发出了一份至关重要的情报："日本政府决定不同苏联交战！"斯大林在获得这份无比宝贵的情报后，迅速抽调远东军队援助欧洲战场，稳住了阵脚。

第五十五章　含德之厚

含德[1]之厚，比于赤子[2]。蜂虿虺蛇不螫，猛兽不据，攫鸟不搏[3]。骨弱筋柔[4]而握固[5]。未知牝牡之合[6]而朘作[7]，精[8]之至也。终日号而不嗄[9]，和[10]之至也。知和曰常，知常曰明。益生曰祥[11]，心使气曰强[12]。物壮则老，谓之不道。不道早已[13]。

☞ **注释**

①含德：指蓄而不露的道德。“含德之厚”就是第29章的“常德不离”。含的本义是舌在口中，有包容、含蓄之义。

②赤子：刚出生的婴儿，全身红彤彤的赤色，所以叫“赤子”。这里形容无极状态。比与：比方是。

③蜂虿(chài)虺(huǐ)蛇不螫(shì)、猛兽不据、攫(jué)鸟不搏：泛指各种毒物都不会侵害。“虿”，蝎类。“虺”，毒蛇。以尾端肆毒叫做“螫”。猛兽、虎豹之类以爪按拿叫做“据”。攫鸟以羽距击触叫做“搏”。“攫”，爪持也。

④骨弱筋柔：筋骨柔弱。骨应肾水，为志；筋应肝木，为魂。详见五行章。

⑤握固：是用四个小指将大拇指捏在手掌心，在佛教密宗叫做“手印”，道家叫做“掐诀”。《内八段锦》：“积习不已……拘魂门、安魄户……与魂魄安门户也。”

⑥未知牝牡(pìn mǔ)之合：指婴儿没有男女的性别观念，更没有男女的欲念。牝，畜母也，雌性；牡，畜父也，雄性。合：会合、交合。

⑦朘(zuī)作：指婴儿生理机能的自然发展，一身精力充沛，生殖器自然翘起。“朘”，王弼本作“全”，赤子阴也。“作”，马王堆甲本作“怒”，起也。

⑧精：这里指人精神饱满的生理状态。详见本书第21章注释⑤。

⑨号而不嗄(shà)：哭号而嗓子不沙哑。有泪无声谓之泣，有声无泪谓之号，有泪有声谓之哭。

⑩和：指阴阳调和。“和”、“常”、“明”又指一种体道的境界。第42章：“万物负阴而抱阳，冲气以为和”。《素问·上古天真论》：“和于阴阳。”王冰注：“和谓同和。”

⑪益生曰祥：增益生命不祥。益：本义是器皿中水满出来。饶也，加也，增也，进益；溢也，盈也。《说文》段注：合称则灾难也叫祥；分称则善者谓之祥。祥，从示，羊声，指吉凶的兆头，这里指灾殃、妖孽。《庄子·庚桑楚》：“孽孤为之祥。”《庄子·德充符》：“人之不以好恶内伤其身，常因自然而不益生也。”益生，指拔苗助长之类

的举动，反受其殃。气周于身，冲和为用，心以妄动使之，则强矣。强梁者不得其死。

⑫心使气曰强：用妄心役使精气叫做勉强。

⑬物壮则老，谓之不道，不道早已：此句重出，详细解释见第30章注释⑩。“壮”并非普通的“强壮”，而是违背自然规律的勉强行为产生的后果，比如打激素之类。

☞ 今译

涵养道德深厚的人好比初生的婴儿，蜂蝎毒蛇不螫咬他、猛兽不吃他、猛禽不抓它。骨头柔弱，筋脉通畅，而自然握固；没有男女交合的欲念，生殖器自然翘起，这是精神充满的自然表现；整天号哭而嗓子不哑，这是阴阳调和的缘故。

知道中和叫做常道，知道常道叫做明白。反之，增益生命叫做不祥，妄心支使精气叫做逞强。消耗根本而过分强壮就会提前衰老，不合乎道，很快就会完了。

☞ 引述

真正的“含德之厚”，自然“专气致柔”，修炼到身内一股先天的元气，浑然一体，人如刚出生的婴儿，精气充足、阴阳调和。用一个形象来概况，就是“混沌”——“没有开窍(不开窍)”——懵懵懂懂的状态，没有多余的欲望，也没有刻意的掩饰。《小窗幽记》：“童子智少，愈少愈完；成人智多，愈多而愈散。”这种修身之道，后世演变为道家的“修神仙”、长生不老、祛病延年的方法。

反之，普通人由于后天的妄心，强迫消耗自己的精、气、神，表面看起来很强壮的样子，实际上是快速地消耗自己的生命，使生命不能按自然规律演变，结果加速衰亡。现代人早衰、头发早白、“英年早逝”现象变多。为什么？因为早熟。食用的蔬菜水果零食等很多带有激素，催发孩子早熟。加上环境污染、信息污染。所以老子说：“物壮则老，谓之不道。”反之就是“知和曰常”：“和谐社会是可持续发展的社会”——国家政治口号和《老子》不矛盾。

上经第10章讲述“专气致柔，能婴儿乎”；第28章：“常德不离，复归于婴儿。”此处“含德之厚，比于赤子”作进一步阐述和延伸。

☞ 案例故事

像烟灰一样松散①

近年结识了一位警察朋友，好枪法。不单单在射击场上百发百中，更在解救人质的现场，次次百步穿杨。

---

① 出自毕淑敏著：《心理医生附耳细说》，生活书店出版有限公司2015年版。有删改。

我向他请教射击的要领。他说，很简单，就是极端的平静。我说这个要领所有打枪的人都知道，可是做不到。他说，记住，你要像烟灰一样松散。只有放松，全部潜在的能量才会释放出来，协同你达到完美。

他的话我似懂非懂，但从此我开始注意以前忽略了的烟灰。烟灰，尤其是那些优质香烟燃烧后的烟灰，非常松散，几乎没有重量和形状，真一个大象无形。它们懒洋洋地趴在那里，好像在冬眠。其实，在烟灰的内部，栖息着高度警觉和机敏的鸟群，任何一阵微风掠过，哪怕只是极轻微的叹息，它们都会不失时机地腾空而起驭风而行。它们的力量来自放松，来自一种飘扬的本能。

松散的反面是紧张。几乎每个人都有过由于紧张而惨败的经历。比如，考试的时候，全身肌肉僵直，心跳得好像无数个小炸弹在身体的深浅部位依次爆破。手指发抖头冒虚汗，原本记得滚瓜烂熟的知识，改头换面潜藏起来，原本泾渭分明的答案变得似是而非，泥鳅一样滑走……面试的时候，要么扭扭捏捏不够大方，无法表现自己的真实实力，要么口若悬河躁动不安，拿捏不准问题的实质，只得用不停的述说掩饰自己的紧张，适得其反……相信每个人都储存了一大堆这类不堪回首的往事。在最危急的时刻能保持极端的放松，不是一种技术，而是一种修养，是一种长期潜移默化修炼提升的结果。我们常说，某人胜就胜在心理上，或是说某人败就败在心理上。这其中的差池不是指在理性上，而是这种心灵张弛的韧性上。

烟灰也曾经是火焰，燃烧过、沸腾过，但它们此刻处于安静无形又无力的状态。不张扬、不露痕迹，聚精会神，不知道什么时候，就已经乘风而起，携带着全部的能量，抵达阳光能到的任何地方。

第五十六章　知者不言

知者不言，言者不知①。塞其兑，闭其门②，挫其锐，解其纷，和其光，同其尘③，是谓玄同④。故不可得而亲⑤，不可得而疏⑥。不可得而利，不可得而害。不可得而贵，不可得而贱。故为天下贵。

☞ 注释

①知者不言，言者不知：知道的人不说话，说话的人不知道。郭店简本作"智之者弗言，言之者弗智。"第2章："行不言之教"可与此处互文见义。

②塞其兑，闭其门：参见第52章注释④，这里形容沉默寡言、抱元守一的样子，就是解释上句"知者不言，言者不知"的，也就是下文"挫锐解纷，和光同尘"的修证功夫。

③挫其锐，解其纷，和其光，同其尘：把思想最尖锐的地方磨炼成平和，消除内心纷繁的妄念，把外露的光明回光返照，混同于尘世。此句与第4章相同。详见第4章注释。

④玄同：玄妙的齐同，指道的境界。王纯甫："'玄同'者，与物大同而又无迹可见也。""玄"是幽深；"同"是无别，"玄同"是万物齐同、无有差别。

⑤不可得而亲：没有办法特别亲近它。王弼注："言无物可以加之也。"以下"不可得而……"六句话，用佛学概念解释，就是"如如不动"，苏轼所谓"八风吹不动"。

⑥疏：通也，远也。

☞ 今译

知道的人不说话，说话的人不知道。闭塞缺口，关闭窍门，独立守神，磨炼心性的极端之处而达到平和，消除内心纷繁的妄念而回归宁静，回收外露的光明而返观内照，混同于尘世而达到玄妙齐同的境地。

没有办法亲近它，也没有办法疏远它；没有办法利益它，也没有办法损害它；没有办法贵重它，也没有办法轻贱它——所以为天下尊贵。

☞ 引述

第55章讲到"含德之厚比于赤子，……精之至也……和之至也"，此章继续发挥，讲“含德之厚”的境界。“塞兑闭门”就是前文的绝圣弃智、绝智弃欲，以及闭目塞听、韬光养晦、宠辱不惊，进而达到八风吹不动，与万物浑然无别的玄同境界。

本章和第52章可互证互通。“和其光，同其尘”就是“用其光，复归其明”；“见小曰明，守柔曰强”就是“玄同”。“和光同尘”、“塞兑闭门”既是修道的经验，也是为人处世、治军治国的道理，以身观身、以家观家，有此“玄同”境界的人方能操持“玄同”的社会。

俗话说：“平凡的伟大、平凡的神奇”。真正有修养的人的伟大之处在于他安于最平凡的状态而没有私心杂念。这种人，不会因为你喜欢他他就特别爱你；也不会因为你憎恨他他就特别地恨你，换句话说，没有亲疏，远近、利害、贵贱之心，永远站在真正的中庸之道，“故为天下贵”。而且，这个“天下贵”用第5章的概念叫“万物刍狗说”；用佛法的表述是“无分别心”，或曰“不动如如”；用《周易》的表述是“见群龙无首，吉”；用形象表示是大海，“注焉而不满，酌焉而不竭，而不知其所由来，此之谓葆光”（《庄子·齐物论》）；用镜子或水表示就是“在己无居，形物自著，其动若水，其静若镜，其应若响。”（《列子·仲尼》）

锐、纷、光、尘就对立说、矛盾说；挫锐、解纷、和光，同尘就统一说、和谐说。尖锐的东西容易折断，不能长保，把尖锐的东西磨去了，可以避免折断的危险。片面的东西是深刻、尖刻的，各人从片面的观点出发，坚持自己的意见，以排斥别人的意见，就会是非纷纭，无所适从。反之，化解成见、消除私心，让自然本真的东西不加阻碍地发挥作用。对于不好的一面，也能善加利用，困境就能因势利导地化解掉了。这就是玄妙齐同的境界。

☞ 案例故事

不能被增加的人①

我打算送一件礼物给一位国外的牧师的时候，才忽然发现，原来这世界上有一种人，你简直无法用任何东西来增加他，他自己已是一个完美的宇宙。

也许我可以学别人，把猪肉干、牛肉干之类的东西当成土产送给他，但我知道，对于一个忙碌的、席不暇暖的人，他不可能有时间坐下来嚼零食。

如果我送他衬衫或领带夹、袖扣之类的东西，他也不会记得装扮自己的。他的一副眼镜架已经用了十年，松得挂在鼻翼上，仍然不肯换，他却说：“何必呢？都成了老朋友，已经有感情了！”

送给他一些小东西放在壁炉架上呢？他在选择做牧师的那一天就已经告别了沙发椅，而且他也没有壁炉。

送他一点奢侈品呢？他的教区住着一些贫穷的工人，他在他们中间，过着最简朴的日子。生活里的一些小对象对他而言未必有意义，他是一个经常忘记自己的

① 出自张晓风著：《张晓风经典散文集》，当代世界出版社2009年版。

人——他需要别人反复提醒，才会意识到自己的存在，他自己是不在他照顾的范围之内的。

也许，我可以送他一本书，但对一个已经拥抱了这个世界的人来说，还有什么书可以增加他的智慧，还有什么知识可以提升他的价值？

这一种人，谁也无法用任何东西来增加他，他自己已是一个完美的宇宙。当然，你也同样无法减损他；甚至于，无法赞美他、亲近他——除非你和他一样了。

第五十七章　以 正 治 国

以正[①]治国，以奇[②]用兵，以无事[③]取天下。吾何以知其然[④]哉？以此：天下多忌讳[⑤]，而民弥贫[⑥]。民多利器[⑦]，国家滋昏[⑧]。人多伎巧[⑨]，奇物滋起[⑩]。法令滋彰[⑪]，盗贼多有。故圣人云：我无为而民自化[⑫]，我好静而民自正，我无事而民自富，我无欲而民自朴。

☞ 注释

①正：正道，指真实诚恳的仁爱之道。

②奇：异也，不群之谓。《孙子兵法》："兵者，诡道也。"指用兵临机应变、出奇制胜。又音"机"，非偶也。

③无事：无为。第 48 章："取天下常以无事，及其有事，不足以取天下。"

④然：这样。

⑤忌讳：禁忌、避讳。忌，憎恶也，从心、己声，嫉妒。讳，避谈，隐也，忌也。《增韵》："护短曰讳。"

⑥弥贫：更加、越发贫穷。"贫"，一本作"畔"。"畔"，叛也。

⑦利器：便利之器。指法令、权谋等政治制度，也可指武器、用具等。第 36 章："国之利器，不可示人。"

⑧滋昏：更昏暗。滋：多也，蕃也。滋盛、滋产。

⑨伎(jì)巧：技巧、智巧，这里有机诈的意思。"伎"古本作"技"，或作"知"、"智"。意思相通。

⑩奇物滋起：怪事异物接连出现。奇物，异物，代指各种奇异偏邪之事。简本作"细物"，指"苛事"。滋起，接连发生。下文"多有"指不断地增加。起：能立也，从走，己声。本义指发步，引申为立，又引申为凡万事开始兴作。

⑪彰：本义是文彰也。花纹显明的样子。彰明、明显、显著。

⑫自化：自然感化、自动化育。

☞ 今译

以正道治国，以奇道治兵，以无事治取天下。我为什么知道是这样的道理呢？因为：

天下越多忌讳人民就越是贫困，人民越多利器国家就越是昏乱，人们越多技巧异物就越是滋起，法令越是彰明盗贼就越是多有。

因此有道的人说过：我无为人民就自然感化，我清静人民就自然中正，我无事人民就自然富裕，我无私人民就自然纯朴。

☞ 引述

治国之道与治兵之道不同。治国讲诚实、仁爱、言而有信。治兵讲虚虚实实、临机应变、出奇制胜。以道治取天下又与治国和治兵之道不同。治人、事天，讲求浑厚道德的政治感化——即“天下归心”。[①] 换句话说，从本章内容可更加清楚地看出，老子“无为而治”的理想政治并不是什么事都不干，而是比“以正治国、以奇用兵”更高级的要求。好比在过去朝廷上有文官和武将。武将能以奇用兵、文官能以正治国，二者不可偏废。而皇帝却是超越这种正奇划分的，或者说是兼而有之、也可说是兼而无之。

换言之，一位卓越的领袖人物，应该有一个团队，这个团队里既要有能独辟蹊径、出奇制胜的开辟市场的先锋、元帅型人物；又要有能稳定内部，巩固成果、正正派派的管理型人才。而这个领袖人物自身，却既非正、亦非邪的。或者说他既正又邪的，他是浑然一体、莫可名状的，故可以“无事取天下”。

“故圣人云：我无为而民自化，我好静而民自正，我无事而民自富，我无欲而民自朴。”这是老子引用古圣人所说的话。

“我无为而民自化”，一个真正好的政治领导人，做到了真正的无为而治，具有道德的成就，则不必要去管理，人民自然就被感化。

“我好静而民自正”，这是说领导人有这样的静定，是为天下的大静，如果领导人真正地“好静”，则天下之民自然受其感化，走上正道。

“我无事而民自富”，领导人真正“无事”，即无为而治，社会人民自然生活富裕。改革开放三十多年来，中国百姓能够迅速脱贫致富，国家经济快速发展，就是从计划经济时代的多事(“天下多忌讳”)中解脱出来的缘故。个人立身处世，做人也是这样。做人容易，切莫作怪。为政则是少玩花样，社会就自然富庶。

“我无欲而民自朴”，我自己没有私欲，社会、国家、天下受到这种无欲的影响，就自然走到纯朴、厚道的路上去。

☞ 案例故事

民生多艰，故常有奇技[②]

在日常生活中，我们经常遇到一些奇人，他们或有常人不及的各种特别技能，

① 前面《道德经》第29章提道：“天下神器也，不可为也，不可执也，为者败之，执者失之。”

② 出自《被生计逼出来的奇人们》，载于《南方农村报》，2009年3月10日。有删改。

或有超强的禀赋，能忍受常人所不能忍耐的生活条件。

这些人中，最让我感叹的是我家楼下一家饼店的老板，白天小两口基本没一分钟停止过干活。我有一次问他：“每天看你晚上很晚才收摊，早晨四点就起床了，难道不睡觉吗?”他抬起头，纠正我说：“三点，是三点起床，十一点睡。”“那你不困吗?”“困？呵呵，习惯了，要生活嘛!”——在生计之下，他已把自己的潜能发挥到极致，而这样的铁人式熬法，不知又能坚持多久?

还有一位熟人，在一家私人公司上班，因为挣钱不多，于是在三环路外租房，每天骑一小时车上班，还时不时被老板扣迟到。后来，他每天发愤早起，在洪流般的上班人群中如泥鳅般左穿右突，闯红灯避车流如入无人之境，居然能将上班时间压缩近一半，很多看过他骑车的人都说：“这家伙，速度和灵活性，绝对是健将水平。”

还有一位前辈，已退休，生活本来很安闲，谁料儿子中年下岗，不想再出门做事，带着妻儿在家“啃老”，老人的生活质量逐步下滑，原先每天可以喝四两白酒，现在只能喝一两，为了过足嘴瘾，他在酒里泡上了干辣椒……

以上几位，在生计的重压之下，已像弹簧冲刺极限一般，把自己的生活与生存质量，推向了超常的状态。每每想到这些被生活压力逼迫并时有崩溃危险的奇人们，心中便是一声叹息！

一切“正面”的东西，都来自于它的“反面”。所以老子反对“以智治国”、“人多伎巧”，其实这才是真正的智慧之语！

第五十八章　其政闷闷

其政闷闷①，其民淳淳②。其政察察③，其民缺缺④。祸兮福之所倚⑤，福兮祸之所伏⑥。孰知其极⑦？其无正？正复为奇，善复为妖⑧。人之迷⑨，其日固久。是以圣人方而不割⑩，廉而不刿⑪，直而不肆⑫，光而不耀⑬。

☞ **注释**

①闷：温和老实、笨笨的样子。这里表示朴鄙、宽大。“闷”本义是烦，从心从满。第20章“我独闷闷”。

②淳(chún)：清也，朴也，音纯。一本作“忳忳”，又作“屯屯”，皆老实、朴实貌。

③察：明察、视察、苛察。

④缺：器破也。亏也，毁也。帛本作“狯狯”，狡猾貌。

⑤倚(yǐ)：依也，因也。

⑥伏：隐伏、潜伏。匿藏的样子。

⑦极：终极、尽头、极限。详见第28章注释⑧。

⑧妖：怪异、妖孽。古人把动植物的反常现象叫妖。《左传·庄公十四年》：“人弃常则妖兴。”《左传·宣公十五年》：“天反时为灾，地反物为妖。”又艳也，媚也，形容女子之巧。

⑨迷：惑也。

⑩割：剥也，裂也、截也，又害也。

⑪廉而不刿(guì)：锐利而不伤人。廉，棱角锐利。刿，利伤也，从刀，岁声，以芒刃伤物。《礼·聘义》：“君子比德于玉，廉而不刿，义也。”

⑫肆：放肆、恣肆，指无所顾忌、极力展放。

⑬耀：夸耀、炫耀、晃眼。耀字在古文中或作“曜”，目眩，眼花。“光”，光彩、光荣、明亮。《左传·庄公二十二年》：“光远而自他有耀者也。”

☞ **今译**

政事温和宽大，百姓浑厚淳朴；政事苛细明察，百姓疏薄欠缺。灾祸啊，是幸福的原因所在；幸福啊，是灾祸的潜伏所在。谁知晓它的终极呢？难道没有一个绝对的标准吗？正常转化为奇异，善良演变为妖孽。人们迷惑的时间本来已经很久了。因而圣人方正而不割裂，锐利而不伤害，直率而不放肆，光亮而不炫耀。

☞ 引述

这一章，是老子继续引申前一章所说的道理和主旨，仍然是无为而治的思想，代表了道家文化重要的政治理念。

“其政闷闷”，“闷闷”，是温吞吞的、温和老实的意思，而不是笨。凡事都是平和、慢慢渐进的，不玩弄聪明，不要花招。所以“其民淳淳”，老百姓都纯朴安分。“其政察察，其民缺缺”，察看得很清楚，百姓不但没有行动自由，连他乡旅行也在为政者的控制之中，结果是“其民缺缺”——在这样的社会国家中，人民既缺德、也缺钱，更缺知识，贫困到极点。《列子·说符》有两句话，“察见渊鱼者不祥，智料隐匿者有殃。”同样反对察察之明。

“祸兮福之所倚，福兮祸之所伏。孰知其极？其无正。”祸与福是互为因果的。一个人正在得意时，就要知道得意正是失意的开始；而失意，却是得意的起端。所以“塞翁失马，焉知非福”，祸害到了极点，福便来了；福到了极点，跟着便是祸了。这两件事是互为因果、循环交替而来的。但是“孰知其极”，谁知道什么是祸的极点，什么又是福的极点？“其无正”，不要太正了，正到了极点，岂不就歪了吗？

“正复为奇，善复为妖”，一个东西偏了，要把它扶正，扶得过分了，又偏向了另一边。凡事太过就错了。过与不及都是毛病。

所以老子感叹，“人之迷，其日固久”，他说人们迷信得太久了、太坚固了。所以“圣人方而不割，廉而不刿”，一个人做人要方正，但“方而不割”，不要因为方正而割舍其他一切；人方正到割裂其他的时候，就变成不能容物了。为人要清廉，可是不要廉得像刀割一样，连肉也削掉了。换言之，有德之人虽然方正、正直，但并不拿方正、正直作为衡量标准来批判和要求人和事物，乃至这个时代和整个世界。

同样，“直而不肆，光而不耀”，做人要直爽，但是如果太直了，就会放肆。人不但要聪明，要有志气，还要有光亮，就是现代所流行的要有知名度，有才华，要放光，知名度要高。但是，不要放光放得太光亮了，太光亮就看不见了，因为刺到别人的眼睛，在别人的视觉上，这光就变成灰暗了。网络上用“亮瞎你的双眼”形容，这样的亮还不如暗一点好。

☞ 案例故事

成熟是一种明亮而不刺眼的光辉①

成熟是一种明亮而不刺眼的光辉，一种圆润而不腻耳的音响，一种不再需要对别人察言观色的从容，一种终于停止向周围申诉求告的大气，一种不理会哄闹的微

① 余秋雨：《苏东坡突围》，载于《山居笔记》，文汇出版社 1998 年版。

笑，一种洗刷了偏激的冷漠，一种无需声张的厚实，一种能够看得很远却又并不陡峭的高度。

不要因为害怕被别人误会而等待理解，现在生活各自独立，万象共存。东家的柳树矮一点儿，不必向路人解释本来又长高的可能；西家的槐树高一点儿，也不必向邻居说明自己并没有独占风水的企图。

做一件新事，大家立即理解，那就不是新事；出一个高招，大家又立刻理解，那也不是高招。没有争议的行为，肯定不是创造；没有争议的人物，肯定不是创造者。任何真正的创造者都是对原有模式的背离，对社会适应的突破，对民众习惯的挑战。如果眼巴巴地指望众人理解，创造的纯粹性必然会大大降低，平庸正在前面招手。

回想一下，我们一生所做的比较像样的大事，连父母也未必能深刻理解。父母缔造了我们却理解不了我们，这便是进化。

人生不光要做加法，在人际交往中，经常减肥，排毒，才会轻轻松松地走以后的路，我们周围很多人，实在是被越积越厚的人际关系脂肪层给塞住了，大家都能听到他们既满足又疲惫的喘息声。

向往峰巅，向往高度，结果峰巅只是一道刚能立足的狭地。不能横行，只能直走，只享一时俯视之乐，怎可长久驻足安坐？人生真是艰难，不上高峰发现不了什么，上了高峰抓住不了什么。看来，要么是人生注定要不断地上坡下坡；要么是珍惜眼前，当下心安。

第五十九章　治人事天

治人[①]事天[②]，莫若啬[③]。夫唯啬，是谓早服[④]。早服谓之重积德[⑤]。重积德，则无不克。无不克，则莫知其极[⑥]。莫知其极，可以有国[⑦]。有国之母，可以长久。是谓深根固柢[⑧]，长生久视[⑨]之道。

☞ **注释**

①治人：治理人事(待人处世)。

②事天：事奉天地(修道)。事，本义是职。“大曰政，小曰事”，有事奉、经营、治理、从事之义。

③啬(sè)：俭省，不妄费。高亨注：“此‘啬’字谓收藏其神形而不用，以归无义也。”啬的本义是悭吝，本收藏之义，引申为凡爱而不用之义。《说文》：“爱啬也，来者而藏之。”又《韩非子·解老》中说，“少费谓之啬”。“少费”即是“不妄费”、“不浪费”。“悭吝”是应该付出而不付出，“啬”是俭省；对自己刻薄对人宽厚为“啬”，对自己宽厚对别人刻薄则为“吝”。另外“啬”还有艰啬(涩)的意思，此处不取。“啬”字有顺应自然的意思。《逸周书·大聚解》第39：“旦闻禹之禁，春三月，山林不登斧，以成草木之长；三月遄不入网罟，以成鱼鳖之长。且以并农力执，成男女之功。夫然则有生而不失其宜，万物不失其性，人不失七事 ，天不失其时，以成万财。既成，放此为人。此谓正德。”此“正德”正此处“啬”之德也。

④早服：早从道也。郭店简本作“早备”。服，事也。“早服”用今天的话叫“提前量与预应力”。“服”也有“服气”的意思，因此此处有人解释为：“早一点修炼服气长生之道。”今不取。

⑤重积德：厚重地积聚德行。重，人在土上，厚也。又再也，更为也。积，积聚、累积。此处“重”作重复、不断的意思也可以。

⑥极：终极、极限、尽头。详见第28章注释⑧。

⑦有国：字面含义是拥有(治理)国家。此处可以翻译成“境地”、“天国”、“效果”等。“国”比喻人精神和物质生命的所有资产。类似于佛学名词里的“见地”、小说中开发出的“小宇宙”。

⑧深根固柢(dǐ)：深植根本、牢固根底。即根基牢固、不可动摇之义。“深根”就是“固柢”，同义复指。固：牢固，动词。柢，音邸，根也。花叶之根曰蒂，木曰柢。

⑨长生久视：长生不老。“长生”就是“久视”，同义复指，一表本体，一表效用。

☞ 今译

待人处世、求真修道，没有比俭省精神更好的原则了。俭省精神叫做及早蓄神，及早蓄神叫做厚重积德，厚重积德就能无往不利，无往不利就能无量无边，无量无边就能产生实际的效验。掌握了这个生生不息的最原始的根源，可以天长地久。这就是根本稳固、长生不老的道理。

☞ 引述

“治人事天，莫若啬”，做人做事要节省，说话也要节省。集中意志做正当的事，就是对精神的节省、对生命的节省。“事天”则包括宗教的活动，也应该节省自己的生命、精神。道家与佛家的差别在哪里？佛家一上手就是“空”，就布施；道家入手就是“啬”，就是节吝，以养精蓄气为主。

“夫唯啬，是谓早服”，老子说，因为唯有真正能够啬，节省精神，节省生命，真正不浪费精神与生命，才叫做“早服”。“服”就是“服食”，现代的人吃药也叫“服药”，道家的修持方法之一叫做“服气”。

“重积德则无不克”，做起事来，无往而不利。“无不克，则莫知其极”，因为做事为人无往而不利，所以表面上看起来，看不到尽头，也找不到究竟的原因。

“莫知其极，可以有国”，在老子的时代，对于所谓的“国”，并不代表现代观念中的国家政权，而是代表了资产，也包括了精神、智慧等形而上的资产。

“有国之母，可以长久”，这个“国之母”，就是生生不已、最原始的根源，在形而上就是道，在形而下的起用就是德，在本章的形容就是“俭”——简约、俭省到极处（“啬”），这样才可以长久。

“是谓深根固柢，长生久视之道。”“柢”也就是根的意思，根的尖端叫做“柢”。上经第10章中说：“专气致柔，能婴儿乎”，第16章说：“归根曰静，是谓复命”，修行甚至到了呼吸停止的胎息状态。在佛家来说，这个情形是到达三禅与四禅的境界；道家则是到达了“深根固柢”。“治人”就是做人处世；“事天”就是修道。在“治人事天”上做到了“深根固柢”，自然可以返老还童，“长生久视”。“久视”就是内视，等于佛家修行的观想，道家叫做“内照形躯”。所以“长生久视之道”就是精神永远明亮，就是见道。久了以后，因功力到了“深根固柢”，神光返照，这个生命就在自己手中控制了。以后才能永远存在，永远看得见，才能长久。

本文关键性词语是“啬”字。啬在此处是合乎道的德性，除了前文所论，它在其他方面都还有无数的表现。比如：

其一，生理、心理及命理上的“啬”指宁静致远、乐天知命、长生久视等内涵。本书第67章：“吾有三宝，持而保之：一曰慈、二曰俭、三曰不敢为天下先。”第10章：“专气致柔，能婴儿乎。”第16章：“归根曰静，静曰复命”。这三句话的“慈俭”、“专气致柔”、“归根”都是“啬”义，所以都和本文相互贯通。

其二，物质领域里的“啬”指顺应自然而不破坏自然。“劝君莫打三春鸟，子在巢中盼母归”；劝君莫要涸泽而渔、焚林而猎、杀鸡取卵——所以，春季禁渔，“天之道，损有余以奉不足。”

其三，文化、伦理上的“啬”比如“简约”、“惜缘”等观念。传统“二十年的台灯”、“两百年的家具”、“两千年的文化”对比当下“三分钟的热情”、维持“两天的婚姻”、使用“两个半月的手机”，我们可见社会变迁速度之快。《易经》上说：“积善之家，必有余庆；积不善之家，必有余殃。”古人讲“长治久安、根深蒂固、枝繁叶茂、厚积薄发”。今人倾向于一切变现，开发“人际关系资源”并利用得干干净净，甚至于严重“透支”。有鉴于此，社会文明要求“绿色经济”、“可持续发展”、“环境友好型发展”，历史转了一大圈，又重新回到正道上来。

☞ 案例故事

阳光与权势①

靠乞讨为生的穷哲学家第欧根尼，寄身在一只木桶里，被市民称作狗。

亚历山大巡游某地，遇见正躺着晒太阳的第欧根尼，这位世界之王上前自我介绍：“我是大帝亚历山大。”哲学家依然躺着，也自报家门：“我是狗儿第欧根尼。”大帝肃然起敬，问：“我有什么可以为先生效劳的吗？”哲学家的回答是：“有的，就是——不要挡住我的阳光。”

据说亚历山大懂得哲学家，他事后感叹道：“如果我不是亚历山大，我就愿意做第欧根尼。”

① 周国平：《善良　丰富　高贵：周国平最新作品》，黄山书社 2007 年版。标题是编者所加。

第六十章　治大国，若烹小鲜

治大国，若烹小鲜①。以道莅②天下，其鬼不神③。非其鬼不神，其神不伤人。非其神不伤人，圣人亦不伤人。夫两不相伤，故德交归焉④。

☞ 注释

①鲜：小鱼。
②莅：临、视。详见第31章注释⑫。
③神：灵验、起作用。神的本义是名词，指天神，“妙万物而为言者”。这里是动词。
④交归：交合、整合。交，俱也，合也，共也，友也。交的本义是交胫也，两腿交叉的样子。归，还也，入也，归依也，合也。

☞ 今译

治理大国，像是烹小鱼。以正道治理天下，鬼就不灵验。不是鬼不灵验，是鬼依赖起作用的环境不伤人。不是鬼不伤人，圣人也不伤人。两不相伤，因此他们的德性交相会合为一。

☞ 引述

本章从煎鱼开始，谈修身治国之道，和第57、58、59章思想一以贯之。

治大国，像是烹制小鱼，加点盐和醋就行，不用加防腐剂、添味剂等各种具有特异功能的调料。以道的修养来治理国家也同样如此。那么社会安定，一些奇特、稀有、怪诞的事物就不会影响社会了。《论语》上也记载，“子不语怪力乱神。”所谓“穷修庙，富修屋”，当一个社会人心不安时，就会出现一些奇奇怪怪的事情。本世纪困扰人的最大的问题是信仰问题，最大的疾病是精神性疾病。比如抑郁症、自闭症、狂躁症等。甚至有人恶搞说：“自从得了神经病，精神比以前好多了。”

社会压力大，“造神运动”就很多。“女神”的称呼满天飞。学习的叫“学神”，唱歌的叫“歌霸”，神神怪怪，各种变了形的信仰披着宗教的外衣出现。大学生考试的时候“信春歌，不挂科”；工薪族“拜嘉欣，要加薪”，不一而足。这些举动实际是“内虚”的表现——一个平时总是听讲记笔记认真备考的人，临考前肯定不会去“信春哥”而有足够自信的。一个社会、一个时代也同样如此。

进而言之，中国不存在西方宗教意义上的神。“神，聪明正直而壹者也。”①诸葛武侯，鞠躬尽瘁，死而后已，蜀地敬之为神；关羽虽败走麦城，人壮其义，尊曰神；岳飞忠壮勇武，尊曰神。中国虽然有酆都“鬼城”的旅游景点，道教相信是阴府所在，传说汉代著名道士王方平和阴长生都在酆都得道。“幽冥世界”、“阴曹地府”、“奈何桥”、“孟婆汤”等词语也为人们习惯运用。但这都是“神道设教”的权宜之计。美国杰斐逊对宗教也有相同的言论。

《论语》上记载樊迟问知识，孔子告诉他要“务民之义，敬鬼神而远之。”《太上感应篇》和《小窗幽记》上记载类似的话：“一念之善，吉神随之；一念之恶，厉鬼随之——知此可以役使鬼神。”在《中庸》中讲鬼神，是由人至诚感应之道，仍是人灵明觉性的玄妙应用罢了。小说中有“黑、白无常鬼”——其实“无常”是哲学概念，就是马克思唯物主义哲学中“运动”、“变化”观念一致的概念；“黑白”就是阴阳，也是善恶的代号。

在家敬父母，何必远烧香？平凡处就是神奇处。倘若人人“在家敬父母，家家礼弥陀”，鬼神也就不灵了，因为最灵的是人，是道德修养的功效。所谓“道高龙虎伏，德重鬼神钦。”

人为什么怕鬼？因为心中有鬼。所以，鬼神有没有？有。可是，以精神文明的立场看，同时也是佛家、道家相同的一种精神：“魔由心造，妖自人兴。”什么是魔呢？“魔者，磨也”。你自己的心，你自己的思想，就是真正的魔，走火入魔就是自己的心理作用。“妖自人兴”，妖怪都是人把他兴起来的，都是人玩的把戏，人的唯心作用。所以，“以正道莅天下”，其鬼就不灵了。

“非其鬼不神，其神不伤人”，不是鬼不灵，是鬼所依靠的神灵——鬼的精神没有了，他所依赖的生成自身生命的力量没有了，也就是能作怪的力量没了。这一句话，这是讲人本的价值，也就是心的价值。

“非其神不伤人，圣人亦不伤人”，为什么会这样呢？因为人到达清净道德的境界，就天人合一了。这时鬼神与你同体，而无法相伤。“夫两不相伤，故德交归焉”，因为彼此不相害，彼此互谅，彼此互存，同体而共存。这是“道”的道理，也就是庄子所说的“天地与我同根，万物与我一体”。佛家叫做“空”，“空”就是描写“天地同根，万物一体”的境界，这也就是“道”的道理。

☞ 案例故事

怎样做鲜鱼

一位厨师告诉我，鲜活的鱼没有挂糊油炸的，真正的好汤从不添加味精，而是慢慢熬成的原汁。反之，只有已经不鲜的素材才需要重料加持，作出“美味”来。

---

① (春秋)左丘明：《左传·庄公三十二年》，岳麓书社 1988 年版，第 44 页。

生命的许多档次，不在于外在的包装，而在于内在的品质。所以，有时候需要一场造神运动，有时候又要放神——将神请下神坛、放逐民间。没有“神”的日子，才是老百姓的幸福日子。

第六十一章　大国者下流

大国者下流①。天下之牝②，天下之交③也，牝常以静胜牡，以静为下④。故大国以下小国，则取小国；小国以下大国，则取大国。故或下以取，或下而⑤取。大国不过欲兼畜⑥人，小国不过欲入事⑦人。夫两者各得其所欲，大者宜⑧为下。

☞ 注释

①下流：本义是指河流的下游，也用来比喻众恶所归的地位。《论语·子张》："君子恶居下流也，天下之恶皆归焉。"后世常用来形容卑鄙、龌龊。
②牝：雌性。犹母也，母能养育人。
③交：俱也，合也，共也。会聚之义。交：交合、交配。天下的雌性，在交配的时候，雌性常因其柔静而胜过雄性，因为她的谦下。此处以雌雄交合比喻柔弱胜刚强的道理。此句一本作："天下之交，天下之牝也。"
④下：谦下、包容。
⑤以，而：表顺承关系的连词，可通用。这里有主动被动的区别。
⑥兼畜：兼并畜养。兼，并也。从又，持秝。兼持二禾，秉持一禾。畜，养也。又容也。
⑦入事：进奉、事奉。入，进也；事，职也。
⑧宜：适宜，应当。

☞ 今译

大国要有谦虚之德，自处于天下的下游，成为天下的共同汇聚地、天下的母亲。雌性常用她的安静胜过雄性，安静柔弱是谦下的。

所以大国对小国表示谦虚，就能包容小国，小国就自然归服；反之，小国如果爱国养民，反而向大国表示谦虚，就能取信、乃至于取得大国。所以大国谦下则可取得小国的归附，小国的谦下则可取得大国的包容。大国不过想兼容并蓄小国，小国不过想进奉求容于大国。大国和小国各得其所欲，那么大国应当谦下。

☞ 引述

前面接连三章讲修身治国、长治久安之道，本章讲到政治哲学运用的原理，具体涉及大国和小国的外交定位。

大国不过是“兼畜人”，小国“欲入事人”。小国的目的，找个牢固的依靠稳当一点。小国和大国的外交目标和外交政策是不同的，但都必须谦下则是相同的。江海处下，故百川归之；大国处下，则天下归之；小国处下，则大国信任之。

当前，国际能源市场出现一种“中国式定价机制”：凡是中国不采购的物品就很便宜，凡是中国采购的物品就变得很昂贵。而且中国的个别跨国公司在当地，只知道经济上去赚当地人的钱，对当地的国民和政府缺乏相应的尊重和理解，导致双方关系紧张。周边的小国也逐渐削减了对中国的好感，这样下去，大国也会被孤立起来。而老子说：“大国者下流”，“下流”代表谦虚之德，像水一样向下流。“人向高处走，水向低处流。”流水流到最低处时就是海。“下流”是形容像大海一样，包容万象，包容一切。一个真正泱泱大国的风度，要像大海一样接受一切、容纳一切，善恶是非都能够融化。当然，这也是做人的道理。古人有一副对联“水唯能下方成海，山不矜高自及天”，天下的水，因为能谦下不傲慢，都向下走，低于一切，因此，它能成其大，变成大海，容纳了一切。谦虚，但要建立我们自己的人格，有独立不移、顶天立地的精神。

第 7 章“后其身而身先，外其身而身存；”第 8 章“上善若水”；第 32 章“譬道之在天下，犹川谷之于江海”；第 28 章“知其雄，守其雌，为天下溪”；第 66 章“江海所以能为百谷王”；第 76 章：“强大处下，柔弱处上”；以及第 78 章：“天下莫柔弱于水”，这些道理都是一贯的。总之老子这本称为《道德经》的书，是政治道德哲学，它始终告诉我们谦下、包容、爱护他人。

☞ **案例故事**

中国外交定位问题

> 加入世贸是江泽民“大国战略”的一大胜利。他认为，通过跟主要大国，尤其是美国，构筑外交伙伴关系，中国将会在塑造新的世界秩序的问题上享有一个平等的地位。①

中国现在在人口学和地理学意义上是一个大国，但从政治意义和军事意义上却是一个小国。中国的国民经济总产值跃升世界第二，而“G2”的提法令不少中国人感到莫大的虚荣。而实际上中国不是一个政治和军事意义上并不是一个强国，这一点历任领导人都有清醒的认识。南海问题及边疆问题以及“钓鱼岛”问题均非一朝一夕所能解决的。所以中国这个既不是“大国”也不是“小国”的国家，如何定位自己的“大(小)国外交”政策，需要卓越的政治智慧。而美国作为唯一的超级大国，已经做到了“大国者下流，天下之交(交合汇聚)也”，吸引世界人才归附过来，而未能做到“天下之牝”也。中国能做到吗？——国格如此修为，人格呢？

① 出自[美]库恩(Robert Lawrence Kuhn)著，谈峥、于海江等译：《江泽民传》，上海译文出版社 2005 年版。

第六十二章　道者万物之奥

道者，万物之奥[①]，善人之宝，不善人之所保[②]。美言可以市，尊行可以加人[③]。人之不善，何弃之有[④]？故立天子[⑤]，置三公[⑥]。虽有拱璧[⑦]以先驷马[⑧]，不如坐进[⑨]此道。古之所以贵此道者何？不曰："以求得，有罪以免"邪[⑩]？故为天下贵。

☞ **注释**

①奥：尊贵、深奥、奥秘。奥的本义是屋子的西南角，宛然深藏，宫室的至尊之处，主人安息之处。《礼·曲礼》："为人子者，居不主奥。"又五祀之祭。饶双峰曰："五祀，先设主席，而祭于其所，亲之也。后迎尸而祭于奥，尊之也"。又音窜，灶神也。《礼·礼运》："奥者，老妇之祭也。"《论语·八佾》："与其媚于奥，宁媚于灶。"

②不善人之所保：不善之人所要保持、保有的(宝贝)。一说是使坏人能得到保护的(宝贝)。"宝"和"保"，帛书都写作"葆"，汉代多用"葆"作"宝"，两字通用。道对于善人、不善人的唯一差别是，一个是"宝"，一个是"所宝"。《黄帝内经素问·四气调神大论》："道者，圣人行之，愚者佩之。"佩：佩戴、佩服，指愚者钦佩于道而身不能行也，与圣人的"勤而行之"有别。

③美言可以市，尊行可以加人：好听的话语可以收买(人心)，尊贵的行为可以施加鼓励。美言，(说)美饰的、美好的言辞。市：交易、收买。尊行，地位高的人施加于卑下之人的行为举止。加，施也，重也。用今天的话说就是"加油"。

④人之不善，何弃之有：对于不善之人，(道也同样是)不会抛弃(他)的。另一种解释是即便是不善之人也无法抛弃道。根据上下文联系，此处应为第一种解释。"美言"、"尊行"都是比兴手法，以引出后面的内容。

⑤天子：本义是天之子，即自然之子。后来专指皇帝。

⑥三公：古代天子以下设置的最大的官职，历代名称有变，常用的是"太师、太傅、太保"和"司马"、"司徒"、"司空"。

⑦拱璧：大璧，古代送礼用的贵重的大玉，圆形，中间有圆孔。拱，用两手捧持。

⑧以先驷(sì)马：古代礼仪，璧送之在先，驷马送之在后。驷马，四匹马驾的车。古代只有天子、大臣方能乘坐。

⑨进：进奉。本义是鸟止于地，登也、升也。引申为前进、奉献。此处"进"还有第二种解释，指自我勉励，前进于道。(以与前文"虽有拱璧"的状态相对照。)今不从。

⑩不曰："以求得，有罪以免"邪：难道不是说求就得到，有罪就可以免除吗？另一种解释是：为什么不说追求就可以得到、有罪可以免除呢？意为道非俗世功利之心所臆测的那样有求必应，而是清静无为的。

☞ 今译

道是万物深藏的最尊贵的奥秘，是善人的宝贝、不善人的向往。好听的话语可以收买人，尊贵的行为可以劝勉人。道对于不善之人，又怎么会抛弃不管呢？所以，选立天子、设置三公，即使有拱璧在先和驷马在后这样隆重的献礼，还不如退而修道、以道作为献礼更能表示尊敬的了。

自古以来，人们所以贵重这个道的原因是什么？难道不是：追求就能得到、有罪可以赎免吗？所以道为天下所贵重。

☞ 引述

人对社会最大的贡献是——不动心——即得道。对人最大的尊敬是以道的本来面目迎接他。修道、得道是对他人、对自身、对天地最大的尊敬。

打个不伦不类的比方来说，小官见大官，送上现金和黄金是污辱他的品格；送上名贵字画是雅贿他；送上类似于茶叶之类的小纪念品是礼尚往来；送上建议是逆耳的忠言，而能送上的最大的礼物，是尽职尽责，保一方平安、送一方太平，进而可以"为无为、事无事、行无行"，臻于至治，进于化境——还有比这更大的献礼吗？没有。"故不如坐进此道。"

然而道是可以用来进献的吗？道可以献，人莫不献给亲人、上级……网上马上可以"下载到本地"，电子商务马上挂牌销售了。

而老子说："道可道，非常道；名可名，非常名。"道没有出发，也没有到达。所以佛道常有"不可思议"、"妙不可言"、"得意妄言"等说法。"故为天下贵"，因此说这个"道"为天下之贵，是最崇高伟大、至高无上的，至贵而高不可攀的。

☞ 幽默故事

"夸"字怎么写①

"老公，你太能干了，吃完饭把碗洗了，衣服也洗下，还有地，我老公最好了"。"你别夸我，我知道你一夸我就要吃大亏了。"对呀，你也不看看'夸'字是怎么写的。"

此言虽小，可以喻大。所以老子说，"不如坐进此道。"

---

① 摘自捧腹网：《一夸我就要吃大亏了》，http://www.pengfu.com/content_1370176_1.html。

第六十三章　为　无　为

为无为，事无事，味无味[①]。大小、多少[②]，报怨以德[③]。图[④]难于其易，为大于其细。天下难事，必作[⑤]于易；天下大事，必作于细。是以圣人终不为大，故能成其大。夫轻诺必寡信[⑥]，多易必多难[⑦]。是以圣人犹难[⑧]之，故终无难矣。

☞ 注释

①为无为，事无事，味无味：把无为当作为，把无事当做事，把无味当做味。王弼注："以无为为居，以不言为教，以恬淡为味，治之极也。"

②大小、多小：大生于小，多起于少。大是小的累积，多是少的累积，说明任何事情都有两方面，也有互为因果的作用。高廷第注曰："等量齐观，恩怨胥泯。"这里"大"、"多"是动词，意动用法和使动用法两种解释都通顺。

③抱怨以德：以德报怨，以道德回报埋怨、怨恨。

④图：计划、规划、筹划、图谋。

⑤作：起也。以上二句皆循序以进、渐靡以成、水滴穿石、绳锯木断之义。

⑥轻诺必寡信：轻易许诺必定寡少信用。

⑦多易必多难，是以圣人犹难之，故终无难矣：轻视困难必多困难，所以圣人重视困难，所以终无困难。《国语·晋语》四郭偃答晋文公曰："君以为易，其难也将至矣；君以为难，其易将至焉"。

⑧难：以……为难，意动用法。后面"终无难"的"难"是名词，艰难、困难。

☞ 今译

以清静无为的方式作为，以平安无事的方式行事，以恬淡无味当做滋味。大生于小，多起于少。以道德回报怨恨。处理困难从容易的地方着手，成就伟大从细微之处开始。天下的难事，必定从容易的地方做起；天下的大事，必定从细微的地方做起。所以圣人始终不自为大，因此能成就伟大。轻易许诺必少诚信，轻视艰难必更多艰难。所以圣人尚且重视小事，以它为难，所以终不见艰难，而成就伟大。

☞ 引述

明白“有无相生、正反相成”的道理，就能来谈一谈大小、多少、难易、恩怨的道理了。

“无形者，形之君也；无端者，事之本也。”万事万物的两个方面有互为因果的作用。前面老子说过，侯王自称“孤、寡、不谷”，“孤、寡、不谷”，困贱下位也，人之所恶，而侯王以自称，此非以贱为本欤！故高以下为基、贵以贱为本、大以小为根、多以少为始，千里之行，始于足下，九层之台，起于累土……这就是“为无为，事无事，味无味”的智慧。用今天流行的话语模式，可以详细分析如下：

其一，先见之明的智慧。在事情还没有造成明显恶劣影响之前，洞烛先机，预先调整。好比中医“不治已病治未病”理论，在三九天阴气最盛时治疗夏天多发的疾病，三伏天阳气最盛时治疗冬天多发的病。通过穴位刺激、贴膏药等法子，利用天地的能量调节人体机能。看上去轻轻松松的，没怎么治，实际却预防了后患。“上工治未病”，这种方式集养生、保健、预防、治疗于一体，人轻松，钱也轻松。

其二，渐变引起突变的原理，也就是循序渐进与突飞猛进的辩证结合的智慧。万物的变化都有一个过程，在这个过程中好像每一步都没有变，而转身却发现整个都改观了。譬如每天的日月更替，岁月的不肯饶人。所以要防微杜渐。

其三，直接和间接(“曲”)的方式交互为用的智慧。前文提到“曲则全”，一个事情直接办很烫手，谁都会受伤，就间接、迂回地办。譬如一碗肉汤，谁端都烫手，就使用一个食盘，通过端食盘把汤端走了。看上去并没有端汤碗，而实际上汤碗已经端走了。又比如国家的管理，宏观和微观的调节等。

所以世上惊天动地的事业、感天动地的感情、惊天地泣鬼神的文采叫做有事业、有感情、有文采；而潜伏着的静水深流、无名之辈润物细无声的默默无闻的付出也同样叫做事业、同样叫做感情、同样叫做文采。——能够把简单的事情做好了，就是不简单；把容易的事情做好了，就是不容易。

“是以圣人终不为大，故能成其大”，一个真正的圣人，不吹大牛、不说大话、不狂妄，只是小心谨慎。因为他不自以为是，不傲慢，不自骄，故能成为真正的伟大。这一点，拿历史上的两个人物来说：“诸葛一生唯谨慎，吕端大事不糊涂”。诸葛亮一辈子的长处、成功要点，就是小心谨慎。吕端是宋朝的一个名臣，大宰相，在历史上这两个人物的处事态度，构成一副很好的对子。吕端这个人平常看来糊里糊涂，马马虎虎，但是他不是真马虎，他是大智若愚，是真精明假糊涂。

“夫轻诺必寡信，多易必多难，是以圣人犹难之，故终无难矣。”人世间的经验，一个轻诺的人必定寡信。生活中还有一种“任侠使气”的做法，这种讲义气、管闲事的人，又叫“侠客”。这类人脾气大，看不惯不公平的事，自己吃饱没有事，喜欢替别人抱不平，坐在家里也吹胡子瞪眼睛。“任侠”的人必定“使气”，因为养气不够之故。

“多易必多难”，把天下事看得太容易了，认为天下事不难，最后，你所遭遇的困难更重。天下事没有一件是容易的，都不可以随便，连对自己都不能“轻诺”——有些人年轻的时候想做“大丈夫”，救这个国家。最好还是慢慢来，先救自己，有能力再扩而充之；否则自己都救不了，随便吹大牛，就是“轻诺”。

“是以圣人犹难之，故终无难矣。”圣人之所以成为圣人，因为重视天下事；他不但不轻视天下事，也不轻视天下任何人。因此才不会有困难，才能成其为圣人！

☞ 案例故事

隐形贫困催生隐形资助①

以前大学生评定资助对象，都习惯于在评定困难补助时让同学们在一起“述职”，一个一个自揭“伤疤”，还有的地方出于宣传的需要，让获得资助的学生在大庭广众之下“示众”。这样做使不少同学感到自己的隐私权和自尊心受到了伤害。而且高校每年由《家庭经济情况调查表》统计出贫困生的数据只是显性的，还有一些隐性贫困生，他们不愿把自己的贫困说出来。

那么通过网络技术，实现了“校园一卡通”，学生处与网络中心、饮食中心、财务处等部门联合，在“一卡通”网络系统中设定学生消费情况预警线。如果有学生每月在校内食堂用餐60次以上、消费总额在150元以下，“一卡通”系统就会自动生成数据库，学生处便主动核实情况并在该生“一卡通”账户中每月存入150元或200元的补助。这样隐形资助生活中的隐形贫困。

“低调的温馨”；“偷偷地补助，暖暖的关怀”；“更加人性化”……由此可见，老子说的“事无事”，并不是不干事，而是干了像没干一样。当然，隐形补助还是要置于法律监管之下，否则缺乏约束，漏洞就产生了。

① 摘自《中科大开展隐形资助　“低调温馨”尊重贫困生情感》，载于《中国青年报》，2006年10月27日。有删改。

第六十四章　其安易持

其安易持①，其未兆易谋②，其脆易泮③，其微易散④。为之于未有，治之于未乱。合抱之木，生于毫末⑤；九层之台，起于累土⑥；千里之行，始于足下⑦。为者败之，执者失之。是以圣人无为故无败，无执故无失。民之从事⑧，常于几⑨成而败之。慎终如始⑩，则无败事。是以圣人欲不欲，不贵难得之货。学不学⑪，复⑫众人之所过。以辅⑬万物之自然，而不敢为。

☞ **注释**

①持：执也，握也。从手，寺声。

②其未兆易谋：还没有出现苗头之前，容易想办法对付。兆，征兆、预兆、兆头。指事之先见也、形也。“未兆”指无形。谋，图谋、计谋。《说文》：“虑难曰谋，从言，某声”。第20章：“泊兮其未兆”。《尚书·周官》：“制治于未乱，保邦于未危。……居宠思危，罔不惟畏。”

③其脆易泮(pàn)：脆弱的时候容易破散。脆，脆弱，脆指小弱易断。泮，散也，半也。又通“判”，剖判。又通“畔”。破也。

④其微易散：幽微的时候容易消解。微：幽微、微妙。如“谨小慎微”。散，放也。

⑤毫末：指细微之物。“毫”是鸟雀秋天生出的细绒毛；“末”指芒的尖端。

⑥累土：堆积土。高亨说“累”当读“蔂”，土笼子。“累土”就是一筐土。《尚书·旅獒》：“不矜细行，终累大德；为山九仞，功亏一篑。”“篑”就是“累”。马王堆本作“虆”，土筐也。

⑦足下：足所立之处。

⑧从事：为事、做事。

⑨几：近也，将也。差不多，快要。

⑩慎终如始：结束时仍然慎重，就同开始时一样。指做事从头至尾小心谨慎。《尚书·仲虺之诰》：“予闻曰：‘能自得师者王，谓人莫己若者亡。’好问则裕，自用则小。呜呼！慎厥终，惟其始；殖有礼，覆昏暴。”《尚书·蔡仲之命》：“皇天无亲，惟德是辅，民心无常，惟惠之怀；为善不同，同归于治，为恶不同，同归于乱。尔其戒哉！慎厥初，惟厥终，终以不困，不惟厥终，终以困穷。”

⑪学不学：以不学作为自己学习的内容。学：觉悟也。

⑫复：补救、弥补。

⑬辅：辅弼，扶助、扶也。辅本义是指上颌。又车辅，两旁夹木车也。

☞ 今译

安定的时候易于把持，没有征兆的时候易于图谋，脆弱的时候易于剖判，幽微的时候易于解散。在未有问题之前先做安排，在未有混乱之前先行治理。

合抱的大树，出生于细小的萌芽；极高的楼台，起立于第一筐基土；千里的行程，开始于脚下的第一步。有作为就是毁坏，有执持就是丧失。因此圣人无作为，所以不会毁坏；无执持，所以没有丧失。人们做事常在几乎成功的时候反而失败了。慎重结束要像慎重开始时一样，就不会败事。

所以圣人把无欲当做欲，不贵重难得的名誉和物品；以无学作为学，恢复众人的过犹不及，辅佐万物的自然天机，而不敢加人为的干预。

☞ 引述

本章是前文“朴”、“素”的道理和“正言若反”、“弱者道之用，反者道之动”的运用。用今天流行的话语模式，本章详细分析如下：

其一，慎微。细节决定成败。刘备：“毋以善小而不为，勿以恶小而为之。”量变引起质变。“圣人终不为大，故能成其大”：“能够把简单的事情做好了，就是不简单；把容易的事情做好了，就是不容易。”所以“小事做不好，大事做不来”是不行的。

其二，慎积。就是积累。《易经·系辞》：“善不积，不足以成名；恶不积，不足以灭身。小人以小善为无益而弗为也，以小恶而无伤而弗去也，故恶积而不可掩，罪大而不可解。”李斯：“泰山不拒细壤，故能成其高；江海不择细流，故能就其深；王者不却众庶，故能明其德。”人创造奇迹常常是在瞬间，但没有一个创造奇迹的人是依靠瞬间的——成功在于平日的积累。

其三，慎终：不求事之终，而慎于事之始也。“好心办坏事”，为什么？因为过分的介入和干预可能扰乱、打破了自身的平衡，使自身的生机遭到破坏，从而欲益反损、求乐得苦了。所以“慎始若终，则无败事。”

其四，知几。《易经》：“知几其神乎！几者动之微，吉之先见者也。君子见几而作，不俟终日。……君子知微知彰，知柔之刚，万夫之望。……亢之为言也，知进而不知退，知存而不知亡，知得而不知丧。其唯圣人乎！知进退存亡，而不失其正者，其为圣人乎！”洞烛先机，随时应变，所谓“动善时，事善能。”

其五，预备。就是防患于未然。所谓“有备而无患，事豫则可立。”

总之，“没有比脚更远的路，没有比人(心)更高的山”所以“海尽天作岸，山高我为峰”。乃至山我两忘、物我两忘。这就是“以辅万物之自然，而不敢为”。“道”的境界到达这个地方，与物理世界万物一样，“万物”是“自得天机自长成”的，自然的成就，自然的生生不息，不加一点造作，不加一点人为。修道、做学问也同样如此。

☞ 案例故事

墨子没地方躲雨①

公输盘为楚造云梯之械，成，将以攻宋。子墨子闻之，起于齐，行十日十夜而至于郢，见公输盘。……子墨子解带为城，以牒为械，公输盘九设攻城之机变，子墨子九距之。公输盘之攻械尽，子墨子之守围有余。公输盘诎，而曰："吾知所以距子矣，吾不言"。子墨子亦曰："吾知子之所以距我，吾不言"。楚王问其故，子墨子曰："公输子之意，不过欲杀臣。杀臣，宋莫能守，乃可攻也。然臣之弟子禽滑厘等三百人，已持臣守围之器在宋城上而待楚寇矣。虽杀臣，不能绝也"。楚王曰："善哉！吾请无攻宋矣"。

子墨子归，过宋，天雨，庇其闾中，守闾者不内也。

故曰："治于神者，众人不知其功，争于明者，众人知之"。

---

① 出自(清)华沅校注：《墨子》，上海古籍出版社 1995 年版，第 203 页"公输"。标题为编者所加。

第六十五章　古之善为道者

古之善为道者，非以明民，将以愚①之。民之难治，以其智多②。故以智治国，国之贼③；不以智治国，国之福④。知此两者亦楷式⑤。常知楷式，是谓玄德⑥。玄德深矣、远矣，与物反⑦矣！然后乃至大顺⑧。

☞ 注释

①愚：愚钝、诚恳、淳朴的样子。俗谓“大智若愚”。

②智多：多智，指知识、意见多。拿今天的话说就是“智商”高而“情商”低。

③贼：残害、伤害。贼，败也。败，毁也，缺也。又盗贼。

④福：福祉。福：佑也，从示畐声。又备也，备者百顺之名也。又善也，休也，祥也。

⑤楷式：法式、法则。楷，模也；式，法也。“楷式”类似于今天常说的“法则”、“公式”、“原理”、“格式”。一本作“稽”。稽，音“鸡”，合也，考也，计也，议也，治也。和“楷”相通。

⑥玄德：玄同之德。详见第10章注释⑪。又重见于第51章。

⑦与物反：与常理相反，即表面看起来与一般的事理、物理、情理相反。

⑧大顺：“大道”的代名词。顺：顺利、顺从、和顺。川流曰顺；又人从头至脚曰顺。顺，理也。理，治玉也。

☞ 今译

自古善于为道之人，不但不提倡知识，相反却是使人民减少知识，以恢复人的真朴本性。人民之所以难治，是因为社会上的知识太多。如果以聪明智巧来治国，是国家的贼害；反之，不以聪明智巧，而用人的真朴本性治国，是国家的福祉。知道这两头的道理就是一个法则，一直守住这个法则叫做“玄同之德”。玄同之德深邃啊！悠远啊！同一般的常理看起来相反啊！这之后就能达到“最大的顺利”。

☞ 引述

关于“智”的辩证看法，古代中国的著述很多。都认为“无知无识”反倒是大智大圣。比如《管子·心术》：“有道之君，其处也若无知，其应物也若偶之，静因之道也。”《吕氏春秋·君守》："善为君者无识，其次无事。有识，则有不备矣；有事，则不恢矣。"《淮南子·道应训》："圣人内修其本而不外饰其末，保其精神，偃其智故。"

反面思考一下，不要谈"以知治国"，假如"以知治身"试一试？从身心结构上讲，"知"的太多，伤害"情感"和"意志"；从社会历史经验上讲，"知"的太多，聪明绝顶，杨修见杀。知识的确可以改变命运，问题是可以改变命运的，除了知识，还有其他很多种因素，所谓"一德二命三风水、四积阴德五读书"。死读书的结果，看看今天很多受苦的知识分子就知道了。"以知治家"试一试，家里到处讲理、礼，最后怕只剩下"离"了——众叛亲离。

本章是38章的延展，讲一般德行和知识的正面和反面意义，然后校妄过正，把常人对知识和仁义的错误认识拉回到正途上。

老子说"大智若愚"，愚并不一定是愚笨。愚有诚实、朴素的意思。所以，老子思想主张朴实、厚朴。"以智治国国之贼"是讲领导人的思想道德，当社会思想很乱的时候，唯一的办法是不玩弄聪明，要非常诚实。真正成功的人，一定是诚实的人，因为大家都狡猾，老实人反倒受欢迎了。

"知此两者亦楷式，常知楷式，是谓玄德"，这两头的道理，一头是智慧，一头是愚笨，"亦楷式"，楷式，就是一种格式、一种原则，执著一端就错误了。老子要我们懂得原则并不是呆板的，要活用。所谓活用，等于医生治病一样，这个时代犯了什么病，就用适合时代的方法去治。

"玄德深矣，远矣，与物反矣"，在表面上看来，这与一般的常理、事理、人情相反。"与物反矣"，就同人情事理上看起来相反；因为是相反，"然后乃至大顺"，才能把过分的这一面拉回来走正途。

☞ 案例故事

王莽以智治国失败①

莽性燥扰，不能无为，每有所兴造，动欲慕古，不度时宜，制度又不定；吏缘为奸，天下敖敖，陷刑者众。莽知民愁怨，乃下诏："诸食王田，皆得卖之，勿拘以法。犯私买卖庶人者，且一切勿治。"然它政悖乱，刑罚深刻，赋敛重数，犹如故焉。

① 出自《资治通鉴·汉纪二十九》，中华书局2009年版。

第六十六章　江海所以能为百谷王者

江海所以能为百谷王[①]者，以其善下[②]之，故能为百谷王。是以圣人欲上民，必以言下之；欲先民，必以身后之[③]。是以圣人处上而民不重[④]，处前而民不害，是以天下乐推[⑤]而不厌[⑥]。以其不争，故天下莫能与之争[⑦]。

☞ 注释

①王：《说文》："天下归往也"。详见第16章注释⑫。
②下：地势低下。这里比喻谦下冲和。
③必以身后之：必定以自身谦下的态度处之。第7章："圣人后其身而身先，外其身而身存。非以其无私也，故能成其私"。
④重：累。
⑤推：推举、推进。《说文》："推，排也，从手，隹声。"《增韵》："挤也，择也，奖也，奉也。又进之也。"又推送，让所有以予人也。一解："乐推(为主)也"。
⑥厌：足也，满也，恶也，憎也。厌离。详见第53章注释⑦。
⑦莫能与之争：详见第8章注释⑩，第22章注释⑩。

☞ 今译

江海所以能为百川汇流归往，是因为它善处于低下的地方，故而能为百川之王。因为这个道理，圣人要想做有担当的上面的领导，必须在言行上对人们始终保持谦虚的态度；要想做到先进表率，必须把自身利益放在群众后面。所以圣人身处上位而人们没有感觉到有压力，站在前面而人们不觉得他占了先而对自己有所妨害，所以天下乐于推举他而永不餍足。因为他的不争，所以天下没有人能和他相争。

☞ 引述

老子此处以江海比喻有道之人的礼贤下士、不耻下问、谦虚隐忍、包容天地、涵盖太虚等品德。

李斯说："江海不择细流故能成其大，泰山不择细壤故能成其高"；雨果说："比江河更宽广的是海洋，比海洋更广阔的是天空，比天空更广阔的是人的心灵。"一个有江海一样胸怀的人，“以其善下也”，“不争，故天下莫能与之争。”

“是以欲上民”，要想做一个领导人、一个居上位的人，“必以言下之”，最少要做到说话不刻薄，态度也要尽量谦虚。“欲先民，必以身后之”，想领导大家，自己必须把本身的利益摆在后面。老子在上经已经讲过，“后其身而身先”，有好处时，领导人要让被领导的人先得，剩下来才自己去拿；如果没有剩下来也没有关系，我就不要了。假如遇到困难时，我先去面对，你们在后面一步，这就是领导的原则，也是领导人的道德。这样，就能“处上而民不重”，他虽然居在上面最高的地位，“而民不重”。这是说老百姓感觉到没有重压，没有觉得有压力。“处前而民不害”，领导人站在最前面，一般人并不觉得他占了先，也没有妨害了大家。“是以天下乐推而不厌”，因此，古代历史上的圣君明王，天下归心，那是自然而来的。

“以其不争，故莫能与之争”，因为他不已经不与人争了，世界上就没有人能再与他相争了。

☞ 案例故事

刘邦论得天下之道①

帝置酒洛阳南宫，上曰：“列侯、诸将毋敢隐朕，皆言其情：我所以有天下者何？项氏之所以失天下者何?”高起、王陵对曰：“陛下使人攻城略地，因以与之，与天下同其利；项羽不然，有功者害之，贤者疑之，此所以失天下也。”

上曰：“公知其一，未知其二。夫运筹帷幄之中，决胜千里之外，吾不如子房；镇国家，抚百姓，给饷馈，不绝粮道，吾不如萧何；连百万之众，战必胜，攻必取，吾不如韩信。三者皆人杰，吾能用之，此吾所以取天下者也。项羽有一范增而不用，此所以为我所禽也。”群臣说服。

老子说：“是为配天，古之极。”

---

① （西汉）司马迁：《史记·本纪第八》，岳麓书社 1993 年版，第 105 页。

第六十七章　天下皆谓我道大

天下皆谓我道大，似不肖①。夫唯大，故似不肖。若肖，久矣其细②也夫！我有三宝，持而保之：一曰慈③，二曰俭④，三曰不敢为天下先⑤。慈故能勇，俭故能广，不敢为天下先，故能成器长⑥。今舍慈且勇，舍俭且广，舍后且先，死矣！夫慈，以战则胜，以守则固。天将救之，以慈卫之⑦。

☞ 注释

①肖：像也，似也，类也。《说文》："骨肉相似也。从肉，小，意兼声。"《扬子·方言》："肖，法也。"

②细：小也，琐碎。

③慈：爱也。即慈爱、慈悲、慈仁之意。从心，兹声。《增韵》："柔也，仁也，善也。"

④俭：约也。俭者，俭约、俭退、不敢放侈之意。用佛学说法是"戒"；用《老子》的话是知足常乐、守柔持弱、清心寡欲。

⑤不敢为天下先：指不敢在前、在上的样子。先，前进也，从儿从之。字形是止于人上。止(之)者，出也，出人头地的样子。"不敢为天下先"就是谦虚、谦退的另一种表述，用佛学名词说就是没有贡高我慢，用白话文说就是不自私。下句"舍后且先"是此句的反面表现。

⑥器长：君长、组织的首长。

⑦天将救之，以慈卫之：上天要救护他，就用慈爱之心卫护他。换句话说是：有慈爱之心的人是有天(神)救护的人；换句话说，天(神)救护那些有慈爱之心的人。反过来说就是："上帝要谁灭亡，先让谁疯狂。"救：救助。卫：护卫、防卫、卫护。

☞ 今译

天下人都说我讲的"道"很大，似乎不像任何东西，也讲不出一个什么道理来。正因为它大，所以好像什么都不是。如果"道"真和一个什么东西一样的话，那老早就很渺小了，也就不是"道"了。

我有三大法宝，把持保有着：一是慈悲；二是俭约；三是不敢为天下先。慈爱，故有牺牲自我的勇气；俭约，故能广施博用；不敢为天下先，故能成为万物的首长。当今的时代，舍弃慈爱而去追求勇敢；舍弃俭约而去追求广博；舍弃谦退而去追求争先，死定了！

真正具有仁慈之心的话，作战就能打胜，防御就很坚固。天要救助他，就用慈爱卫护他。

☞ 引述

本章分为三层意思：

第一是大道的无可比性——无形、无象、无言、无语；佛家的说法叫“无上”、“无比”、“无等”；民间说法叫“至尊”——真到“至尊”了也就无意于“尊”、“卑”了，也就没有“尊”、“卑”的概念了，也就“不尊”了。

老子也发了一句牢骚话：“天下皆谓我道大，似不肖”，没办法沟通呀，可我也没办法呀。要是像一个东西，那就不但渺小，而且简直就不是道了。“若肖，久矣其细也夫！”道大则无所肖。好比头顶上的天，孰有物肖天乎？夫道何所肖？道外无物，故无所肖。若有所肖，则道外有物矣，尚得为大乎？

第二是“三宝”。人要出门有“三宝”：钥匙、手机和钱包，丢了人就回不了家了。人生也有“三宝”：慈、俭、谦，丧失了也回不了家。——“死矣”，就完了、死定了。这一层意思分说如下：

一是，老子特别提出“慈”的重要，正好比佛学中的“大慈大悲、有求必应、通灵感应、千手千眼观世音菩萨”一个道理。仁慈之心，就是“上天有好生之德”的这个“德”。有此之德，则可以生生不息。

二是，俭之为宝，历代所尚，乃今日国际时务之士，反恶其说而讥排之。“浪费是最大的消费”、“消费刺激经济”，甚至讨论发动一场战争对经济的刺激作用，进而游说政客，改变国家政策。这种取他人性命换取自身集团利润的做法，不是变相的人吃人吗？

三是，“不敢为天下先”是说要不先不后、和光同尘。落后就要挨打，先进就要挨骂。比如三国袁术，嫡出，“四世之公”，得传国玉玺，称帝三年多而死。错误在于在天下大乱时抢先做皇帝。“枪打出头鸟”、“出头的椽子先烂”、成为“众矢之的”。权位，众矢之的也。曹操晚年有皇帝之实，而犹不进。当孙权上书称臣，劝曹操称帝时，曹操说：“是儿欲踞吾著炉火上邪！”——“这小子是想把我放在火上烤呀！”曹操有自知之明。再比如历史上造反先举事者，大泽乡陈胜吴广；汉末黄巾、赤眉及明清时代的众豪杰，皆不得善终，善终者必是时机恰好的后起之秀。所以“抢先”容易犯规，会被开除出籍。中国历史上中原被四周少数民族侵略，往往是文化先进时被野蛮族群攻打，“先进要挨打”。落后也要挨打，中国近现代史就不说了，“说多了都是泪”。

至于现今流行“敢为天下先”的宣传口号。敢为第一是有前提条件的，不但要有实力还要有仁慈、俭约、谦退的态度，否则就难以善终。

第三层意思，老子语重心长地重申“慈”的重要，提出慈与天道并列齐观，是战可胜、守可固的。中国文化中有一句话，“天心仁爱”——天地之心，生生不息。万物的生命靠天地而生，这就是“天心仁爱”，所以，“天将救之，以慈卫之”。一个人真到达了慈悲心充沛于内在时，上天便自然保佑你。这个上天，称之为上帝也好，菩萨也好，乃至于鬼神也好，都在保卫你，保卫万物。

☞ 案例故事

落后就要挨打，进步就要灭亡①

只是经济和技术的进步在历史上并没有常胜的纪录。曾经“进步”的苏美尔文明、埃及文明、米诺斯文明是公元前三千年至一千年间被所谓蛮族摧毁。同样代表着“进步”的希腊、罗马、印度、中国四大文明在公元三世纪以后一一被所谓蛮族践踏。包括中国的长城也无法阻挡北方游牧强敌，朝廷一次次南迁乃至覆灭。

“落后就要挨打”，其实人们惨痛的教训还有是“进步就要挨打”，甚至“进步就要灭亡”。

① 出自当代作家韩少功著：《进步的回退》，上海文艺出版社 2012 年版。有改动。标题为编者所加。

第六十八章　善为士者不武

善为士者不武①，善战者不怒②，善胜敌者不与③，善用人者为之下。是谓不争之德，是谓用人之力④，是谓配天⑤，古之极⑥。

☞ 注释

①善为士者不武：善做元帅的人不靠武(蛮)力。士，十人为士。又指士卒之长。“武”是指争胜斗气、瞎逞英雄的举动。楚庄王曰：“夫武，定功戢兵。故止戈为武。”《玉篇》：“健也。”一曰成也，断也。《逸周书·柔武解》第二十六：“胜国若化，不动金鼓，善战不斗，故曰柔武。”有道之人，藏兵于民、练兵于平时，蕴战斗力于无形。故可不武而胜。本句断句方法也可以是“善为士者，不武。”下四句同。

②善战者不怒：善于战斗的人不动怒。战，斗也。从戈，单声。《左传》：“皆阵曰战。”战者，圣人所慎也，故引申为战惧。怒，恚也，从心，奴声。《增韵》：“愤也。”此处指情绪化。

③不与(yù)：不和敌人对干、硬拼、交锋。“与”字见第8章注释⑦。

④用人之力：使用人的力量。用：使用、功用。《说文》：“可施行也。”“借力打力”、“四两拨千斤”之类。

⑤配天：配合于天地自然之道。配：匹配、媲美、配合、对上。“配”的本义是指酒的颜色。

⑥古之极：自古以来就有的、至高无上、不可变移的原则、法则。

☞ 今译

善带兵的人不依靠武，善战斗的人不动怒，善取胜的人不和对手对着干，善用人的人以身为下，这就叫不争的品德，又叫用人的力量，这就叫合于天地之道，这是自古以来至高无上的准则。

☞ 引述

老子说“善为士者不武”，最高的武功，看不到粗暴的行为。真正的大勇，有武功的高人，看不见他有粗暴的行为。那些刚刚学了三天柔道、跆拳道的人，就在手腕上包一个皮圈，站在那里斗狠，好像要打出去的样子。

“善战者不怒”，做一个大将军，他的修养是温和的、恬淡的，好像没有脾气，不轻易动怒。他有高度的智慧，有真正的智慧，也就是具备了战略最高中心的领导能力，所以“善战者不怒”。

“善胜敌者不与”，善于战胜敌人的人，不给敌人任何一点机会，没有一点漏洞。

“善用人者为之下”，善于做领导的人，要比干部姿态低下才好。这个“下”是态度客气，不傲慢。所谓“下”，历史上许多名将所秉持的行为是“身先士卒”。任何冒险犯难的事，我自己先来，也就是老子所说的，一切的利益由别人先拿，痛苦困难自己先来。这是“善用人者为之下”的道理，能够做到了，才懂得道德的真正含义，“是为不争之德”。

“是谓用人之力”，善于用人的力，也就是太极拳善于用对方的力量。太极拳的打法，不是与人比力气的，是“用人之力”，借对方的力量打对方的。一般的对抗，对方一拳打过来有五十斤力量，自己起码要有五十斤力量才能对抗，甚至要六十斤、一百斤的力量才能打败对方。所谓“四两拨千斤”。或者说，老子所说“用人之力”，是借力打力以完成大家的愿望。

“是谓配天”，这个行为是以仁慈道德为基础的，这样，才够得上“配天”，与天一样的伟大。“古之极”，这是中国上古老祖宗的传统文化，至高无上的、不可变异的原则。因为它高到了极点，所以这个原则是不可以变动的。

总之，“武”、“怒”、“与”都是争胜斗气的举动。最高明、最理想的胜利是“不战而屈人之兵”①——“曲则全”，不直接拼杀、杀戮，而曲径通幽、出奇制胜。这即符合“慈”、“俭”的态度，又符合天道的本然。所以，真的是“爱拼才会赢”吗?

☞ 案例故事

呆若木鸡②

纪渻子为王养斗鸡。十日而问：“鸡已乎?”曰：“未也，方虚憍而恃气。”十日又问，曰：“未也，犹应向景。”十日又问，曰：“未也，犹疾视而盛气。”十日又问，曰：“几矣。鸡虽有鸣者，已无变矣。望之似木鸡矣，其德全矣。异鸡无敢应者，反走矣”。

养鸡之道，实乃养生之道、养兵之道。

① 《文选·陆士衡乐府诗》注：《吴越春秋》，范蠡曰：“夫人君，勇者，逆德也；兵者，凶器也；争者，国之末也。”(梁)萧统编，(唐)李善注：《文选》，岳麓书社2002年版，第881页。

② 出自《庄子·达生》。陈鼓应：《庄子今注今译》，商务印书馆2007年版。

第六十九章　用 兵 有 言

用兵有言：吾不敢为主而为客①，不敢进寸而退尺②。是谓行无行，攘无臂，执无兵，扔无敌③。祸莫大于轻敌。轻敌，几④丧吾宝⑤。故抗兵相加⑥，哀者⑦胜矣。

☞ 注释

①不敢为主而为客：不敢进犯，不得已而应敌。[1]

②不敢进寸而退尺：不求进一寸而是退一尺。(退是真正的进。)

③行(xíng)无行(háng)，攘无臂，执无兵，扔无敌："行"，《说文》："人之步趋也。"清代段玉裁《说文解字注》："步，行也；趋，走也，二者一徐一疾，皆谓之行，统言之也；《尔雅》：'室中谓之时，堂上谓之行，堂下谓之步，门外谓之趋，中庭谓之走，大路谓之奔。'析言之也。"引申为巡行，行列，行事，德行。又《集韵》："寒冈切，音杭。"《类篇》："列也。"《左传·隐公十一年》："郑伯使卒出豭，行出犬鸡。"《注》："百人为卒，二十五人为行。行亦卒之行列。"根据下文三个同类句式，此处两个"行"字，第一个是动词，读作"xíng"，走也，往也，去也；第二个是名词，读作"háng"，行列、阵势。"行无行"：虽然对阵作战，却像没有阵势可摆。(因为"行"字为多音字，此处两种解释皆通，且意思接近，都表示行动而没有行迹可循、排阵而没有阵形可言，全方位地严阵以待的审慎态度。)"攘"，推也，推手使前也；"兵"，兵刃、兵器；"扔"，因也，引也，强牵引也。"扔无敌"三字，马王堆本作"乃无敌矣"四字，与上下文文从字顺，故"扔"字应作"乃"。

④几：几乎、将要、差一点儿。

⑤宝：身体、生命。一说即上一章的"吾有三宝，持而保之：慈、俭、不敢为天下先"。

⑥抗兵相加：两军相当。"加"字他本作"若"，亦作"如"，都是相当的意思。抗，举也。又捍也、御也。《左传》："以亢其仇。"又《增韵》："抵也，敌也。"凡遭受侵略的一方，不得不起来抵抗侵略的一方，叫做"抗兵"。[2] 中国现代史，对抗日本侵略叫做"抗战"或"抗日战争"，中国就是"抗兵"。日本对我们无端侵略，就是"抗兵相加"。"加"又有"增加"、"施加"的意思。

---

① 钱锺书先生《管锥篇》，三联书店 2001 年版，第 2145 页。"主宾(客)者，比于用兵之攻守也。伐人者为客，见伐者谓主。"善用兵者，宜为人客，以逸待劳，为主制客。

② 出自南怀瑾《老子他说续篇》，东方出版社 2010 年版。

⑦哀者：沉痛者、悲愤者。一说即“慈者”。《说文》：“哀，闵也。”“哀兵”即哀戚而不以用兵为喜。第67章：“夫慈，以战则胜。”王弼注：“相悯而不避于难。”钱锺书指出先秦“哀”字训每如后来之“悲”，“哀胜”、“慈胜”同条相贯，亦犹“慈悲”并举也。①

☞ 今译

善用兵的人曾说：“我不敢像主人一样主动而是像客人一样随机而动；不敢强求前进一小步反而后退一大步。这叫以没有阵势来排列阵势，以没有手臂来举起手臂，以没有兵器来执持兵器，以没有敌人来应对敌人。灾祸莫大于轻视敌人，轻视敌人，几乎连宝贵的生命都会丧掉。所以两军相当，悲愤的一方能获胜。

☞ 引述

“不战而胜”不是说不打仗、没有战争，而是尽量采取不直接在战场上刺刀见红的方式取胜。比如开辟无形的战场，以无形驾驭有形，而达到战胜的目的。本文产生的成语很多，如：“知己知彼”、“以静制动”、“以退为进”、“以守为攻”、“难进易退”、“以静待躁”、“哀兵必胜”、“兵不血刃”等。

据一份社会调查问卷表明：夫妻吵架时，有80%的情况下都是男人最先做出让步。这就是说，大多数男人都是要比女人理智一点。因为强大，所以让步。所以历史上的名将基本都是男性。巧妙的是，这些最“理智”的将军和伟人，恰好在家里被凶悍的、“非理性”的妻子管着：刘邦、刘备、诸葛亮、苏格拉底……家里都有“河东狮吼”。

“祸莫大于轻敌，轻敌几丧吾宝”，打球、下棋等各种竞技性娱乐活动莫非如此。以为敌人“屁屁的”，弱不禁风、不堪一击，导致自己放松警惕，不积极备战、迎战，以为一劳永逸、高枕无忧、一切尽在掌控中。出乎意料地，对方实力显露出来，这边就崩溃了。战争、政治、修道，无不是这个道理。

“故抗兵相加，哀者胜矣”。遭受侵略的一方，不得不抵抗；起来抵抗侵略的这一方，叫做“抗兵”。“哀者胜矣”，处在哀兵地位，国人悲惨可怜，受尽欺压，人人心中充满了愤怒悲痛，宁死不做亡国奴，坚持持久战。而赢家赢惯了，可能轻敌，一张牌打错，反而输了，所以说“哀者胜矣”。

☞ 案例故事

气愈王而神愈敛②

试观古今来能胜大任者，虽身极劳，心极忙，此心必常有休暇之致。故万汇杂

---

① 出自钱锺书：《管锥篇》，三联书店2001年版，第114页。

② 出自钱基博著：《近百年湖南学风》，岳麓书社2010年版。王鑫，字璞山。鑫之治军，好整以暇。

投，应之绰有余裕。盖暇则静，静则明自生；休则通，通则灵机常活。明与灵，吾心所恃以酬万事者也。大抵治兵与治心，事虽异而理则同。少纵即逝，常操乃存。危微之机，所关甚巨。将之以敬，贞之以诚，一有未至，则罅瑕立见，而流弊遂不可胜言，自非常惺惺不可也。天下事，坏于玩忽者固多，坏于张皇者实亦不少。镇静二字，实任重致远、酬酢万变之本。几须沈，乃能观变；神必凝，方可应事。若纷纷扰扰，不惟自损，且负国负民矣。

王鑫大捷于江西后，致左宗棠书曰："吾卒惫矣。幸气愈王而神愈敛，或尚可用。"

左宗棠回复王鑫说："璞山以治心之学治兵，克己之学克敌。知兵事以气为主，而多方养之，俾发而不泄，故其劳烈遂至于此。来书"气愈王而神愈敛"一语，直揭古今用兵要诀，非深于此道，不能说，不能知。果能此道矣，则静专动直，虽千万人何慑焉。尝论用兵须全体《周易》，知进退存亡而不失其正，才为万全。能此者有几人哉！"

第七十章　吾言甚易知

吾言甚①易知，甚易行。天下莫②能知，莫能行。言有宗③，事有君④。夫唯无知，是以不我知⑤。知我者希⑥，则我者贵⑦。是以圣人披褐而怀玉⑧。

☞ 注释

①甚：程度副词，非常、很。
②莫：否定副词，没有人、没有谁。
③言有宗：言论有宗旨。宗，中心、宗旨。《说文》："宗，尊祖廊也。"宗者，本也。最尊者祖，次曰宗，通称曰宗廊。又流派所出曰宗。
④事有君：事情有中心。君，中心、主宰、重点。又"君"，尊也。群也，群下归心也。"言有宗，事有君"就好比《金刚经》："如来是真语者、实语者、如语者、不诳语者、不异语者。"
⑤夫唯无知，是以不我知：因为人的无知，所以不懂我(的意思)。另一种解释是：正因为他们智慧到极点，达到无知无欲的状态，所以不需要知道我了。
⑥知我者希：真正理解我、懂我的人稀少。
⑦则我者贵：取法我的人珍贵。"则"字一种解释是连词，"于是、那么"；另一种解释是动词，以……为则，效法的意思。
⑧被褐(hè)而怀玉：外被粗衣而内怀美玉。褐，粗布，竖裁为穷人和劳役之衣，短而且狭，故谓之短褐。这里形容得道的圣人外表平常的样子。"黄金有价玉无价"，玉形容道的贵不可言。"被褐"不等于说圣人真的外表贫贱，而是说得道之人可以以任何一种身份出现。

☞ 今译

我的话很容易明白，也很容易实行。天下人却没有谁能理解，没有谁能做到。我谈的言论有宗旨，事情有中心。因为人们的无知，所以不理解我。理解我的人稀少，则越发显出我道的珍贵。所以有道的人外表稀松平常，其实内怀宝玉，贵不可言。

☞ 引述

老子《道德经》最后十二章，是全书的总结论。这十二章，是否就是老子本人当时所分的章节，在学术上一直是一个大问题。《道德经》是根据数理的观念而定的分章，所谓九九八十一是阳极之数。在这十二章当中，除了对前面各章的学术引申之处，处处显示老子对那个时代的批判，也是对他所处时代的一种讽刺。由此可以充分看到春秋战国时代的混乱，以及老子对时代状况的观点。从老子这本著作中，人们可以发觉那个时代的错误，对我们后世的人，千百年后的人，都可以作为借鉴。

因为出发得太久，忘记了为什么出发。道本来是日用品，反而人们都不知道它。《周易·系辞》上说："一阴一阳之谓道，继之者善也，成之者性也。仁者见之谓之仁，知者见之谓之知，百姓日用而不知，故君子之道鲜矣。显诸仁，藏诸用，鼓万物而不与圣人同忧，盛德大业至矣哉！"

人们习惯了对朴实无华的东西视而不见，而对奢侈的、怪异的、神奇的、不平常的事物表现出极大热情。朴实无华竟然是难以做到的。"吾言甚易知、甚易行，天下莫能知、莫能行。"著名画家凡·高，一生中就是"一个穷画家、疯子、流浪汉、作品破烂货、病人"的形象。穆罕默德、基督、班扬……被褐而怀玉。能保持朴实的人，是大丈夫。

我们总是把困难最大、风险最大的行为看作最为美好、最值得称道的行为。欲望因困难而增大，那么愿意追求痛苦、困难和轻蔑，然后再把它们打垮，使斗志坚持不懈——就产生了英雄的行径。正如《蒙田随笔全集》中蒙田所说："德操这个词是以困难和对比为前提的，不可能不经过思想交锋而去完成……德操在斗争中更趋坚定。""德操不可能没有罪恶的参与。德操在罪恶的衬托下益加显得辉煌。"——这其实是对真理的误解。正如第2章所说："善恶相生"，善与恶是一不是二。所以老子说"吾言甚易知、甚易行。"

此处"易知易行"的道理与儒家的说法异曲同工。《孟子》："行之而不著焉，习焉而不察焉，终身由之而不知其道者，众也。"《论语》中孔子也很乐观："未之思也，何远之有？"仁远乎哉？不远也。"我欲仁，斯仁至矣！"

换个角度来思考，"正言若反"，古今高士哲人活着时基本都曲高和寡的。孔子一生遭遇厄难，被嘲笑、遭围攻，差点儿挨饿死、被刺死、被打死。墨子到处游说。西方则有斯宾诺莎、苏格拉底、梵高等被褐怀玉的人。如爱因斯坦的相对论出来时只有七个半人懂得。

一般而言，当有很多人知道你，你就认为你是非常突出的、不平凡的、优越的，但只是表示说你非常平凡——否则就不会有那么多人了解你。①

所以开个玩笑讲，你现在处境很不好吗？如果不好，那么恭喜你！——你大概是属于"曲高和寡"的"高人"一类的吧。

总之，圣人不一定就是"高富帅"、"高大全"，而是"被褐怀玉"的，留意生命的每一个阶段，每一个细节，活在当下，抓住现在，就能在平凡中发现不凡、从腐朽中发现神奇。

换言之，做人的理想，是既"怀玉"又"被锦"（是不是太贪心？）。文学上的例子如

---

① ［印］奥修著，林国阳译：《老子心解》，陕西师范大学出版社2007年版。

《西游记》："邱真人所著，其事怪诞而不经，其言游戏而不径，读之者，孰不视为传奇小说乎？"其书"阐三教一家之理，传性命双修之道。""俗语常言中暗藏天机，戏谑笑谈处显露心法。"将一部修道手册写成了通俗小说，流传了500年，堪称"寓教于乐"的典范。——这不也是做人处世、养生修道的极则吗？

一句话，本章感叹世人之不能入道也。古来圣贤皆寂寞，看来老子也为曲高和寡而感到苦恼。圣人并不抛弃世人，是世人抛弃了道、抛弃了圣人。而圣人慈悲为怀，被褐怀玉，又何曾走远？虚云长老赠袁焕先师偈云："大道无难亦无易，由来难易不相干；等闲坐断千差路，魔佛难将正眼观。"

前面第32章"朴虽小"，以及第47章的"不出户、知天道"与本章是相同意思的不同表达。

☞ 案例故事

我是谁、谁是我？

> 禅宗教人直接认识"我"是什么？什么是"我"？梁武帝向达摩大师请教得道圣人们至高无上的真理是什么？达摩大师说那是空廓无相、也无圣道存在的境界。武帝直问道：既然没有境界，也没有圣道和圣人的存在，那么，你不是得道的祖师吗？得道的祖师岂不就是圣人吗？那你此刻和我相对，你又是谁呢？大师说：不知啊！不要说我本非我，你梁武帝若能真正懂得我本非我，现在相对之你我，毕竟无"我"可得时，你便成了！而梁武帝还是没有开悟，达摩大师也只好溜之大吉，暗自渡江北去了！①

关于"廓然无圣"一语，解释得最透彻的莫过于明末禅宗大师密云圆悟的答问《中庸》"虽夫妇之愚可以与知焉，及其至也虽圣人亦有所不知焉"的话了。密云圆悟禅师说："具足凡夫法，凡夫不知。具足圣人法，圣人不知。凡夫若知，即是圣人。圣人若知，既是凡夫。"《尚书·多方》："唯狂克念作圣，唯圣罔念作狂。"这就是此处"知"和"不知"的辩证。

---

① 出自南怀瑾先生著《禅话》，复旦大学出版社2005年，有删节。

第七十一章　知　不　知

知不知[①]，上[②]。不知知[③]，病。夫唯病病[④]，是以不病。圣人不病，以其病病，是以不病。

☞ 注释

①知不知：知道自己不知道。第一个“知”是动词“知道”。

②上：河上本、王弼本作“上”，帛书本作“尚矣”。“上”、“尚”古字通。积累加高之意，这里指尊崇。和下文的“病”字形成一对反义词。“病”是贬损、缺陷之义。

③不知知：不知道而假装知道。第二个“知”是动词“知道”。

④病病：把病当做病，意即讨厌生病。第一个“病”字是动词，以……为病；第二个是名词，疾病，这里是缺陷、毛病的意思。

☞ 今译

知道自己不知道，很好；不知道却自以为知道，有病。圣人没有病，是因为他讨厌病。只有讨厌病，才能没有病。

☞ 引述

孔子说：“知之为知之，不知为不知，是知也。”所谓有知识不是说什么都知道，而是有自知之明，知道知识的界限在哪里。同理，有能力不是说什么都能，而是说知道能力在哪个方面，这在做人上就避免了品格和道德上的缺陷。

凡人有病，而能自知其病者，其病轻；有病而不自知，甚至讳疾忌医，其病重。病轻者易于治疗，很快恢复健康；病重者日趋西山而不自知。

“夫唯病病，是以不病”，第一个“病”字是动词，第二个是名词。老子说圣人懂了这个道理以后，讨厌生这个病，因而没有病。“圣人不病，以其病病，是以不病”，圣人因为懂了这个道理，他就不犯这个错误，所以永远不病。

苏格拉底说：“我唯一知道的事是我一无所知。”换句话说，我们凡夫俗子每天都在病中而不自知。《中庸》上说：“人皆曰‘予知’；驱而纳诸罟擭陷阱之中，而莫之知辟也。人皆曰：‘予知’；择乎中庸而不能期月守也。”在《四十二章经》中，佛言：“人有众过，而不自悔，顿息其心，罪来赴身，如水归海，渐成深广。若人有过，自解知非，改恶行善，罪自消灭。如病得汗，渐有痊损耳。”在其他学说体系里又叫“忏悔、”“告解”等名词。

☞ 案例故事

认识你自己①

苏格拉底说：“我只知道一件事，那就是我什么也不知道。”“我像一只猎犬一样追寻真理的足迹。”他曾自问：什么是哲学？他自答：“认识你自己！”

认识自己，方能认识人生。智慧意味着自知无知。想左右天下的人，须先能左右自己。知道得越多，才知道知道得越少。我们的需要得越少，我们越近似上帝。

① 出自苏格拉底：“Know Yourself”。

第七十二章　民不畏威

民不畏威，则大威至[①]。无狎其所居，无厌其所生[②]。夫唯无厌，是以不厌[③]。是以圣人自知不自见[④]，自爱不自贵。故去彼取此。

☞ 注释

①民不畏威，则大威至：人民不怕（统治者的）威压的时候，可怕的事就要发生了。第一个"威"字：尊严、威严。第二个"威"字作"畏"（可畏惧的灾祸）讲。

②无狎（xiá）其所居，无厌（yàn）其所生：不要逼迫他们的居处（而为自己谋求宽敞的居处），不要阻塞他们的生路（而为自己牟取福利）。狎，通"狭"，隘也，有逼迫、压迫之义。这里是使动用法，使……狭窄。又狎：犬可习也，引申为凡相习之称。又易也，指因为习惯而轻视、轻侮、慢易、玩弄。厌：阻塞。详见第53章注释⑦。第二种翻译：不要轻视他们（百姓）的居处，不要嫌弃他们（百姓）的活计。本句这里将"狎"解释为轻视、"厌"解释为因饱食而厌食。

③夫唯不厌，是以不厌：只有不压迫百姓，百姓才不讨厌统治者。两个"厌"字，前面一个"厌"字应念成"压（yā）"，施加压迫、压力的意思。第二个是厌恶的意思，人民没有感受到压迫，自然会活得快乐，不讨厌他。

④自见：自我显摆。

☞ 今译

百姓如果再不怕威吓压迫，那么可怕的事情马上就要发生了。不要狭迫百姓的居处，不要挤压百姓的活路。只有不压迫百姓，百姓才不讨厌你。

所以圣人自知而不自我表现，自爱而不自我贵重。所以要舍弃自现和自贵，保持自知之明。

☞ 引述

暴政和高压政治可以维持一段时间的稳定，却不能当做常态。当老百姓已经对高压政治不害怕的时候，更该感到害怕的就是统治者自己了。物理学上，作用力越大，反作用力越大。曾子说："出乎尔者，反乎尔者"；孟子说："爱人者人恒爱之，敬人者人恒敬之"；同理，害人者人恒害之，整人者人恒整之。所以佛家有"放下屠刀，立地成佛"

的说法。

本章的“威”和“厌”字都有多种意思，给理解造成了很大困难。而“无狎其所居、无厌其所生”就是“自知不自见、自爱不自贵”的具体表现。

换个角度来说，本文同样是“柔弱胜刚强”的运用。西方历史学家李维《罗马史》中说：“凶猛的人们，他们以为没有武器就没有生存；没有恶意就没有权威。”其实，真正的凶猛、真正的权威，反倒是清静无为的大道。孟子所谓“人和”；《战国策》所谓“战胜于朝廷”；佛学所谓“不动道场转大法轮”。

☞ 案例故事

大泽乡起义①

陈胜者，阳城人也，字涉。吴广者，阳夏人也，字叔。陈涉少时，尝与人佣耕。辍耕上垄上，怅恨久之，曰：“苟富贵，无相忘。”佣者笑而应曰：“若为佣耕，何富贵也？”陈涉太息曰：“嗟乎，燕雀安知鸿鹄之志哉！”

二世元年七月，发闾左适戍渔阳九百人，屯大泽乡。陈胜、吴广皆次当行，为屯长。会天大雨，道不通，度已失期。失期，法皆斩。陈胜、吴广乃谋曰：“今亡亦死，举大计亦死，等死，死国可乎？”陈胜曰：“天下苦秦久矣。……今诚以吾众诈自称公子扶苏、项燕，为天下唱，宜多应者。”吴广以为然。吴广素爱人，士卒多为用者。将尉醉，广故数言欲亡，忿恚尉，令辱之，以激怒其众。尉果笞广。尉剑挺，广起，夺而杀尉。陈胜佐之，并杀两尉。召令徒属曰：“公等遇雨，皆已失期，失期当斩。借第令毋斩，而戍死者固十六七。且壮士不死即已，死即举大名耳！王侯将相宁有种乎！”

徒属皆曰：“敬受命。”乃诈称公子扶苏、项燕，从民欲也。袒右，称大楚。为坛而盟，祭以尉首。陈胜自立为将军，吴广为都尉。攻大泽乡，收而攻蕲。……陈胜乃立为王，号为张楚。当此时，诸郡县苦秦吏者，皆刑其长吏，杀之以应陈涉。

老子说：“无狎其所居，无厌其所生。”否则，官逼民反。

① 出自司马迁《史记·陈涉世家》，岳麓书社1993年版。

第七十三章　勇于敢则杀

勇于敢①则杀，勇于不敢②则活。此两者或利或害。天之所恶，孰知其故？是以圣人犹难之③。天之道，不争而善胜④，不言而善应，不召而自来⑤，繟然而善谋⑥。天网恢恢，疏而不失⑦。

☞ 注释

①勇于敢：勇于果敢。指好勇斗狠、使性蛮干、勉强硬拼等举动。湖北方言所谓“敢子球”。《说文》：“勇，气也，从力甬声。”段注：“气，云气也，引申为人之充体之气之称；力者，筋也。勇者，气也，气之所至，力亦至焉；心之所至，气乃至焉。故古文勇从心。”《玉篇》：“果决也。”《广韵》：“猛也。”《增韵》：“锐也，果敢也。”《老子》67章：“慈故能勇。”《说文》：“敢，进取也。”又《博雅》：“㓹也。”《广韵》：“勇也，犯也。”

②勇于不敢：勇于不敢(为)。

③是以圣人犹难(nán)之：所以圣人(对如何分辨它们)尚且感到为难。此句重出于63章，疑为衍文。

④不争而善胜：不争斗而善于取胜。

⑤不召而自来：不打招呼而自己来。召：呼也。召唤、呼唤、邀请、召集。王逸曰：“以手曰招，以言曰召。”

⑥繟然而善谋：宽缓而善于谋事。《说文》：“繟，带缓也。”《广韵》：“宽绰貌。”

⑦天网恢恢，疏而不失：天网广大，稀疏而不漏失。天网，一解作“自然”。“失”一本作“漏”。

☞ 今译

勇于无所不敢，被杀；勇于有所不敢，存活。这两种勇敢，都既有利又有害。上天厌恶它们其中一种的时候，谁能知道它的原因呢？纵然是得道的圣人，尚且难以把握。

天之道，不争斗而善于取胜，不发言而善于感应，不召唤而自己走来，宽缓而善于谋事。天网广大无边，稀疏而不漏失。

☞ 引述

勇于进取则杀，勇于后退则活。(76 章：“坚强者死之徒，柔弱者生之徒”)。换言之，有勇气坚持、斗争、前进叫做有勇气，有勇气放弃、走开、转身也叫有勇气。老子不提倡好勇斗狠、正面作战的。但是并不是说他反对好勇斗狠、正面作战，而是要看场合，随机而应变。因为进取和后退二者都是既有利又有害的，谁也不知道哪片乌云会下雨(“天之所恶，孰知其故?”)，所以是非、得失、善恶的判断标准圣人尚且以之为难，况凡夫乎?

然而《易经·系辞》上说：“唯神也，故不行而至，不疾而速”，万事万物的发展变化又都不是凭空而来、无缘无故的，背后都有因缘。争未必胜、言未必应、召未必来、急未必成；换言之，胜利未必是争来的，回报未必是讨来的，成就未必是急出来的。冥冥之中，万物各得其所，罪和福都是他应得的，不会多也不会少，恰如其分、恰如其时。用佛学中的话说就是“万法因缘生”，善恶空而缘不空。这个道理，在任何宗教哲学上都是最深刻的。简单一句话说明，就是因果律，自己造的因，自己自然得这个果，谁都逃脱不了。

☞ 案例故事

“匹夫之勇”与“圣人之勇”

《孟子》记载，(齐宣)王曰：“寡人有疾，寡人好勇。”对曰：“王请无好小勇。夫抚剑疾视曰：‘彼恶敢当我哉!’此匹夫之勇，敌一人者也。王请大之！文王一怒而安天下之民。而武王亦一怒而安天下之民。今王亦一怒而安天下之民，民惟恐王之不好勇也。”①

当代作家王朔在自己的博客中评民国抗日名将张自忠说道，名将不是指勇——死战，是指善战——战之能胜。同理，孟子认为，帝王好勇好胜的最后目的，应该是“安天下之民”，如果因为好勇而乱天下则不可取。如果一味喜欢斗争哲学，与天斗、与地斗、与人斗，逞勇斗狠，百姓将永无宁日。

《史记·淮阴侯列传》记载，淮阴侯韩信者，淮阴人也。始为布衣时，能“受胯下之辱”，是“勇于不敢”。《资治通鉴》记载刘秀“见小敌怯，见大敌勇”，把“勇”用在恰当的时机和地方。

---

① 出自《孟子·梁惠王下》。(宋)朱熹集注：《四书集注》，岳麓书社 1987 年版，第 310 页。

第七十四章　民不畏死

民不畏死，奈何以死惧之①？若使民常畏死，而为奇者②，吾得执而杀之，孰敢？常有司杀者③杀，夫代司杀者杀，是谓代大匠斫④。夫代大匠斫者，希⑤有不伤其手矣！

☞ 注释

①奈何以死惧之：为何拿死来吓唬他们？惧：吓唬。
②为奇者：犯事者，意指反常的人。
③司杀者：主杀者。司，主管、职掌、主事、司掌、典守的意思。《说文》："司，臣司事于外者，从反后。"《玉篇》："主也。"凡司其事者皆曰"有司"。
④代大匠斫(zhuó)：代替木匠砍木。代，更也，替也，改也。斫，用刀砍。《说文》："击也。"《玉篇》："刀斫。"匠，本义是木工，引申为灵巧、巧妙。
⑤希：少有。《集韵》："寡也。"《尔雅》："罕也。"

☞ 今译

人不怕死，为何拿死亡来吓唬他们？假使人是真的怕死，那么把犯事的人抓起来杀掉，谁还敢不从呢？但是，历史的法则却是，越以杀统治越造成社会的不安和愤怒。天地之间有一个永恒的无形力量，司掌着生杀的权柄。人如果替代它去做刽子手，就叫做替代木匠砍木头。替代木匠砍木头，少有不伤到自己手的。

☞ 引述

如果政治苛刻，生活条件恶劣，"活受罪"，则"民不畏死"——规章制度、法律条文等都不起作用了。"若使民常畏死，而为奇者，吾得执而杀之，孰敢。"假使说人的心里真怕死的话，当局就可以用杀来威吓，天下岂不是就可以得到太平了吗？但是，历史的法则，越杀越不太平，越以杀统治越造成社会的不安和愤怒。孟子也曾说过"不嗜杀人者能一之"——"一"就是统一，政治的王道思想，不是理想主义，而是非常现实；真正的仁慈，就是最高的手段，也是最高的成功。

"夫代司杀者杀，是为代大匠斲"，但是我们人如果替代这个决杀权，那就"代"。张献忠有他的杀人哲学，他的"七杀碑"说："天生万物以养人，人无一德以报天，杀杀杀杀杀杀杀！"一连七个"杀"字。张献忠说他是替天行道才杀，就是所谓"代大匠斲"。

上天是真正的刽子手，它有好生之德，也有好杀之能，这是一个形而上不可知的力量。像张献忠这样自认替天行道，根本是错误的，“夫代大匠斲者，希有不伤其手矣！”你代天去杀，很少有自己不受伤的。试看张献忠的悲剧下场就知道了。他不但后来自己被杀，而且五百年后至今，四川人提起他就知道他是个杀人狂魔。

那么“夫代大匠斫，希有不伤其手矣”，怎么办？举例来说，传统生态型农业是以虫治虫，比如用瓢虫治蚜虫、用螳螂治蝉之类。虽然也是“替天行道”、“代天行杀”，但是维护了生态自身的平衡，代价小而且可持续。“辅万物之自然不敢为”。而今天的农业大部分都使用农药、化肥，所有虫子，全部用杀虫剂“一喷了之”，结果害虫益虫，一起灭绝，生态破坏，平衡打破，不可持续发展。

中国古代治理边疆问题也是这样，所谓“以夷治夷”，“以边御边”。日本侵华时也效法中国的对外政策，“以汉治汉”，所以培植汉奸，组建“伪满洲国。”

总之，以上能够合乎自然的做法谓之“有德”。“德”者“得”也，得于道谓之德。德并不是做好人好事，那是慈善，是受惠人喜欢的，而“德”是合于自性本来的样子、合于天地自然本来的属性的行为。所以德配天地者，非仅可扫一屋，同样可以扫天下。

本章共59个字，可分二节。首节，第一句是陈述句，第二句是反问句，第三句是假设，第四句是反问，共28个字。末节，第一句陈述，第二句比喻，第三句是推论，共31个字。

☞ 案例故事

“室友自以为是，就想整整他”①

一大学医学院学生林某从实验室偷拿二甲基亚硝胺放入矿泉水中，室友黄某喝水后不适，两天后转入外科重症监护室治疗，后不治身亡。而这一切，林某只是轻描淡写：“愚人节之前，黄某在寝室说开玩笑说要整整谁，我就想，那正好就整整你吧。”林某性格比较内向，顾家，不太与其他同学交流。他觉得黄某比较自私、比较自以为是，黄某经常直言他的生活习惯不好，这让他很不高兴。而黄某是个性格很外向的人，特别爱干净，他曾经借林某的命运批评同宿舍的同学，林某很恼怒。有一次黄某提到去东南亚毕业旅行，没提林某一齐出行的事儿，林某认为这是对他的讽刺，心生怨恨。

这些事情也就是一些生活琐事，值得下杀手吗？而林某说：“我当时就想在愚人节的时候跟他开一个玩笑，让他受点苦。”

林某因琐事而采用投毒方法故意杀人，致被害人死亡，罪行极其严重，其行为已构成故意杀人罪，依照《中华人民共和国刑法》，判处死刑，剥夺政治权利终身。

---

① 出自中国网新闻报道：《投毒学生谈作案动机：看他得意就想整他》，http://news.china.com.cn/shehui/2014-02/19/content_31518518.htm，2014-02-19，有删改。

第七十五章　民　之　饥

民之饥，以其上食税之多①，是以饥。民之难治，以其上之有为②，是以难治。民之轻③死，以其求生之厚，是以轻死。夫唯无以生为者④，是贤于贵生⑤。

☞ 注释

①食税之多：吞吃的税赋太多。帛书本作“取食税之多。”税，租也。从禾，兑声。
②有为：有作为。这里指为私欲而扰动多事、胡作非为。
③轻：看轻、不重视。“轻死”等同于“轻生”。
④无以生为者：不以养生之物害生的人。河上公注：“夫唯独不以生为务者，禄不干于意，财利不入于身。”
⑤贤于贵生：擅长于珍视生命。另一种解释是“比贵生之人高明”。傅佩荣：“不刻意求生的人，要比(刻意)重视生命的人高明。”贤：动词，胜过。

☞ 今译

百姓的饥饿、社会的贫穷，是因上位之人牟取的税赋太多，是以民不聊生；百姓的难以治理，是因上位之人误作非为，是以难以治理；百姓的看轻生命，是因上位之人厚养自身，是以百姓轻死犯上。

不刻意求生的人才是真正善于珍视生命的人。

☞ 引述

饥饿——难治——轻死，本章层层递进地说出上位之人贪求过分之后官逼民反的过程。最后点出“无以生为者，是贤于贵生”。前三句排比，最后一句总结。养生之道，恬淡为上；恬淡之道，也是为政之道。

“苛政猛于虎”是我们熟悉的故事。柳宗元《捕蛇者说》也反映同样的问题。上层阶级养生之厚，必定取之于下层，必定各种盘剥搜刮，必定一系列问题出现。《论语·颜渊篇》：哀公问于有若曰：“年饥，用不足，如之何？”有若对曰：“盍彻乎？”曰：“二，吾犹不足，如之何其彻也？”对曰：“百姓足，君孰与不足？”

即使是百姓们自身，养生之厚，也必定取之于外界。各种争夺，结果反伤害了生命。

此文反映了老子对当时社会现象的感慨和态度，及开出的药方。做一个领导人，不要只为自己而求生，这才是真正懂得珍贵生命。

☞ **案例故事**

出尔反尔①

邹与鲁哄。穆公问曰："吾有司死者三十三人，而民莫之死也。诛之，则不可胜诛；不诛，则疾视其长上之死而不救。如之何则可也?"孟子对曰："凶年饥岁，君之民，老弱转乎沟壑，壮者散而之四方者，几千人矣；而君之仓廪实，府库充，有司莫以告，是上慢而残下也。曾子曰：'戒之戒之，出乎尔者，反乎尔者也'。夫民今而后得反之也，君无尤焉。君行仁政，斯民亲其上，死其长矣。"

古人云："屋漏在上，知之在下。"又说："足寒伤心，民寒伤国。"

① 出自《孟子·梁惠王下》。(宋)朱熹集注：《四书集注》，岳麓书社1987年版，第314页。

第七十六章　人之生也柔弱

人之生也柔弱，其死也坚强。万物①草木之生也柔脆，其死也枯槁②。故坚强者死之徒③，柔弱者生之徒。是以兵④强则不胜⑤，木强则折⑥。强大处下，柔弱处上。

☞ 注释

①万物：此二字当为衍文，除通行本外，它本均无。

②枯槁(gāo)：干枯、枯萎、枯朽。枯：缺乏润泽。《周礼 · 天官 · 郑注》："童枯不税。"《疏》："山林不茂为童，山泽无水为枯。"槁：稾也，从木，古声，木名也。

③徒：类也，党也，众也。详见第50章注释②。

④兵：军队。这里也可以解释成"兵器、武器"。

⑤不胜：王弼本作"不胜"，陈鼓应本据历史文献改作"灭"。"灭"和"不胜"意思相互解释。

⑥折：断之也。又短折，早死也。

☞ 今译

人越年轻身体越柔韧软和，越衰老身体越坚硬木僵。草木生长的时候柔软脆嫩，死亡之后干枯变硬。

所以坚硬刚强者属于将死的一类，柔软平和者属于生存的一类。所以兵器太硬，用兵逞强，就会失败；树木强大，就会遭受摧折。强大处下方，柔弱处上方。

☞ 引述

本节用草木和身躯打比方，重申"柔弱胜刚强"的教义。坚强的东西已失去了弹性，缺乏和丧失了生机，而柔软的东西充满张力、富有活力，反而更加坚强。人类社会、生命原理也都是这个道理。

又比如，地震是一种危害巨大的自然灾害，在专业方面，即从建筑结构来看，木质体系房屋的抗震性能就是比钢筋混凝土房屋强。为什么呢？原因在于木头的弹性比混凝土强很多。同理，灾难中活下来的往往是妇女和小孩。鬻子曰："欲刚，必以柔守之；

欲强，必以弱保之。积于柔必刚，积于弱必强。观其所积，以知祸福之乡。”

打球、打拳时，心理也要放松，肢体才不会僵硬、变形。人要会使用概念、术语、观念，才能活学活用，否则坚执理念被观念束缚，反而作茧自缚了。老子说：“去奢、去甚、去泰”；孔子说：“毋意、毋必、毋固、毋我。”同理，作为一个国家或政权，寻求“征战全球”、“多线作线”的话，也是属于“坚强者”之列。

换个角度讲，“强大处下，柔弱处上”的反推结论就是：“你处上，则你柔弱。”所以名流、明星、上游、上层、主流是危险的、柔弱的。所以也是不安全的，也是弱势群体。

强者不得好死，弱者不得好活。老子当然不是说不要坚强、不要“高大上”，而是精通强弱、大小、优劣、长短、有无的辩证关系，明白它们相互转化和演变的机理。如果你本身是上流、上游、上级，已经“强大”，那么最好“处下”，谦退礼让；相反，一个刚出来上班的打工仔、或一款新上市的产品，本身默默无闻，缺乏竞争力，生存尚且困难，那么反倒要“力争上游”了。

☞ 案例故事

哪一块不是好肉

盘山宝积禅师有一天路过市场，偶然听到顾客与屠夫的对话。顾客在一堆好肉中间挑肥拣瘦，对屠夫说：“精的割一斤来。”(给我割一斤好肉。)屠夫听了，放下屠刀反问：“哪个不是精的?”(哪一块不是好肉呢?)顾客怔在当场。在一边的盘山禅师却开悟了。

人生里，我们往往用自己的主观见解来判定事物的价值，但事物哪有绝对的价值？平淡创造奇迹。天生我才必有用，哪一块不是精肉？哪一块肉不是好肉？哪一个人不是最有价值的人呢？哪一天不是特别的日子？哪个时间段不是具备特别的价值？

放下内心坚硬的成见，使自己变得柔弱，才能花开见佛、头头是道。

第七十七章　天　之　道

天之道，其犹张弓与[①]？高者抑之，下者举[②]之。有余者损之，不足者补[③]之。天之道，损有余而补不足。人之道则不然[④]，损不足以奉有余。孰能有余以奉天下[⑤]？唯有道者。是以圣人为而不恃，功成而不处，其不欲见贤[⑥]。

☞ 注释

①张弓：引弓。“与”同“欤”，语气词。

②抑、举：抑是由上往下压，举是由下往上抬。抑，按也，遏也，止也；又损也，退也。举，对举，共举；又扔也，拔也，起也。“高者抑之，下者举之”，奚侗曰：“要于均平而已。”

③补：补益、补助。补的本义是补完衣服的破洞。

④然：代词，这样。

⑤有余以奉天下：拿出自己多余的东西奉献给天下(人)。奉，承也，从手从廾，与也，献也。

⑥是以圣人为而不恃，功成而不处，其不欲见贤：前文第 2 章、第 10 章、第 34 章、第 51 章类同句子多次出现，此处疑为衍文。解释详见前面相关章节。

☞ 今译

天之道，不就像张弓射箭吗？高了，就往下按压一点；低了，就往上举高一点；多余了，就减损一点；不够了，就补助一点。

天之道，减损有余而补助不足；人之道则不然，减损不足而补助有余。谁能拿出自己多余的东西奉献给天下？只有有道的人。

所以圣人有作为而不恃己能，有成就而不自居其功，不想要表现自己的贤能。

☞ 引述

本节引用张弓射箭时的瞄准动作来打比方，说明天道是“莫之令而自均”的。左边多了右边就会少，上边多了下边就会少，中间多了外边就会少。换言之，它是处处圆满、无过不及的。

与天道对比的是的人道。人道往往是损伤不足的来供奉有余的。能效法天道平衡精神的，是有道的人。有道的人功成、事遂、名就而后身退，不拿多余的成果来奉养自己，因为他们是知足常富的人。

天之道是“济弱、扶贫、振孤、脱困”，人之道是“劫穷济富”。社会机制上，要效法天之道，建立“济弱扶贫”的局面，社会才能和谐圆满。

☞ 案例故事

当代世界经济的马太效应

马太效应(Matthew Effect)广泛应用于社会心理学、教育、金融以及科学等众多领域，核心意思是“强者恒强、弱者恒弱”，又叫“皮格马利翁效应”、“雪球效应”。其名字出自圣经《新约·马太福音》：“凡有的，还要加给他叫他多余；没有的，连他所有的也要夺过来。”法国70后经济学家皮凯蒂(Thomas Piketty)的书《21世纪的资本》(*Capital in the Twenty-first Century*)震撼了陷于大衰退中六年至今难以自拔的西方世界。该书揭露了三百年来资本主义贫富差距扩大的总趋势。该书研究了社会经济的发展特征，指出资本所得收入超过了劳动所得收入，结果造成贫富悬殊加大的后果。而且当今社会的基层系数不断升高，越有钱的人就越有钱，越没钱的人就越没钱。

“马太效应”与“平衡之道”相悖，与老子“张弓效应”属相对应范畴，二者具有相辅相成的内在机制。

第七十八章　天下莫柔弱于水

天下莫柔弱于水，而攻①坚强者莫②之能胜，以其无以易③之。弱之胜强，柔之胜刚，天下莫不知，莫能行。是以圣人云：受国之垢④，是谓社稷⑤主；受国不祥⑥，是为天下王。正言若反⑦。

☞ 注释

①攻：攻伐、攻击。《说文》："攻，击也。从攴，工声。"又治也。如"他山之石，可以攻玉。"

②莫：否定副词，没有(人)。

③易：替代、改变。又交易、容易。《孔颖达·周易正义》："夫易者，变化之总名，改换之殊称。"

④受国之垢：承受(容纳)国家的屈辱。受：承受、容纳。垢：浊也、尘也，引申为屈辱。《左传·宣公十五年》："国君含垢，天之道。受国之垢，是谓社稷主；受国不祥，是谓天下王。"

⑤社稷：土地神和谷神，这里代指国家。

⑥不祥：灾殃、倒霉。祥：福也。吉祥。详见第55章注释⑪。

⑦正言若反：正话(真正的道理)说出来就好像是相反的一样。

☞ 今译

天下没有什么东西比水更柔弱，可是攻克坚强却没有东西能胜过水，因为没有什么能替代它。弱胜强、柔胜刚，这个道理天下没有人不知道，却没有人能真正做到。所以圣人说："承受国家的屈辱，才配称国家的君主；承受国家的灾殃，才配做天下的君王。"正话听起来像反话。

☞ 引述

本章拿水来打比方，第76章以草木为喻、第77章以张弓为喻、第78章以水为喻，都是说明"柔胜刚、弱胜强"的道理。最后引用圣人的话，说明柔弱的功效实际上是没有什么能胜过它的。("受垢"、"受不祥"就是柔弱的表现，柔弱反倒能为"社稷主"、

“天下王”。)

天下最难当的“长”是中国的“家长”。“当家方知油盐贵，养儿(女)才知父母恩。”做家长应该具备哪些才能和技艺呢？网络上的帖子沸沸扬扬，也相信每位家长也深有体会。养育一个孩子各种投入，直到大学毕业……甚至孩子的下一代。伟大的是，孩子养大，父母就要放飞他们，让他们像鹰一样长空翱翔——这个道理大概就是“受家之垢，为一家之主；受家之不祥，为家中王。”

同理，传统中国对“家长”、“首长”的要求，是“无限责任公司”：什么事都有责任。《尚书》：“万方有罪，罪在朕躬。”所以有人说老子的道理不符合当今的社会，当今社会“以法治国”。其实“以法治国”是对领导人的保护，领导人也不必再承担无限的责任，也不再要求个人生活的“道德”、“品行”，而只考核在岗时有没有按“技术要求”做出相应的举动。不仅如此，现今的中国婚姻的发展，也要“以法治家”了：婚前财产公证、亲子 DNA 鉴定、婚内合同、“AA 制”……什么事都“有法可依，有法必依，违法必究”……这是现代人追求的“美满、幸福而和谐的理想家庭生活”吗？

所以，“柔弱胜刚强”是讲付出、讲奉献、讲谦虚、讲退让、讲先人后己、讲舍己从人——这些都是合乎天道的做法。所以，从这个角度来说，老子的确不太适合这个尔虞我诈的社会，骑青牛隐去是个最佳选择。不过奇妙的是，“哥已不在江湖很久了，而江湖一直流传着哥的传说。”老子好像又并没有走远。

老子说，要当领导者就要像水一样，承担一切屈辱，处于卑下的地方。好像地位最低下，实际上反而高高在上。这是阴阳转换必然的道理。天道循环，孰知其极？所以凡事要放开胸怀、勇猛精进，而又能随遇而安、知足常乐。

☞ 案例故事

因为难吃，所以上瘾

人类总是对难吃的东西上瘾，并最终形成嗜好：烟、酒、茶、可乐、咖啡、槟榔、榴莲、大麻等。人类总是对费钱、耗时、劳力、伤神的事来劲，并形成嗜好。

所以至道平易、大道至简。正言若反。

第七十九章 和 大 怨

和[①]大怨[②]，必有余怨，安可以为善？是以圣人执左契[③]，而不责[④]于人。有德司[⑤]契，无德司彻[⑥]。天道无亲，常与善人[⑦]。

☞ 注释

①和：调和、和解。

②怨：不满、责怪、埋怨、怨恨。怨之极曰恨，怨有对曰仇，怨动心曰怒。“和大怨，必有余怨”的意思是：调和了深仇大恨，往往还有余留的怨恨，这还是不够妥善。陈本加“以德报怨”四字于“安可以为善”前。南本释“怨”为“不满”。人生的各种不如意、各种欲望追求，都可称之为“怨”。

③左契(qì)：欠条。“契”即券契，就是“合同”。古时候，刻木为契，剖分左右，各执一半，以求以后相合符信，所谓“如合符契”。“左契”是债权人保留的，类似于今天的借据存根。帛书甲本作“右契”。

④责：求也。又同“债”，讨债。“圣人执左契，不责于人”意思是说，圣人保留着借条，但并不求欠债人兑付偿还。一是形容圣人施恩不求报的美德；二是形容“圣人被褐而怀玉”的样子。

⑤司：主管、执掌的意思。详见74章注释③。

⑥彻：《说文》：“通也。”《广韵》：“达也。”穿通、贯通、从头穿到底的意思，如“透彻”、“贯彻”。“彻”的另一个含义是古代抽取1/10农业税的方法。《论语》：“盍彻乎？”《注》：“周法，什一而税谓之彻。彻，通也，为天下之通法。”此处“彻”引申为“通”，强通之也。李零《人往低处走》释“彻”为“撤”，撤去、撤退。“彻，古文字，像用手把一只鬲拿开，和后来的‘撤’是同一字。‘司契’是不取，‘司彻’是取，正好相反。”而《康熙字典》及后世用法中，“撤”都是“退去”的意思而不是“不取”。撤，发也。又除去、撤去，又抽也、剥也。撤销、撤退之意。故李说不妥。陈本、任本释此句意为有德的人像手持借据的人那样从容宽裕；无德的人像掌管税收的人那样计较苛取。南本注释为有德之人把握大原则、而不苛责于人；无德之人反之，到处设规则。这两种说法都有一定道理，都从一个侧面揭示出本章的主旨。

⑦天道无亲，常与善人：天道虽然没有亲人，但常与善人同行。与，动词，赐予、授予、相互交往的意思。详见第8章注释⑦。

☞ 今译

人们即使化解了大怨，余怨仍然未了，怎么可以达到圆满？所以圣人保留债券而不向人索债。有德之人无争无求，无德之人求全责备。天道却无偏无私，非常公平，它常站在善人的一边。

☞ 引述

本节用借钱不用还来形容有德之人的为人处世。“圣人之道，为而不争”，有德之人总是精进、布施，因为“道冲，而用之或不盈”——道的作用是无穷无尽的，所以众人在圣人面前总像是有欠缺的人一样，而圣人并不责求世人，所谓“严于律己，宽以待人”。而以德报怨的人是不是就会一直吃亏倒霉下去呢？也未必，因为“天道无亲，常与善人”。

“和大怨，必有余怨”，人们怨天尤人的心理是天生的，每个时代，没有任何人安于现实、满于现实的。假使有人满于现实，这个人不是圣人就是妖怪。所以，人没有安于现实的，都有所埋怨。人要做到样样好是不可能的，因为把大怨化解平和了，那些小怨又会变成大怨了(详见本书第44章案例“十不足”)。“安可以为善？是以圣人执左契，而不责于人”，所以说，圣人并不要求达到天下的至善，那是办不到的。所以上古的圣人不要求达到天下无怨、人人无怨。“左契”是指大的原则，守住大原则就可以了，不必去责备他人。“无德司彻”，“彻”是治的意思，无德的统治就是到处设规则、处处求管理。“天道无亲，常与善人”，天道很公平，只要有德有善，自然得到感应。

这一章看似简单，却很费解。四句话有三句话都众说纷纭。关键在于对“怨”、“左契”、“彻”三个关键词的理解和解释不同。

☞ 案例故事

冯谖为孟尝君市义①

冯谖为孟尝君出记(出门收账)，“约车治装，载券契而行。辞曰：“责毕收，以何市而反?”孟尝君曰：“视吾家所寡有者。”驱而之薛，使吏召诸民当偿者，悉来合券。券遍合，起，矫命，以责赐诸民。因烧其券。民称万岁。后期年，齐王谓孟尝君曰：“寡人不敢以先王之臣为臣。”孟尝君就国于薛，未至百里，民扶老携幼，迎君道中正日。孟尝君顾谓冯谖：“先生所为文市义者，乃今日见之”。

所以，老子说：“天道无亲，常与善人。”又说：“天将救之，以慈卫之。”

---

① (西汉)刘向集录：《战国策》“冯谖客孟尝君”，上海古籍出版社1985年版，第397页。

第八十章　小国寡民

小国寡民①，使有什伯之器②而不用，使民重死③而不远徙④。虽有舟舆⑤，无所⑥乘之；虽有甲兵⑦，无所陈⑧之。使人复结绳⑨而用之。甘其食，美其服，安其居，乐其俗⑩。邻国⑪相望⑫，鸡犬之声相闻，民至老死不相往来。

☞ **注释**

①小国寡民：不大的国土，不多的百姓。小、寡：形容词，小的、少的。国，帛本作“邦”。“小”、“寡”作使动用法，一说也。

②什伯之器：十倍百倍人力的器具。就是今天人们所说的各种先进机器。

③重(zhòng)死：看重死亡，即珍爱生命。重，着重、重视。

④远徙(xí)：往远处搬家、迁徙。

⑤舟舆：车和船。

⑥无所：无从，没有理由、没有办法。

⑦甲兵：铠甲和兵器。

⑧陈：陈列、展示。一说“陈”通“阵”，在阵地上用的意思。

⑨结绳：结绳记事。这里指古朴、淳厚、天然的生活方式。先人在文明发展之初、文字发明前，所使用的一种记事方法，通过在绳子上打结来记录事情。“事大，大结其绳；事小，小结其绳”。《易·系辞》：“上古结绳而治，后世圣人易之以书契。”

⑩甘其食，美其服，安其居，乐其俗：使人们都自甘于食物、自美于服饰、自安于居住、自乐于风俗。这里的“甘”、“美”、“安”、“乐”都是动词，意动用法。此句与《黄帝内经·素问·上古天真论》中的一段文字几乎相同。

⑪邻国：相邻的村庄、城邑。《庄子》作“邻邑”。

⑫望：远望、远眺。又希望。

☞ **今译**

小的领土，少的居民。即使有各种机器却也并不使用，人们安居乐业，重视生命而不向远处迁徙。虽然有车和船的便利，却不用乘坐它们；虽然有铠甲和兵器的精锐，却不用动用它们，使人们重新过上古朴纯真的生活。食物甘甜可口、服装合适称意、居住安定祥和、风俗自在安乐，邻国相互望见，鸡犬之声相互听见，人们从生到死不相往来——因为已经没有往来的必要了。

☞ 引述

本章是老子清静无为思想在政治上、社会学意义上的反映，也是道家理想社会生活的一副蓝图。(详细分析见本书专题“小国寡民”部分。)本章出现的成语有：小国寡民、安土重迁、结绳记事、安居乐业、鸡犬相闻、老死不相往来等。

“小国寡民”，这个“国”是“地区”的意思。“小国寡民”就是地方自治。进一步地来说，要想一个国家天下太平，必须国民道德充沛，人人能够自发自动，国民道德才能提升，然后才能讲自由民主，达到天下太平。目前世界上类似瑞士这样的国家，勉强可以称得上“小国寡民”。

“使有什伯之器而不用”，大家虽有最好的物质文明，但是重视的更是精神文化，并不太重视物质方面的文明。“使民重死而不远徙”，大家对生命看得很重，所以不冒死远走他乡，而愿意过着平安的居家生活。“虽有舟舆，无所乘之”，虽然有良好的交通工具，并不去乘坐；以现代生活案例来打比方，就是虽有高速列车，没有要事，也不去乘坐。

举例来说，笔者单位建立新区，上班路远，必须要购置交通工具。而以前只需要走3分钟的路程上班，根本用不上交通工具，就是“虽有舟舆，无所乘之”的意思。而笔者一朋友在美国读博士期间，去的头半个月就买了一辆二手汽车，因为美国不像中国，那里人少，市场少，去最近的一家超市开车要走上半个小时，更不用说走路了。所以美国被称为“车轮子上的国家”，家庭轿车拥有量很高。但这并不能作为国家是否先进、百姓生活是否幸福的指数。因为这个其实本来是没有可比性的——在居家附近上班就不用开车，在居家遥远的地方上班就开车，这二者都是非常合理的，“各适其性、各安其位。”——但是由于商业的促销宣传、个人的欲望膨胀，使得在居家附近上班的人羡慕有车可以开；而开车上班的人羡慕步行族——这就叫“高下相慕，民失其朴”，不合于道了。

“虽有甲兵，无所陈之。使人复结绳而用之，甘其食，美其服，安其居，乐其俗”，宁可让大家过原始纯朴自在的生活，安安稳稳，吃得好，穿得暖，住得舒服，社会安定，人与人之间道德相处。

什么时候人类达到“虽有核弹，无所陈之”时，社会也就和平了。再进一步连核弹头也没有，大家都不知道“武器”是什么的时候，就会“甘其食，美其服，安其居，乐其俗”了。——当然现代社会已经很难达不到这个地步了，竞争太残酷，别人有武器你没有你就要吃亏，所以自己也要科技发达。但最终以德胜(即文化)。

“邻国相望，鸡犬相闻，老死不相往来。”最落后的地区和物质文明发达富庶的国家，都是同样符合老子这几句话的道理，只不过境界是两样而已。宁静是最好的心态，也是最好的生存状态、社会状态。所以老子说“民至老死不相往来”——这正是人间的太平盛世啊!

☞ 诗歌

《饮酒·结庐在人境》①

结庐在人境，而无车马喧。问君何能尔？心远地自偏。采菊东篱下，悠然见南山。山气日夕佳，飞鸟相与还。此中有真意，欲辩已忘言。

① （东晋）陶渊明作，摘自任晓松、闻友明选注《中国古代诗歌名篇》，人民文学出版社 2003 年版，第 37 页。

第八十一章　信言不美

信言不美[①]，美言不信[②]。善者不辩[③]，辩者不善。知者不博[④]，博者不知。圣人不积[⑤]，既以为人己愈有，既以与[⑥]人己愈多。天之道，利而不害。圣人之道，为而不争[⑦]。

☞ 注释

①信言不美：真实的话语不动听。信言：真话。美：动听。

②美言不信：动听的话不真实。美言，好话，指"巧言令色"的"巧言"，即"花言巧语"。不信：不真。

③善者不辩，辩者不善：智慧的人不卖弄，卖弄的人没智慧。《说文》："辩，治也。"治理、判别、明悉的意思。这里还有花言巧语、有口才、卖弄的意思。现代汉语一般指争辩、狡辩、辩解。

④博：广也、通也、普也。《荀子·修身篇》："多闻曰博。""博"的本义是"大通"，此处有博杂之意。

⑤积：聚也，累也，堆也。指囤积和积蓄。

⑥为、与：动词，给予、施予。

⑦圣人之道，为而不争：圣人效法天道，去作为而不动争斗之心。为：去做，自然而为。争：动心动欲。

☞ 今译

真话不好听，好话不真实。善人不巧辩，巧辩非善人。知道者不博杂，博杂者不知道。圣人不积聚，越是为人反而越是富有；越是施予反而越发有余。天之道，是帮助而不伤害；圣人之道，是兴作而不争斗。

☞ 引述

本章作为全书的结束语，用格言警句式的话语，表达了朴实而富有内涵的真理。本章方法上仍是以天道明人道。

本章算是老子的谢幕词，又是写在书后的"跋"。内容是全书所秉持的态度、写作的动机等，唤醒人们要从平实朴素的话语中体会人道和天道的玄妙幽远，而不要以辞害意、买椟还珠。

“信言不美，美言不信”，好话听起来都不好听，而好听的话却都是不可靠的。“善者不辩，辩者不善”，真理没有什么好辩论的。所以要辩论就不是真理。

“知者不博，博者不知”，智慧到了，不读书也万事皆知。悟了道，一悟百悟千悟一样知道。但是一般知识越多，真智慧反而被蒙蔽，就是佛学讲的“所知障”——知道得越多越不能入道。所以老子说，真正的圣人不自私、不占有，“圣人不积”，圣人不储藏，一切贡献出来。

“既以为人己愈有，既以与人己愈多”，你真为人服务的话，付出得越多，你自己则会越加富有。

“天之道利而不害，圣人之道为而不争”，这是《老子》真正的中心，要我们效法天地。天地生长万物，生生不已，只有付出，不想收回，不想得到报酬，所以天地还是天地。人处处要想占有天地，占有别人的利益，结果反而什么都得不到。

最后一句“为而不争”，等于是说：“但行创造建设，莫问得失前程。”这是我们学习《道德经》中为人处世、治家为国基本的态度。“见了便做，做了便了，了有何不了?”不争不是一种自我放弃、消沉颓唐，却要人去“为”——顺着自然的情状去发挥人类的努力，人类努力所得来的成果，却不必擅据为己有。所谓“成事在天，谋事在人”、自强不息、乐天知命。

本章类似于佛教般若宗最重要经典《心经》的文尾咒语式、誓言式的表达：“故知般若波罗蜜多，是大神咒，是大明咒，是无上咒，是无等咒，能除一切苦，真实不虚。”

☞ **格言**

不管怎样①

人们不讲道理、思想谬误、自我中心，不管怎样，还是爱他们；

如果你做善事，人们说你自私自利、别有用心，不管怎样，还是要做善事；

如果你成功以后，身边尽是假的朋友和真的敌人，不管怎样，还是要成功；

你所做的善事明天就会被遗忘，不管怎样，还是要做善事；

诚实与坦率使你容易受到欺骗和伤害，不管怎样，还是要诚实与坦率；

你耗费数年所建设的可能毁于一旦，不管怎样，还是要建设；

人们确实需要帮助，然而如果你帮助他们，却可能遭到攻击，不管怎样，还是要帮助；

将你所拥有最好的东西献给世界，可能永远都不够，不管怎样，还是要将最好的东西付出！

---

① 又名“无论如何”。在特蕾莎修女房间挂着一块木板，上面刻着这样的话。摘自《特蕾莎修女的人生箴言录》，中华励志网，http://www.zhlzw.com/gy/lz/403673.html，2010-12-1。

附录　《道德经》全文

1章　道可道，非常道

道可道，非常道；名可名，非常名。无，名天地之始；有，名万物之母。故常无欲，以观其妙；常有欲，以观其徼。此两者，同出而异名，同谓之玄。玄之又玄，众妙之门。

2章　天下皆知美之为美

天下皆知美之为美，斯恶矣。皆知善之为善，斯不善矣。故有无相生，难易相成，长短相较，高下相倾，音声相和，前后相随。是以圣人处无为之事，行不言之教，万物作焉而不辞。生而不有，为而不恃，功成而弗居。夫唯弗居，是以不去。

3章　不尚贤

不尚贤，使民不争；不贵难得之货，使民不为盗；不见可欲，使民心不乱。是以圣人之治，虚其心，实其腹，弱其志，强其骨。常使民无知无欲。使夫智者不敢为也。为无为，则无不治。

4章　道冲，而用之或不盈

道冲，而用之或不盈。渊兮似万物之宗。挫其锐，解其纷，和其光，同其尘。湛兮似或存。吾不知谁之子，象帝之先。

5章　天地不仁

天地不仁，以万物为刍狗；圣人不仁，以百姓为刍狗。天地之间，其犹橐籥乎？虚而不屈，动而愈出。多言数穷，不如守中。

6章　谷神不死

谷神不死，是谓玄牝。玄牝之门，是谓天地根。绵绵若存，用之不勤。

7章　天长地久

天长地久。天地所以能长且久者，以其不自生，故能长生。是以圣人后其身而身先，外其身而身存。非以其无私邪？故能成其私。

8章　上善若水

上善若水。水善利万物而不争，处众人之所恶，故几于道。居善地，心善渊，与善仁，言善信，正善治，事善能，动善时。夫唯不争，故无尤。

9章　持而盈之

持而盈之，不如其已。揣而锐之，不可长保。金玉满堂，莫之能守。富贵而骄，自遗其咎。功遂身退，天之道。

10章　载营魄抱一

载营魄抱一，能无离乎？抟气致柔，能婴儿乎？涤除玄览，能无疵乎？爱民治国，能无知乎？天门开阖，能无雌乎？明白四达，能无为乎？生之畜之，生而不有，为而不恃，长而不宰，是谓玄德。

11章　三十辐共一毂

三十辐共一毂，当其无，有车之用；埏埴以为器，当其无，有器之用；凿户牖以为室，当其无，有室之用。故有之以为利，无之以为用。

12章　五色令人目盲

五色令人目盲，五音令人耳聋，五味令人口爽。驰骋畋猎，令人心发狂。难得之货，令人行妨。是以圣人为腹不为目。故去彼取此。

13章　宠辱若惊

宠辱若惊，贵大患若身。何谓宠辱若惊？宠为下，得之若惊，失之若惊，是谓宠辱若惊。何谓贵大患若身？吾所以有大患者，为吾有身。及吾无身，吾有何患？故贵以身为天下，若可寄天下；爱以身为天下，若可托天下。

14章　视之不见

视之不见，名曰夷；听之不闻，名曰希；抟之不得，名曰微。此三者不可致诘，故混而为一。其上不皦，其下不昧，绳绳不可名，复归于无物。是谓无状之状、无物之象，是谓惚恍。迎之不见其首，随之不见其后。执古之道，以御今之有。能知古始，是谓道纪。

15章　古之善为士者

古之善为士者，微妙玄通，深不可识。夫唯不可识，故强为之容。豫兮若冬涉川，犹兮若畏四邻，俨兮其若客，涣兮若冰之将释，敦兮其若朴，旷兮其若谷，浑兮其若浊。孰能浊以静之徐清？孰能安以动之徐生？保此道者不欲盈。夫唯不盈，故能蔽不新成。

16章 致虚极

致虚极，守静笃。万物并作，吾以观复。夫物芸芸，各复归其根。归根曰静，是谓复命。复命曰常，知常曰明。不知常，妄作凶。知常容，容乃公，公乃王，王乃天，天乃道，道乃久。没身不殆。

17章 太上，不知有之

太上，不知有之。其次，亲而誉之。其次，畏之。其次，侮之。信不足焉，有不信焉。悠兮其贵言。功成事遂，百姓皆谓我自然。

18章 大道废，有仁义

大道废，有仁义；智慧出，有大伪；六亲不和，有孝慈；国家昏乱，有忠臣。

19章 绝圣弃智

绝圣弃智，民利百倍。绝仁弃义，民复孝慈。绝巧弃利，盗贼无有。此三者以为文不足，故令有所属：见素抱朴，少私寡欲，绝学无忧。

20章 唯之与阿，相去几何

唯之与阿，相去几何？善之与恶，相去若何？人之所畏，不可不畏。荒兮其未央！众人熙熙，如享太牢，如春登台。我独泊兮其未兆，如婴儿之未孩，儽儽兮若无所归。众人皆有余，而我独若遗。我愚人之心也哉！沌沌兮！俗人昭昭，我独昏昏；俗人察察，我独闷闷。澹兮其若海，飂兮若无止。众人皆有以，而我独顽且鄙。我独异于人，而贵食母。

21章 孔德之容

孔德之容，惟道是从。道之为物，惟恍惟惚。惚兮恍兮，其中有象；恍兮惚兮，其中有物；窈兮冥兮，其中有精。其精甚真，其中有信。自古及今，其名不去，以阅众甫。吾何以知众甫之状哉？以此。

22章 曲则全

曲则全，枉则直，洼则盈，敝则新，少则得，多则惑。是以圣人抱一为天下式。不自见故明，不自是故彰，不自伐故有功，不自矜故长。夫唯不争，故天下莫能与之争。古之所谓“曲则全”者，岂虚言哉？诚全而归之。

23章 希言自然

希言自然。故飘风不终朝，骤雨不终日。孰为此者？天地。天地尚不能久，而况于人乎？故从事于道者，道者同于道，德者同于德，失者同于失。同于道者，道亦乐得之。同于德者，德亦乐得之。同于失者，失亦乐得之。信不足焉，有不信焉。

24 章　企者不立

企者不立，跨者不行，自见者不明，自是者不彰，自伐者无功，自矜者不长。其在道也，曰余食赘行。物或恶之，故有道者不处。

25 章　有物混成

有物混成，先天地生。寂兮寥兮，独立而不改，周行而不殆，可以为天下母。吾不知其名，字之曰道，强为之名曰大。大曰逝，逝曰远，远曰反。故道大，天大，地大，王亦大。域中有四大，而王居其一焉。人法地，地法天，天法道，道法自然。

26 章　重为轻根

重为轻根，静为躁君。是以圣人终日行，而不离辎重。虽有荣观，燕处超然。奈何万乘之主，而以身轻天下？轻则失本，躁则失君。

27 章　善行无辙迹

善行无辙迹，善言无瑕谪，善数不用筹策，善闭无关楗而不可开，善结无绳约而不可解。是以圣人常善救人，故无弃人；常善救物，故无弃物。是谓袭明。故善人者，不善人之师；不善人者，善人之资。不贵其师，不爱其资。虽智大迷，是谓要妙。

28 章　知其雄

知其雄，守其雌，为天下溪。为天下溪，常德不离，复归于婴儿。知其白，守其黑，为天下式。为天下式，常德不忒，复归于无极。知其荣，守其辱，为天下谷。为天下谷，常德乃足，复归于朴。朴散则为器，圣人用之，则为官长。故大制不割。

29 章　将欲取天下而为之

将欲取天下而为之，吾见其不得已。天下神器，不可为也。为者败之，执者失之。故物或行、或随，或歔、或吹，或强、或羸，或挫、或隳。是以圣人去甚、去奢、去泰。

30 章　以道佐人主者

以道佐人主者，不以兵强天下。其事好还。师之所处，荆棘生焉。大军之后，必有凶年。善有果而已，不敢以取强。果而勿矜，果而勿伐，果而勿骄，果而不得已，果而勿强。物壮则老，是谓不道，不道早已。

31 章　夫兵者不祥之器

夫兵者，不祥之器，物或恶之，故有道者不处。君子居则贵左，用兵则贵右。兵者，不祥之器，非君子之器，不得已而用之，恬淡为上。胜而不美，而美之者，是乐杀人。夫乐杀人者，则不可以得志于天下矣。吉事尚左，凶事尚右。偏将军居左，上将军居右，言以丧礼处之。杀人之众，以悲哀莅之。战胜，以丧礼处之。

32章 道常无名

道常无名，朴虽小，天下莫能臣也。侯王若能守之，万物将自宾。天地相合，以降甘露，民莫之令而自均。始制有名，名亦既有，夫亦将知止，知止可以不殆。譬道之在天下，犹川谷之於江海。

33章 知人者智

知人者智，自知者明。胜人者有力，自胜者强。知足者富，强行者有志。不失其所者久，死而不亡者寿。

34章 大道氾兮

大道氾兮，其可左右。万物恃之以生而不辞，功成而不名有，衣养万物而不为主。常无欲，可名于小。万物归焉，而不为主，可名为大。以其终不自为大，故能成其大。

35章 执大象

执大象，天下往。往而不害，安、平、太。乐与饵，过客止。道之出口，淡乎其无味。视之不足见，听之不足闻，用之不足既。

36章 将欲歙之

将欲歙之，必固张之。将欲弱之，必固强之。将欲废之，必固兴之。将欲夺之，必固与之。是谓微明。柔弱胜刚强。鱼不可脱于渊。国之利器，不可以示人。

37章 道常无为而无不为

道常无为而无不为，侯王若能守之，万物将自化。化而欲作，吾将镇之以无名之朴。无名之朴，夫亦将无欲。不欲以静，天下将自定。

38章 上德不德

上德不德，是以有德；下德不失德，是以无德。上德无为而无以为；下德为之而有以为。上仁为之而无以为；上义为之而有以为。上礼为之而莫之应，则攘臂而扔之。故失道而后德，失德而后仁，失仁而后义，失义而后礼。夫礼者，忠信之薄而乱之首。前识者，道之华而愚之始。是以大丈夫处其厚不居其薄，处其实不居其华。故去彼取此。

39章 昔之得一者

昔之得一者，天得一以清，地得一以宁，神得一以灵，谷得一以盈，万物得一以生，侯王得一以为天下正。其致之。天无以清将恐裂，地无以宁将恐废，神无以灵将恐歇，谷无以盈将恐竭，万物无以生将恐灭，侯王无以贵高将恐蹶。故贵以贱为本，高以下为基。是以侯王自称孤、寡、不谷。此非以贱为本邪？非乎？故致数誉无誉。不欲琭琭如玉，珞珞如石。

40章　反者道之动

反者道之动，弱者道之用。天下万物生于有，有生于无。

41章　上士闻道

上士闻道，勤而行之；中士闻道，若存若亡；下士闻道，大笑之。不笑，不足以为道。故建言有之：明道若昧，进道若退，夷道若纇，上德若谷，大白若辱，广德若不足，建德若偷，质真若渝，大方无隅，大器晚成，大音希声，大象无形，道隐无名。夫唯道，善贷且成。

42章　道生一

道生一，一生二，二生三，三生万物。万物负阴而抱阳，冲气以为和。人之所恶，唯孤、寡、不谷，而王公以为称。故物或损之而益，或益之而损。人之所教，我亦教之。强梁者不得其死，吾将以为教父。

43章　天下之至柔

天下之至柔，驰骋天下之至坚。无有入无间，吾是以知无为之有益。不言之教，无为之益，天下希及之。

44章　名与身孰亲

名与身孰亲？身与货孰多？得与亡孰病？是故甚爱必大费，多藏必厚亡。知足不辱，知止不殆，可以长久。

45章　大成若缺

大成若缺，其用不弊；大盈若冲，其用不穷。大直若屈，大巧若拙，大辩若讷。躁胜寒，静胜热。清静为天下正。

46章　天下有道

天下有道，却走马以粪；天下无道，戎马生于郊。祸莫大于不知足，咎莫大于欲得。故知足之足，常足矣。

47章　不出户，知天下

不出户，知天下；不窥牖，见天道。其出弥远，其知弥少。是以圣人不行而知，不见而名，不为而成。

48章　为学日益

为学日益，为道日损。损之又损，以至于无为，无为而无不为。取天下常以无事，及其有事，不足以取天下。

49 章　圣人无常心

圣人无常心，以百姓心为心。善者吾善之，不善者吾亦善之，德善；信者吾信之，不信者吾亦信之，德信。圣人在天下，歙歙焉，为天下浑其心。百姓皆注其耳目，圣人皆孩之。

50 章　出生入死

出生入死。生之徒十有三，死之徒亦十有三。人之生，动之死地亦十有三。夫何故？以其生生之厚。盖闻善摄生者，陆行不遇兕虎，入军不被甲兵。兕无所投其角，虎无所措其爪，兵无所容其刃。夫何故？以其无死地。

51 章　道生之

道生之，德畜之，物形之，势成之，是以万物莫不尊道而贵德。道之尊，德之贵，夫莫之命而常自然。故道生之，德畜之，长之育之，亭之毒之，养之覆之。生而不有，为而不恃，长而不宰。是谓玄德。

52 章　天下有始

天下有始，以为天下母。既得其母，以知其子；既知其子，复守其母，没身不殆。塞其兑，闭其门，终身不勤；开其兑，济其事，终身不救。见小曰明，守柔曰强。用其光，复归其明，无遗身殃，是为袭常。

53 章　使我介然有知

使我介然有知，行于大道，唯施是畏。大道甚夷，而民好径。朝甚除，田甚芜，仓甚虚，服文彩，带利剑，厌饮食，财货有余，是谓盗夸。非道也哉。

54 章　善建者不拔

善建者不拔，善抱者不脱，子孙以祭祀不辍。修之于身，其德乃真。修之于家，其德乃余。修之于乡，其德乃长。修之于国，其德乃丰。修之于天下，其德乃普。故以身观身，以家观家，以乡观乡，以国观国，以天下观天下。吾何以知天下然哉？以此。

55 章　含德之厚

含德之厚，比于赤子。蜂虿虺蛇不螫，猛兽不据，攫鸟不搏。骨弱筋柔而握固。未知牝牡之合而朘作，精之至也；终日号而不嗄，和之至也。知和曰常，知常曰明。益生曰祥，心使气曰强。物壮则老，谓之不道，不道早已。

56 章　知者不言

知者不言，言者不知。塞其兑，闭其门，挫其锐，解其纷，和其光，同其尘，是谓玄同。故不可得而亲，不可得而疏；不可得而利，不可得而害；不可得而贵，不可得而贱。故为天下贵。

57章　以正治国

以正治国，以奇用兵，以无事取天下。吾何以知其然哉？以此：天下多忌讳，而民弥贫；民多利器，国家滋昏；人多伎巧，奇物滋起；法令滋彰，盗贼多有。故圣人云：我无为而民自化，我好静而民自正，我无事而民自富，我无欲而民自朴。

58章　其政闷闷

其政闷闷，其民淳淳。其政察察，其民缺缺。祸兮福之所倚，福兮祸之所伏。孰知其极？其无正？正复为奇，善复为妖。人之迷，其日固久。是以圣人方而不割，廉而不刿，直而不肆，光而不耀。

59章　治人事天

治人事天，莫若啬。夫唯啬，是谓早服。早服谓之重积德。重积德，则无不克。无不克，则莫知其极。莫知其极，可以有国。有国之母，可以长久。是谓深根固柢，长生久视之道。

60章　治大国，若烹小鲜

治大国，若烹小鲜。以道莅天下，其鬼不神。非其鬼不神，其神不伤人。非其神不伤人，圣人亦不伤人。夫两不相伤，故德交归焉。

61章　大国者下流

大国者下流。天下之牝，天下之交也，牝常以静胜牡，以静为下。故大国以下小国，则取小国；小国以下大国，则取大国。故或下以取，或下而取。大国不过欲兼畜人，小国不过欲入事人。夫两者各得其所欲，大者宜为下。

62章　道者万物之奥

道者，万物之奥。善人之宝，不善人之所保。美言可以市，尊行可以加人。人之不善，何弃之有？故立天子、置三公，虽有拱璧以先驷马，不如坐进此道。古之所以贵此道者何？不曰“以求得，有罪以免”邪？故为天下贵。

63章　为无为

为无为，事无事，味无味。大小多少，报怨以德。图难于其易，为大于其细。天下难事，必作于易；天下大事，必作于细。是以圣人终不为大，故能成其大。夫轻诺必寡信，多易必多难，是以圣人犹难之，故终无难矣。

64章 其安易持

其安易持，其未兆易谋，其脆易泮，其微易散。为之于未有，治之于未乱。合抱之木，生于毫末；九层之台，起于累土；千里之行，始于足下。为者败之，执者失之。是以圣人无为故无败，无执故无失。民之从事，常于几成而败之。慎终如始，则无败事。是以圣人欲不欲，不贵难得之货；学不学，复众人之所过，以辅万物之自然，而不敢为。

65章 古之善为道者

古之善为道者，非以明民，将以愚之。民之难治，以其智多。故以智治国，国之贼；不以智治国，国之福。知此两者亦楷式。常知楷式，是谓“玄德”。玄德深矣！远矣！与物反矣！然后乃至大顺。

66章 江海所以能为百谷王者

江海所以能为百谷王者，以其善下之，故能为百谷王。是以欲上民，必以言下之；欲先民，必以身后之。是以圣人处上而民不重，处前而民不害，是以天下乐推而不厌。以其不争，故天下莫能与之争。

67章 天下皆谓我道大

天下皆谓我道大，似不肖。夫唯大，故似不肖。若肖，久矣其细也夫！我有三宝，持而保之：一曰慈，二曰俭，三曰不敢为天下先。慈，故能勇。俭，故能广。不敢为天下先，故能成器长。今舍慈且勇，舍俭且广，舍后且先，死矣！夫慈，以战则胜，以守则固。天将救之，以慈卫之。

68章 善为士者不武

善为士者不武，善战者不怒，善胜敌者不与，善用人者为之下，是谓不争之德，是谓用人之力，是谓配天，古之极也。

69章 用兵有言

用兵有言：吾不敢为主而为客，不敢进寸而退尺。是谓行无行，攘无臂，执无兵，扔无敌。祸莫大于轻敌。轻敌，几丧吾宝。故抗兵相加，哀者胜矣。

70章 吾言甚易知

吾言甚易知，甚易行。天下莫能知，莫能行。言有宗，事有君。夫唯无知，是以不我知。知我者希，则我者贵。是以圣人披褐而怀玉。

71章 知不知

知不知，上。不知知，病。夫唯病病，是以不病。圣人不病，以其病病，是以不病。

72 章　民不畏威

民不畏威，则大威至。无狎其所居，无厌其所生。夫唯无厌，是以不厌。是以圣人自知不自见，自爱不自贵。故去彼取此。

73 章　勇于敢则杀

勇于敢则杀，勇于不敢则活，此两者或利或害。天之所恶，孰知其故？是以圣人犹难之。天之道，不争而善胜，不言而善应，不召而自来，繟然而善谋。天网恢恢，疏而不失。

74 章　民不畏死

民不畏死，奈何以死惧之。若使民常畏死，而为奇者，吾得执而杀之，孰敢？常有司杀者杀，夫代司杀者杀，是谓代大匠斫。夫代大匠斫者，希有不伤其手矣！

75 章　民之饥

民之饥，以其上食税之多，是以饥。民之难治，以其上之有为，是以难治。民之轻死，以其求生之厚，是以轻死。夫唯无以生为者，是贤于贵生。

76 章　人之生也柔弱

人之生也柔弱，其死也坚强；万物草木之生也柔脆，其死也枯槁。故坚强者死之徒，柔弱者生之徒。是以兵强则不胜，木强则折。强大处下，柔弱处上。

77 章　天之道

天之道，其犹张弓与？高者抑之，下者举之。有余者损之，不足者补之。天之道，损有余而补不足。人之道则不然，损不足以奉有余。孰能有余以奉天下？唯有道者。是以圣人为而不恃，功成而不处，其不欲见贤。

78 章　天下莫柔弱于水

天下莫柔弱于水，而攻坚强者莫之能胜，以其无以易之。弱之胜强，柔之胜刚，天下莫不知，莫能行。是以圣人云：受国之垢，是谓社稷主；受国不祥，是为天下王。正言若反。

79 章　和大怨

和大怨，必有余怨，安可以为善。是以圣人执左契，而不责于人。有德司契，无德司彻。天道无亲，常与善人。

80 章　小邦寡民

小国寡民，使有什伯之器而不用，使民重死而不远徙。虽有舟舆，无所乘之；虽有甲兵，无所陈之。使人复结绳而用之。甘其食，美其服，安其居，乐其俗。邻国相望，鸡犬之声相闻，民至老死不相往来。

81 章　信言不美

信言不美，美言不信。善者不辩，辩者不善。知者不博，博者不知。圣人不积，既以为人己愈有，既以与人己愈多。天之道，利而不害；圣人之道，为而不争。

参考文献

[1]陈鼓应．老子今注今译[M]．北京：商务印书馆，2003.
[2]任继愈．老子绎读[M]．北京：北京图书馆出版社，2006.
[3]陆元炽．老子浅释[M]．北京：北京古籍出版社，1987.
[4]周高德．轻叩众妙之门[M]．北京：民主与建设出版社，2007.
[5]周高德．溯源·论道——走近道教圣典《道德经》[M]．北京：宗教文化出版社，2008.6.
[6][魏]王弼．道德真经注[M]．北京：华夏出版社，2003.
[7][东汉]张鲁．老子想尔注[M]．北京：华夏出版社，2003.
[8][中国台湾]蔡志忠．老子说——智者的低语[M]．北京：三联书店，1990.
[9]王蒙．老子十八讲[M]．北京：三联书店，2009.
[10]王蒙．老子的帮助[M]．北京：华夏出版社，2009.
[11]南怀瑾．老子他说[M]．北京：国际文化出版社，1991.
[12]南怀瑾．老子他说续篇[M]．上海：东方出版社，2010.
[13]南怀瑾．道家·密宗与东方神秘学[M]．北京：中国世界语出版社，1997.7.
[14]南怀瑾．禅宗与道家[M]．上海：复旦大学出版社，1991.
[15]南怀瑾．易经杂说[M]．北京：中国世界语出版社，1994.
[16]李世东，陈应发，杨国荣．老子文化与现代文明[M]．北京：中国社会出版社，2008.
[17]熊铁基，刘韶军，吴琦，刘固盛．二十世纪中国老学[M]．福州：福建人民出版社，2002.
[18]熊铁基，马良怀，刘韶军．中国老学史[M]．福州：福建人民出版社，1995.
[19]刘固盛．道教老学史[M]．武汉：华中师范大学出版社，2008.
[20]胡道静主编．十家论老[M]．上海：上海人民出版社，2006.
[21]马道宗编．中国道教养生秘诀[M]．宗教文化出版社，2002.
[22][印度] 奥修．老子心解[M]．西安：陕西师范大学出版社，2007.
[23][美] 彼得·圣吉本著，郭进隆译．第五项修炼[M]．上海：上海三联书店，2003.
[24]卿希泰主编．中国道教史(修订本)4卷[M]．四川人民出版社，1996.
[25]中国道协，苏州道协编．《道教大辞典》[M]．华夏出版社，1995.
[26]胡孚琛主编．《中华道教大辞典》[M]．中国社会科学出版社，1995.
[27]陈撄宁．道教与养生[M]．华文出版社，1989.
[28]萧天石著．道家养生学概要[M]．自由出版社.

[29]胡孚琛，吕锡琛著．道学通论：道家·道教·丹道[M]．社会科学文献出版社．
[30]李远国编著．《中国道教气功养生大全》[M]．四川辞书出版社，1991．
[31]陈国符．道藏源流考[M]．中华书局，1963．

后　记

《周易·鼎卦》九四爻：“鼎折足，覆公餗，其形渥，凶。”言不胜其任也。子曰：“德薄而位尊、知小而谋大、力小而任重、鲜不及也矣。”本书的出版对我确是不自量力之举。依恃着对文字的自负和这些年的教与学的积累而开始，待走进去之后才发觉像走进大泥沼一样，真切感受到“书到用时方恨少，事非经过不知难。”幸赖良师益友的左帮右扶，总算得以完稿。

首先，《老子》中的文字是先秦古汉语，每一个字的含义和现代汉语中的含义都有较大区别。要达到翻译的“信”、“达”、“雅”，必须既能体会这个字在先秦语境中的运用，又能在现代汉语语境中找到与之相对应的词语。换句话说，必须能灵活地沟通古代汉语和现代汉语。

其次，老子文句的哲学内涵，该怎样转述？转述的过程中又要能做到“求真”和“求实”的统一，既要尊重历史事实，又要尊重我们自身对“道”(“真理”或曰“哲学理念”)的理解。相对于生活中的“有”，一部《老子》，其实说的是一个“无”(或曰“虚”、或曰“空”)。《老子》就和其他伟大样品一样，像一面镜子，似虚而实有，照人照鬼、照天照地、照破山河万朵。“无”何可言说？故说“有”，“有无相生”。如此，捕风捉影、空谷足音，不足以形容。释迦牟尼佛说：“止！止！吾法妙难思。”

再次，翻译的过程中发现《老子》文学性其实是超强的，老子的文学艺术水平在当时应该是顶尖水平。后世一般都认为《庄子》是文学、史学、哲学等学科皇冠上的明珠，毫不吝啬地把一切荣光都倾泻到庄子身上。其实，如果庄子是明珠，老子则是璞玉：外表朴实，其实蕴藏着无限可能。《论语·子张》中子贡赞美孔子说：“譬之宫墙，赐之墙也及肩，窥见室家之好。夫子之墙数仞，不得其门而入，不见宗庙之美，百官之富。……他人之贤者，丘陵也，犹可逾也。仲尼，日月也，无得而逾焉”。曹操《短歌行》赞沧海：“日月之行，若出其中；星汉灿烂，若出其里”。这也正是老子的写照。所以真要理解老子的行为和思想，只有到天地自然的大道中去体会。

再者，《老子》思想上承《周易》的阴阳哲学，汇集当时的《尚书》、兵书等上古智慧。老子之谓“集大成者”。所以，理解了老子就等于理解了《周易》，就等于理解了先秦哲学，就等于理解了黄老之道，就等于理解了传承三千年的道家哲学精髓，就等于理解了中国传统文化的半壁江山，就等于有了和西方文化相互关照的资本和立场，就等于有了安身立命的良方。而渺渺予身，何堪任之？

给这辆小车指明方向并给予动力支持最大的、最应该感谢的，是武汉理工大学的魏老师。没有他就没有这本书。《诗经·小雅·绵蛮》：“绵蛮黄鸟，止于丘阿。道之云远，我劳如何。饮之食之，教之诲之。命彼后车，谓之载之”。在这种勉励下，我在每次欲中途而废之时，又整装前行。《论语·子罕》中颜渊感叹道："仰之弥高，钻之弥坚，瞻之在前，忽焉在后。夫子循循然善诱人，博我以文，约我以礼，欲罢不能。即竭吾才，如有所立卓尔。虽欲从之，未由也已。"于我心有戚戚焉。

再次，感谢我的导师华中师范大学刘固盛教授，给我学术上的指导和生活上的支持。还要感谢同事和好友的勉励支持，感谢他们取走能压垮骆驼的最后一根稻草。当然还有家人，他们的付出让我得以"偷得浮生半日闲"地工作。最后还要感谢责任编辑詹蜜女士专业和认真的工作。

本书还只是一部初稿，不完善的地方有很多，以后有机会更要切磋琢磨。"学者，公器也"，其中有些说法和观点有可能出现偏差和错误，还期待大方之家的指正。老子说"天之道利而不害，圣人之道为而不争。"虽不能至，心向往之。